Analysis Hierarchy Process

Analysis
Hierarchy
Process

AHP에 의한 의사결정

이론과 실제

박용성

AHP

KYOWOO

머리말

인간이 사회생활을 하면서 여러 가지의 의사결정은 피할 수 없는 중요한 문제이다. 직장의 선택이나 결혼상대의 선택 등 크고 작은 선택의 경우들이다.

이와 같은 의사결정에 있어서 우리들은 많은 대체안 중에서 몇 개의 평가기준에 근거하여 한 개 또는 복수개의 대체안을 선택하는 경우가 많다.

현대의 keyword는 '전술'에서 '전략'으로의 전환이다. 선택된 길을 잘 달리는 전술론에서 정확한 길을 선택하는 전략론으로의 전환이다. 이 때 필요한 것이 의사결정인 것이다.

이와 같은 현실에 맞는 의사결정모델로 AHP(Analysis Hierarchy Process : 계층분석법)와 ANP(Analysis Network Process : 네트워크분석법)가 있다.

이 모델은 피츠버그대학의 T.L.Saaty교수에 의해 제창된 수법으로 문제의 분석에 있어서 주관적 판단과 System approach를 잘 융합한 문제해결형 의사결정수법이다. 즉 AHP와 ANP는 지금까지의 의사결정수법으로서는 대처되지 않았던 문제를 해결하기 위하여 개발된 것이다.

이 책에서는 AHP와 ANP에 의한 의사결정수법을 예를 들어 알기 쉽도록 설명하였다. 여기에서 논의한 수법과 다른 여러 가지 수법을 이용하여 의사결정을 한다면 많은 이용가치가 있을 것으로 생각한다.

끝으로 이 책의 출판을 승낙해 주신 교우사 오판근 사장님의 호의에 깊은 감사를 드린다.

2009년 3월

저자

차 례

제3장 AHP 89

제4장 AHP의 간이계산법 139

제5장 AHP의 적용과 계산 예 159

제 1 장

결정 이론

1.1 개 요

기업의 management의 가장 중요한 기능의 하나는 의사결정(Decision Making)이다. Management는 기업목표의 달성을 목적으로 하고 그 목적의 달성에 관련하여 생기는 여러 가지 문제의 소재를 밝히는 데에 있다. 이와 같은 문제는 예를 들면 매상이 예상대로 늘어나지 않았다 던가, 또는 제조비용이 너무 많이 들지 않았나 라는 등의 문제로서 나타날 것이다. 해결을 필요로 하는 문제에 직면하여 management는 자신 및 부원의 창조적인 능력을 활용하여 문제해결을 위한 행동안을 찾으려고 한다. 이와 같은 management에 의한 탐색활동의 결과 몇 개의 대체적인 행동안이 생각되어 진다. Management는 이러한 대체안(alternative)을 평가하여 기업목표의 달성에 보다 바람직한 것을 선택해야 한다.

이 대체안의 평가선택의 단계에 있어서 management는 각각의 대체안을 선택하여 기대되는 결과에 대해 관련하는 데이터를 수집하여 선택의 기초를 삼으려고 한다. 이와 같은 문제의 발견, 대체안의 선택 그리고 대체안의 평가라는 일련의 프로세스로 된 의사결정의 문제가 최근 특히 주목을 받고 있다. Simon이 주창하는 행동과학적 접근(approach) 또는 OR을 대표로 하는 경영과학은 의사결정의 문제를 중심적인 과제로 하고 있다. 여기에서 취급하려고 하는 결정론도 의사결정을 문제로 하고 있고 그 중에서도 대체안의 평가선택의 단계에 있어서 결정을 위한 접근이 중심적인 과제로 되어 있다.

대체안의 평가선택에 있어서는 각 대체안의 결과의 예측이 기초로 된다. 각 대체안을 선택하는 데에서 기대되는 결과의 하나는 대체안 그 자체의 내용 즉, management가 그 대체안에 자금, 설비, 인력이라는 자원을 어느 정도 투입할 것인가에 의해서 결정된다. 예를 들면 광고비에 대한 지출을 생각할 때 외부의 사정이 동등하다면 광고비를 늘리면 매상이 늘어날 것이다. 그러나 장래에 경제가 불황에 처하거나 또는 경쟁상대 기업이 더욱 많은 광고비 지출을 행할 경우 매상은 줄어들게 되어 때로는 매상고가 감소해 버리는 경우가 생길 것이다. 이와 같은 각 대체안의 결과는 management가 직접 제어할 수 없는 기타의 요소에 의해서 결정된다. 하나는 경제 전반의 상황이든지 날씨 등과 같은 management에 있어서 완전히 외부에서 결정되는 것으로 여기에서는 이와 같은 요소를 자연의 상태(state of nature)라 한다. 그리고 또 하나의 요소는 경쟁상대 기업의 행동(behavior)이다. 자연의 상태이든지 경쟁상대의 행동이든지 management는 그것이 장래에 어떻게 될 것인가에 대해서 확실히 알 수 없고 단지 예상할 수 있을 뿐이다. 따라서 대체안의 선택에는 장래에 관한 불확실성이 필연적으로 포함될 수밖에 없다. 따라서 결정이론은 장래에 대한 행동안의 선택을 위한 하나의 틀로 되어 있다.

1.2 결정모델의 구조와 그의 분류

대체적인 행동안을 평가하는 데에 있어서 의사결정자는 어떤 형태의 평가기준을 필요로 한다. 그 기준으로서 기본적으로는 각 행동안에서 기대되는 결과가 이용되어 진다. 예를 들면 어느 정도의 이익이 기대되는가 또는 어느 정도의 비용의 저하를 기대할 수 있는가의 형태로 표현되기도 한다. 이 대체안들을 선택하여 기대되는 결과를 이득(payoff)이라 한다.

이득의 크기는 어느 행동안을 선택하는가에 따라서 결정됨과 동시에 장래에 어떠한 상태가 발생하는가, 즉 자연의 상태가 어떻게 될 것인가에 따라서도 영향을 받는다. 그래서 각 행동안을 선택할 때에 기대되는 이득을 나타내기 위하여 표 1.1과 같은 이득표(payoff table)또는 이득행렬(payoff matrix)이라고 불리어 지는 표가 작성된다.

이득표는 행동안을 행의 방향으로 자연의 상태를 열의 방향으로 표현한 행렬의 형태를 취하는데 표 1.1에서는 행동안(S로 표현)이 m개, 자연의 상태(N으로 표현)가 n개인 경우에 대해서 생각하고 있기 때문에 m행 n열의 행렬로 되어 있다. 여기에서 이득의 값은 각각의 행동안과 자연의 상태가 교차하는 점에 a의 기

표 1.1 이득표

행동안 \ 자연의 상태	N_1	N_2	$\cdots$	N_j	$\cdots$	N_n
S_1	a_{11}	a_{12}	$\cdots$	a_{1j}	$\cdots$	a_{1n}
S_2	a_{21}	a_{22}	$\cdots$	a_{2j}	$\cdots$	a_{2n}
$\vdots$	$\vdots$	$\vdots$	$\vdots$	$\vdots$	$\vdots$	$\vdots$
S_i	a_{i1}	a_{i2}	$\cdots$	a_{ij}	$\cdots$	a_{in}
$\vdots$	$\vdots$	$\vdots$	$\vdots$	$\vdots$	$\vdots$	$\vdots$
S_m	a_{m1}	a_{m2}	$\cdots$	a_{mj}	$\cdots$	a_{mn}

호로 표현되어 있다. 예를 들면 a_{ij}는 행동안 S_i를 선택할 때 장래 N_j라는 자연의 상태가 될때 기대되는 이득의 값을 나타내고 있다. 이득을 일반적인 형태로 나타내면

$$a_{ij} = a(S_i,\ N_j)$$

와 같이 대체안 S 및 자연의 상태 N의 함수로서 나타낼 수 있다. 이상이 여기에서 취급하려고 하는 결정문제의 가장 기본적인 구조이다. 결정문제는 의사결정자가 자연의 상태 N에 대해서 어느 정도의 정보를 가지고 있는가에 따라서 몇 개의 형태로 나뉘어 있다. 제 1의 경우는 완전확정성의 경우로 장래에 일어날 수 있는 상태가 단지 하나밖에 없는 경우이다. 따라서 이득표는 실질적으로 열이 하나인 행렬로 되고 이득표는 사실상 행동안 S를 어떻게 선택할 것인가에 달려 있다. 이와 같은 완전확정성의 조건을 만족하는 경우는 실제로 적을 것이다. 그러나 근사적으로 완전확정성을 가정할 수 있는 경우에는 행동안의 평가선택은 대단히 쉽게 된다, 그리고 그와 같은 분석의 쉬움에서 확정성이 가정되는 예를 실제로는 주위에서 많이 볼 수 있다.

결정문제의 제 2의 경우는 자연상태의 발생 가능성에 대해서 객관적 또는 경험적인 확률을 알고 있는 경우이다. 예를 들면 기계의 고장에 대비하여 부품은 어느 정도 준비하면 좋을 것인가라는 결정문제에 있어서 자연의 상태로서는 기계의 고장대수에 대하여 과거의 고장에 관한 데이터에서 경험적인 확률을 알고 있는 경

우가 많다. 이와 같은 상황에 있어서의 결정문제를 리스크(risk)가 있는 경우라 한다.

마지막으로 불확실성의 경우의 결정문제이다. 이것은 자연의 상태에 대해서 객관적인 정보가 전혀 존재하지 않는 경우이다. 보다 극단적인 경우로서 자연의 상태에 대해서 객관적인 확률 또는 의사결정자의 주관적인 판단조차도 없는 상황을 생각할 수 있다. 이와 같은 경우는 실제로 드문 경우로 이것을 완전무지식의 경우라 한다. 이에 대해 보통 의사결정자는 장래 상태의 확률분포에 대해서 어떤 주관적인 판단을 가지고 있고 그 주관적인 확률분포에 대해서 상정되는 정보의 양에 의해서 완전지식의 경우와 부분지식의 경우로 나눌 수 있다. 이 불확실성의 경우와 리스크의 경우를 합쳐 완전확정성에 대한 불확정성의 경우라 한다.

이제까지 보아 온 결정모델을 정리하면 다음과 같다.

- 결정이론
  - 결정문제
    - 완전확정성의 경우
    - 불확정성의 경우
      - 리스크의 경우
      - 불확실성의 경우
        - 완전지식
        - 부분지식
        - 완전 무지식
  - 게임이론
    - 2인 게임
    - ⋮
    - n인 게임

1.3 완전확정성에서의 결정

전통적인 기업이론에 포함되어 있는 대부분의 분석은 완전확정성을 가정하고 있으며 어떤 형태의 최대화 또는 최소화문제로서 취급하고 있다. 여기에서는 전형적인 예로서 기업의 생산량 결정의 문제를 살펴보기로 한다.

지금, 어느 기업이 하나의 제품을 생산하고 있는데 그 제품의 가격을 p, 생산량을 x, 총비용을 C 로 표시하자. 각각의 값은 시장 및 기술적인 조건에서 다음의 관계식으로 결정되는데 이들의 관계를 완전확정성의 경우로 하자. 물론 기업의 목표는 이익의 최대화이다.

$p = p(x)$ (수요함수)

$C = C(x)$ (비용함수)

따라서 이 결정문제에 있어서 이득은 이익으로 표시되고 있는 것으로 생각한다. 이 때 이익 P는 수익과 비용의 차로서 다음과 같이 정의 된다.

$$P = p(x) \cdot x - C(x)$$
$$= P(x)$$

그래서 이익을 최대로 하기 위해서는 각 대체안, 즉 각 생산량 x에 대응하는 이익 $P(x)$을 구하여 이득표를 작성하고 그 중에서 이득을 최대로 하는 대체안을 선택하면 된다. 전통적인 기업이론에 있어서는 수요함수 및 비용함수(실제로는 그 기초로 되어 있는 생산함수)에 대해서 몇 개의 가정을 설정함에 의해서 생산량에 대해서의 한계분석을 행하고 최적의 생산수준을 밝히는 데에 있다. 즉 이익함수 $P(x)$를 x에 대해서 미분하여 0으로 놓고 그 결과에서 한계수입 = 한계비용이라는 이익최대화를 위한 필요조건을 유도하고 이 조건을 근거로 하여 최적의 생산량을 결정한다.

예를 들면 수요함수 및 비용함수가 다음과 같이 주어져 있다.

$p = 11 - x$

$C = 2 + 3x$

이 때 이익함수를 구하면

$$P = (11 - x)x - (2 + 3x)$$
$$= -x^2 + 8x - 2$$

표 1.2 생산문제의 이득표

행동안 \ 자연의 상태	N
0	-2
1	5
2	10
3	13
4	14
5	13
6	10
⋮	⋮

가 되고 이 식을 x로 미분하여 0으로 놓음으로서 최적생산량은 $x=4$로서 구해진다. 이것을 이득표의 형으로 표시하면 표 1.2와 같이 된다. 이와 같은 간단한 예에 있어서는 대체안의 선택은 쉽다. 그러나 현실적으로는 많은 종류의 제품이 생산되고 있고 설비 및 원재료에는 제약이 있기 때문에 각 제품의 생산을 독립적으로 계획할 수 없다. 따라서 이러한 경우에는 행동안의 수는 방대한 수를 가지게 되고 설령 완전확정성을 가정할 수 있는 경우에서도 대체안의 선택은 쉽지 않다. 이러한 경우에는 OR의 수법 중 LP 등이 이용되어진다.

1.4 리스크(risk)가 있는 경우의 결정기준

리스크(risk)가 있는 경우의 의사결정자는 장래에 발생할 수 있는 상태에 대한 객관적인 정보를 가지고 있다고 생각할 수 있다. 그래서 이들의 정보는 각각의 상태에서 발생할 수 있는 확률로서 부여 된다. 표 1.1의 이득표를 보면 자연의 상태 N_1, N_2, ..., N_n의 각각이 발생할 수 있는 확률이 P_1, P_2, ..., P_n(단, $\sum P_i = 1$)

으로서 주어진다. 이와 같은 경우에 의사결정자가 보통 이용하고 있는 결정기준은 이득의 수학적 기대치에 근거하는 것이다. 즉, 의사결정자는 다음의 식으로 구해지는 이득의 기대치가 최대(이득이 비용과 같은 비효용을 말할 경우에는 최소)로 되는 행동안을 선택한다. 이와 같은 결정기준

$$\max_{i} E[a_i] = \sum_{j=1}^{n} a(S_i,\ N_j) P_j,\ i = 1.\ 2,\ \cdots,\ m$$

을 기대치원리라 한다.

기업에서는 이와 같이 객관적, 경험적인 확률이 기지인 결정이론이 조금이나마 존재한다. 품질관리에 있어서 불량품이 나올 확률과 기계의 고장률 등은 과거의 경험에서 객관적인 데이터가 주어져 있는 경우가 많다.

구체적인 예로서 농작물의 수확문제를 생각해 보자. 농작물의 수확은 그 해의 날씨에 좌우된다. 3종류의 작물을 생각할 때 내년에 예상되는 기상상태를 기준으로 표 1.3과 같은 이득이 기대된다. 또 내년의 장기 기상예보에 의하면 좋은 날씨, 평균과 똑같음, 악천후로 될 확률은 각각 0.25, 0.50, 0.25로 예상된다. 지금, 각 대체안에서 얻어지는 이득의 기대치를 계산하면 다음과 같이 된다.

표 1.3 농작물 재배문제의 이득표

(단위 : 만원)

행동안 \ 자연의 상태	0.25	0.50	0.25
S_1 : 작물A	100	200	40
S_2 : 작물B	150	100	80
S_3 : 작물C	200	80	60

$$E[S_1] = 0.25 \times 100 + 0.50 \times 200 + 0.25 \times 40 = 135(\text{만원})$$

$$E[S_2] = 0.25 \times 150 + 0.50 \times 100 + 0.25 \times 80 = 107.5$$

$$E[S_3] = 0.25 \times 200 + 0.50 \times 80 + 0.25 \times 60 = 105$$

따라서 기대치의 원리에 의하면 작물 A가 선택되어 진다.

예로 돌아가 표 1.3의 이득에서 $a_{13}=0$로 했을 때 이득은 어떻게 될 것인가를 생각해 보자. 즉 작물 A를 선택했을 때 악천후가 계속되는 상황이면 이득이 0으로 되는 경우이다. 이 경우에도 S_1의 기대이득을 계산하면 125가 되고 기대치원리에 의하면 선택은 변함이 없게 된다. 하지만 이 결정에 따라야 할 농부는 매우 가난하여 내년에 수확을 내어 그 이후에 농사를 지을 종묘를 사야하는 경우는 이득이 0이 될 가능성이 조금이라도 있는 작물 A보다는 설령 이득은 조금 적어도 작물 B를 선택하게 된다. 이와 같이 이익으로 나타나는 이득의 기대치가 반드시 결정적인 기준으로 되지 않는 경우도 있다.

더욱이 기대치원리에 근거하여 선택이 이루어 졌을 경우에 그 결과로서 얻어진 이득은 1회의 수확으로 그 만큼의 이득이 얻어지는 경우가 기대되는 것이 아니라 몇 번인가의 같은 상황 아래에서 결정이 이루어지고 수확이 얻어지는 결과로서 평균적으로 그 만큼의 이득이 기대된다는 경우를 의미하고 있는 것에 주의할 필요가 있다.

1.5 불확실성에서의 결정

장래에 발생할 수 있는 상태에 대해서 객관적인 정보가 없는 경우를 불확실성의 경우로 한다. 여기에서도 주관적인 확률분포가 생각되는 경우에 리스크의 경우와 똑같이 기대치 원리에 근거한 대체안의 선택이 생각되어 진다. 반면 객관적으로도 주관적으로도 전적으로 정보가 주어져 있지 않는 경우는 의사결정자가 장래에 대해서 어떠한 태도를 취하는가에 의해서 결정이 변화하게 된다. 완전무지식한 경우에는 현실적으로 생각하는 경우는 곤란하지만 획기적인 신제품을 시장에 내놓는 경우에 소비자가 어떠한 반응을 낼 것인가라는 문제로서 생각할 수 있다. 이와 같은 완전무지식의 상황 아래에서 결정을 할 때 결정자가 취할 수 있는 기준이 몇 개 존재한다. 그 대표적인 기준으로서 Laplace의 원리, Wald의 maximin

원리(비용의 경우는 minimax원리), maximax원리 그리고 이들을 포괄하는 원리로서 Hurwicz의 원리, 마지막으로 minimax regret(후회) 원리를 들 수 있다. 이 경우, 각 원리에 대해서 구체적인 결정문제를 표 1.4와 같이 상정하여 생각하기로 한다. 이 결정문제에서는 다음과 같은 3개의 정책 가운데서 선택이 이루어지게 된다.

S_1 : 장래 2년간은 신제품의 개발 및 신규 시장으로의 진출을 포함하여 회사의 업무의 규모를 2배로 확대한다.

S_2 : 기존의 제품을 중심으로 현재의 생산수준을 유지한다.

S_3 : 불리한 제품을 유리한 신제품으로 전환하면서 현재의 생산수준을 유지한다.

표 1.4 성장전략의 이득표

(단위 : 억원)

자연의 상태 / 행동안	자본비용의 40% 상승	경제의 급격한 성장	경쟁기업의 참여
S_1	-5	12	10
S_2	8	10	-2
S_3	3	5	3

1.5.1 Laplace 원리

이것은 장래에 발생할 수 있는 상태에 대해서 전적으로 확률을 모르는 경우이기 때문에 모든 상태가 같은 확률을 가지고 있다고 생각하는 것으로 Laplace의 유명한 「무지」의 원칙에 근거하는 결정이론이다. 여기에서는 3개의 상태가 각각 1/3의 확률로 발생한다고 가정하고 각각의 행동안의 기대치를 계산하면 다음과 같다.

$$E[S_1] = (-5) \times \frac{1}{3} + 12 \times \frac{1}{3} + 10 \times \frac{1}{3} = \frac{17}{3} = 5.7$$

$$E[S_2] = 8 \times \frac{1}{3} + 10 \times \frac{1}{3} + (-2) \times \frac{1}{3} = \frac{16}{3} = 5.3$$

$$E[S_3] = 3 \times \frac{1}{3} + 5 \times \frac{1}{3} + 3 \times \frac{1}{3} = \frac{11}{3} = 3.7$$

결국 S_1이 선택된다.

1.5.2 Maximin 원리

Wald에 의한 결정으로 각 행동안에 대해서 최소의 이득을 선택하고 그 중에서 이득이 최대인 행동을 선택하는 결정이다. 대단히 보수적, 비관적인 태도에 근거한 선택기준이다. 일반적인 식의 형으로 표시하면 다음과 같다.

$$\max_{i} \ \min_{j} \ a_{ij}$$

따라서 위 식에 의해서 행동안 S_i를 구하게 된다. 본문의 예에서 각 행동안에 대해서 가장 비관적인 경우의 이득은 표 1.5와 같고 그 가운에 최대이득인 S_3가 선택된다. 이것은 자금의 여유가 없는 기업에서 리스크를 극도로 피하는 태도일 것이다.

표 1.5 비관적인 이득표

행동안 \ 자연의 상태	최악의 경우 이득
S_1	-5
S_2	-2
S_3	3

1.5.3 Maximax 원리

Maximin 원리와 전적으로 대조를 이루는 가장 낙관적인 태도를 반영한 결정원리가 maximax 원리이다. 즉, 가장 경우가 좋은 상태가 실현된다고 가정하고 그 가운데서도 가장 최대인 이득이 얻어지는 행동을 선택하는 것이다. 일반적인 식의 형으로 표시하면 다음과 같다.

$$\max_{i} \ \min_{j} \ a_{ij}$$

따라서 본문의 예에서 이 원리를 이용하면 표 1.6의 결과에서 S_1이 선택된다.

표 1.6 낙관적인 이득표

자연의상태 / 행동안	낙관적인 이득
S_1	12
S_2	10
S_3	5

1.5.4 Hurwicz 원리

Hurwicz는 maximin 원리 및 maximax 원리가 각각 지나친 비관적 또는 낙관적이기 때문에 양쪽의 중간의 원리를 제안했다. 인간의 낙관성의 정도는 그 개성에 따라서 달라지고 결정문제의 종류나 상황에 의해서도 달라진다. 그래서 Hurwicz는 낙관도의 계수 α를 생각 했고 α가 1에 가까우면 가까울수록 낙관도가 높고 0에 가까우면 가까울수록 비관도가 높도록 했다. 그리고 Hurwicz의 결정수준은 최대이득의 α배와 최소이득의 $1-\alpha$배의 합이 최대로 되는 행동을 선택하는 것이다. 일반적인 식의 형으로 표시하면 다음과 같다.

$$\max_i \ [\alpha \ \max_j \ a_{ij} + (1-\alpha) \ \min_j \ a_{ij}]$$

따라서 본문의 예에서 $\alpha = 0.60$의 경우를 생각하면 표 1.5와 표 1.6에서 표 1.7이 얻어지고 이 결과에서 S_1과 S_2가운데 하나가 선택된다.

표 1.7 Hurwicz의 원리에 근거한 이득표($\alpha = 0.60$)

자연의 상태 / 행동안	0.6×(표 1.6)+0.4×(표 1.5)
S_1	5.2
S_2	5.2
S_3	4.2

1.5.5 Minimax regret 원리

Savage는 의사결정에서는 regret(후회)의 개념이 적당히 있다고 했다. 불확정 조건아래에서 의사결정은 만약 어느 상태가 실현됐을 때 어느 특정의 행동 1개(실현한 상태의 조건아래에서 최량의 행동)를 제외한 다른 행동에 대해서 만약 그 행동이 선택되었다면 regret가 따른다. Regret의 크기가 최적의 행동을 선택하지 않았기 때문에 이득이 어느 정도 적게 되었는가를 측정하게 된다. 그리고 Savage는 이렇게 하여 구해진 regret표에 minimax원리를 응용하여 최대의 regret가 최소로 되도록 행동을 선택하는 결정기준을 제창했다. 이 원리를 일반적인 식의 형으로 표시하면 우선 regret는

$$R_{ij} = \max_{i} a_{ij} - a_{ij}$$

로 표현되고 그 결과를 정리하면 표 1.8과 같다. 따라서 minimax regret 원리는 다음과 같은 식으로 나타낼 수 있다.

$$\min_{i} \max_{j} R_{ij} = \min_{i} \max_{j} \left(\max_{i} \mathrm{a_{ij}} - \mathrm{a_{ij}} \right)$$

표 1.8 regret표

행동안 \ 자연의 상태	N_1	N_2	N_3
S_1	13	0	0
S_2	0	2	12
S_3	5	7	7

표 1.9 $\max_{j} R_{ij}$

행동안	$\max_{j} R_{ij}$
S_1	13
S_2	12
S_3	7

따라서 그 결과는 표 1.9에서 $\min_{i} \max_{j} R_{ij}$인 S_3이 선택된다. 이 minimax regret 원리의 개념은 기회손실이라 불리어지는 것과 같은 의미로 불확정 조건아래에서의 의사결정문제에 있어 극히 중요한 개념이다.

이상으로 완전무지식의 경우의 의사결정에 있어서 이용되어 지는 5개의 결정기준에 대해서 살펴보았다. 본문의 예에서 각 기준을 적용한 경우의 결과를 정리하여 보면 표 1.10과 같다. 하지만 문제는 이들의 원리 가운데 의사결정자의 선택은 어느 원리에 의할 것인가? 이 의사결정의 원리는 각각 설명력을 가지고 있지만 어떤 경우에도 반드시 선택해야 하는 것은 없다. 다시 말하면 의사결정자 자신의 선택은 의사결정자의 생각에 의하여야 할 것이고 어느 것을 선택해야 할 것인가의 이론적인 근거는 없다. 불확정한 장래에 대한 의사결정에 있어서는 이와 같이 의사결정자 자신이 불확정성에 대한 태도를 결정해야 할 면이 반드시 있고 그것이 결정되어 최초에 의사결정을 위한 계산이 행해지게 된다.

지금까지의 설명으로 결정이론에 대해서 그 내용을 포괄적으로 알게 되었다. 결정이론은 주로 방법론적 이론이다. 즉, 결정이론의 주된 관심은 얼마만큼의 의사결정이 이루어지는가에 있다. 방법론에 중점이 놓여져 있는 경우는 결정이론이 특정의 행동에 고정적으로 연결되어 있지 않고 여러 가지의 이론과 탄력적으로 결합할 수 있는 경우를 말한다. 기업행동의 분석에 있어서도 결정이론이 공헌할 수 있는 가능성이 크다.

표 1.10 최종 결과표

원 리	선 택
Laplace 원리	S_1
maximin 원리	S_3
maximax 원리	S_1
Hurwicz의 원리	S_1 나 S_2
minimax regret 원리	S_3

1.6 추가정보와 Bayes의 전략

지금까지 결정문제의 형태를 몇 가지로 분류하고 각각에 대해서 결정의 기반이 되는 대표적인 원칙과 그 예를 들었다. 거기에서는 장래에 대한 자연의 상태에 대해서 의사결정자가 얼마만큼의 정보를 가지고 있는가가 분류의 기준이 되었다. 자연의 상태에 관한 정보는 객관적인 데이터나 경험에 근거한 객관적인 확률 또는 의사결정자 자신의 판단에 의한 주관적인 확률의 형을 취하고 있다. 하지만 의사결정자가 가지고 있는 경험이나 행동은 그 행동의 결과로서 발생하고 피드백되는 정보에 의해서 끊임없이 변하여 가는 것이고 또 의사결정자는 자연의 상태에 대해서의 새로운 정보를 적극적으로 수집하여 불확정성에 의한 리스크를 조금이라도 작게 하려고 한다. 이와 같이 자연의 상태에 대해서의 새로운 정보가 얻어졌을 때 그것을 결정에 어떻게 삽입시킬까 하는 문제는 보다 현실적인 상황을 생각하는 경우에 당연히 문제 삼을 경우가 있을 것이라 생각한다. Bayes의 전략은 이와 같은 상황에서의 결정기준으로서 이용된다.

Bayes의 전략의 예로서 다음과 같은 상황을 생각해 보자. 지금 어떤 사람이 도심에서 자동차로 퇴근하려고 하고 있다. 이 시간에 일반도로를 이용할 때 대략 80분 정도 걸린다. 한편 고속도로를 이용할 때 만약 진입로가 혼잡하지 않으면 50분, 혼잡한 상황이면 100분 걸린다. 그는 이제까지 이용한 경험에서 진입로가 혼잡한 경우는 40%, 혼잡하지 않은 경우는 60%로 보고 있다. 이 경우 시간을 이득으로 생각하여 이득표를 작성하면 표 1.11과 같이 된다. 진입로의 상황이 걱정되는 그는 라디오의 교통정보를 들었다. 교통정보는 인공위성을 이용한 관찰을 근거로 하여 방송되고 있고 진입로의 혼잡상황에 대해서 상당히 정확한 정보를 알리고 있지만 어느 때에는 혼잡상황을 잘못 이야기하는 경우도 있다.

표 1.11 이득표

진입로의 상황		확률 $P_r\ [\theta_i]$	행동안	
			일반도로(A_1)	고속도로(A_2)
혼잡하다	θ_1	0.4	80	100
혼잡하지 않다	θ_2	0.6	80	50

이제까지의 경험으로 교통정보의 신뢰성은 표 1.12와 같다. 추가정보의 신뢰도는 진입로가 혼잡할 때에 그것을 어느 정도 바르게 전달하도록 하는 조건부확률 $P_r[Z \mid \theta]$의 형으로 주어진다. 표에서 진입로가 실제로 혼잡할 때에 90%의 경우는 바르게 전달되고 있지만 10%는 잘못 전달되는 경우를 알았다. 이와 같은 상황에서 그가 취할 수 있는 행동으로서는 표 1.13과 같이 4개의 안을 생각할 수 있다. 예를 들어 S_1은 교통정보가 진입로의 혼잡이 전해지고 있을 때에도 또 그렇지 않을 때에도 일반도로를 이용하게 된다. 이와 같은 상황에서 Bayes의 전략이 이용되어 진다.

Bayes의 전략에 근거하면 우선 각 대체안에 대해서 진입로의 상태가 혼잡한 때와 혼잡하지 않은 때를 상정하여 각각의 경우에 대한 소요시간의 기대치를 구한다. 예를 들어 S_4에 대해서 생각해 보면 진입로가 실제로 혼잡한 경우, 그것이 바르게 전달되는 확률은 0.9로 그 때는 고속도로를 이용하고 혼잡하지 않다고 전달된 때(확률 0.1)에는 일반도로를 이용하기 때문에 그 때의 소요시간의 기대치는 표 1.14와 같이 98분이 된다. 이것에 대해서 실제로 진입로가 혼잡하지 않을 때에의 소요시간의 기대치는 74분이 된다.

표 1.12 교통정보의 신뢰성

진입로의 상황		교통 정보	
		혼잡하다(Z_1)	혼잡하지 않다(Z_2)
혼잡하다	θ_1	0.9	0.1
혼잡하지 않다	θ_2	0.2	0.8

표 1.13 행동의 대체안

행동안	교통 정보	
	혼잡하다(Z_1)	혼잡하지 않다(Z_2)
S_1	일반도로(A_1)	일반도로(A_1)
S_2	고속도로(A_2)	고속도로(A_2)
S_3	일반도로(A_1)	고속도로(A_2)
S_4	고속도로(A_2)	일반도로(A_1)

다른 행동안에 대해서도 같은 방법으로 계산하면 표 1.15와 같은 결과가 얻어진다. Bayes의 전략에 의하면 이와 같이 계산된 소요시간의 기대치를 그가 진입로의 상황에 관하여 사전에 가지고 있던 정보를 웨이트하여 평균치를 구하고 그 평균치를 최소로 하는 대체안을 선택하게 된다. 위의 경우 각 대체안에 대해서 계산을 행하면 표 1.15의 제 3열이 얻어진다. 결국 그는 S_3의 행동안을 선택하여 교통정보가 진입로의 혼잡을 보도하고 있을 때에는 일반도로를 그렇지 않을 때에는 고속도로를 이용하게 된다. 즉 교통정보를 듣지 않고 지금까지의 경험만으로 기대치원리에 근거하여 결정을 행하면 고속도로가 이용되고 그 때의 소요시간의 기대치는 70분이 된다. 교통정보에 의한 새로운 정보를 얻었기 때문에 소요시간의 기대치는 70분에서 66.4분으로 단축된다.

표 1.14 S_4의 경우

진입로의 상황	소요시간		교통정보의 신뢰성		대체안의 결과		소요시간의 기대치
	A_1	A_2	Z_1	Z_2	$Z_1 \rightarrow A_2$	$Z_2 \rightarrow A_1$	$R(\theta_i, S)$
θ_1	80	100	0.9	0.1	90	8	98
θ_2	80	50	0.2	0.8	10	64	74

표 1.15 각대체안의 결과

행동안	소요시간의 기대치		$0.4\times R(\theta_1, S)+0.6\times R(\theta_2, S)$
	$R(\theta_1, S)$	$R(\theta_2, S)$	
S_1	80	80	80
S_2	100	50	70
S_3	82	56	66.4
S_4	98	74	83.6

Bayes의 전략을 일반적인 형태로 정리하면 다음과 같다. 자연의 상태가 k개, 추가정보를 주는 정보의 종류가 m개, 취할 수 있는 대체안이 n개 있다고 가정하자. 그러면

$$\sum_{i=1}^{k}\pi(\theta_i)R(\theta_i, S_j), \ j=1, 2, \cdots, n$$

를 최소로 하는 S_j를 선택한다. 여기에서

$$R(\theta_i, S_j)=\Pr[(Z_1 \mid \theta_i)L(\theta_i, S_j(Z_1))]+\Pr[(Z_2 \mid \theta_i)L(\theta_i, S_j(Z_2))]+\cdots$$
$$=\sum_{l=1}\Pr[(Z_l \mid \theta_i)L(\theta_i, S_j(Z_l))]$$

이다. 단, $L(\theta_i, S_j(Z_l))$은 대체안 S_j가 선택된다는 가정 아래에서 자연의 상태가 θ_i, 추가정보가 Z_l의 경우에 대응하는 이득의 값이다. 앞의 예에서 $L(\theta_1, S_1(Z_2))$는 대체안 $S(Z_1\rightarrow A_1, Z_2\rightarrow A_2)$을 채용하고 자연의 상태가 θ_1, 교통정보가 Z_2일 때이므로 그것은 앞에 나온 $R(\theta_1, A_1)$ 즉, 80이다.

Bayes의 전략은 여기에서 취급한 예와 같이 자연의 상태가 2개일 때에는 그것을 그래프로 표현할 수 있다. 그림 1.1은 x축에 $R(\theta_1, S)$, y축에 $R(\theta_2, S)$를 취하여 각 대체안을 표시한 것이다. 그림과 표 1.15에서 볼 수 있듯이 S_3는 S_4보다도 유리하다. 왜냐하면 진입로의 상태가 어떤 경우이든 S_3의 쪽의 기대소요시간

이 작기 때문이다. 일반적으로

$$R(\theta_1,\ S_i) \le R(\theta_1,\ S_j)$$

$$R(\theta_2,\ S_i) \le R(\theta_2,\ S_j)$$

가 성립하고 S_i와 S_j가 그래프 위에서 다른 점으로 표시될 때에 S_i는 S_j에 우월(dominate)한다고 말하고 S_j는 선택의 대상에서 탈락시킬 수 있다. 위의 예에서는 결국 S_4를 제외한 S_1, S_2, S_3의 사이에서 선택이 이루어지고 $0.4R(\theta_1,\ S)+0.6R(\theta_2,\ S)$를 보다 작게 하는 S_3로 결정된 것이다.

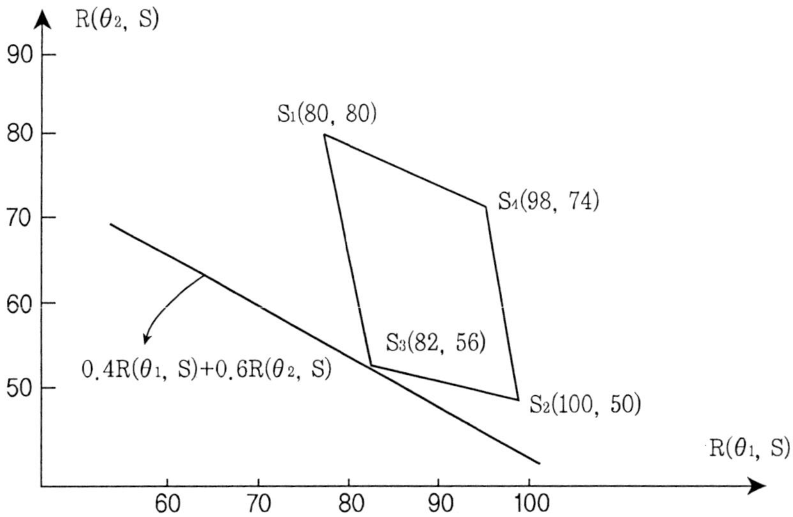

그림 1.1 베이스의 전략

Bayes의 전략은 불확정성 아래에서의 결정문제를 의사결정자가 새로운 정보를 적극적으로 활용하는 것을 가능하게 한다. 그리고 그 때에 의사결정자는 자신의 경험을 근거로 하여 추가정보에 의한 결과의 평가를 행하고 있다. 하지만 의사결정자가 Bayes의 전략에 근거하여 행동하는 경우 실천상 가장 큰 장애는 결정에 앞서 상당한 계산이 필요한 것이다. 그것은 Bayes의 전략을 표시하는 앞의 식에서도 밝혔듯이 결정을 위해서는 모든 대체안의 평가가 필요하고 대체안의 수는 취할 수 있는 행동과 추가정보의 종류에 의해서 배로 증가하여 간다. 즉 행동안의 수는 일반적으로 다음의 식과 같다.

$$\text{대체안의 수} = (\text{취할 수 있는 행동})^{\text{추가정보의 종류}}$$

예를 들면 앞의 예에서 취할 수 있는 행동은 2(A_1와 A_2), 추가정보는 2(Z_1, Z_2)이기 때문에 대체안의 수는 $2^2 = 4$이다.

제 **2** 장

게임 이론

2.1 도 입

경합모델을 취급하는 이론이 게임이론이다. 자유경쟁의 사회에 있어서는 동종기업이 서로 상대를 앞질러 이기려고 생각하며 행동하고 있다. 상대가 모두 꼼짝하지 않고 있을때 자신만이 최대화문제를 해결하면 좋은 것이 되지만 상대도 모두 최대화를 목적으로 하고 있기 때문에 그렇게 간단하게는 안 된다. 그것은 마치 바둑, 장기, 트럼프 등의 실내게임에서 서로 이기려고 노력하고 있는 상황과 흡사하다. 그래서 경합상태를 해결하기 위하여 실내게임을 모델로 해서 구성된 이론이 게임이론이다.

게임은 몇 사람을 교대로 여러 가지 대책을 세워 게임규칙에 따라 몇 단계를 거친 후에 완료된다. 이 때 어떤 방식을 규정하는 규칙의 모임이 게임이다. 실제로 어느 게임의 결과는 하나의 게임을 실현한 것으로 간주한다. 언제까지 계속해도 끝나지 않는 게임은 생각하지 않는다. 장기의 비김수 등은 규칙에서 금지된다. 또 싸이클 히트나 룰렛(roulette)과 같이 완전히 우연으로만 결정되는 게임은 게임이론의 대상으로 하지 않는다. 이 게임은 확률론에서 취급된다. 적어도 게임을 행하는 사람의 행동에 의한 결과가 영향을 받는 게임이어야 한다.

게임에 크게 관계하는 요인중에서 첫 번째 요인은 게임을 행하는 사람의 수이다. 여기에서 사람의 수는 실제로 게임에 관계하는 사람 수가 아니고, 이해관계가 같은 사람은 한 사람으로 간주한다. 기업에 있어서는 법인으로서 취급한다. 예를 들면 야구 등은 두 사람의 게임이라 말할 수 있다. 일반적으로 3인 이상의 게임을 n인 게임이라고 한다. 두 번째 요인은 게임의 종료 후에 규칙에 따라서 상호간에 주고받는 행위의 지불(pay off)관계이다. 몇 번이나 도박을 할 필요는 없지만 진 쪽이 이긴 쪽에게 얼마씩인가를 지불한다. 이 때 지불의 합이 0이 될 때에는 제로합(zero-sum)이라고 하고 그렇지 않은 경우는 비제로합(nonzero-sum)이라고 한다. 실내게임은 보통 제로합이다. 주식판매도 수수료를 별도로 하면 제로합이다. 그러나 경제활동은 부의 창조와 소비에 의하여 보통은 비제로합이 된다.

사람 수와 지불관계를 맞춰서 게임을 분류할 때 제일 단순한 게임은 1인 제로합게임이다. 이것은 한 사람의 점쟁이와 같은 것으로서 혼자 게임을 하는 행위로 이때는 이득도 손해도 없다. 거의 연구할 가치가 없다. 그 다음으로 간단한 것은 1인 비제로합게임이며, 보통 최대화문제라 한다. 결국 최대화문제는 게임이론의 입장에서는 1인 비제로합게임으로 생각하면 좋다. 이것도 또한 일부러 게임이론의 대상으로 생각하지 않아도 좋다. 따라서 게임이론으로서 연구해야 할 것으로 가장 단순한 것은 제로합 2인게임이다. 한편 일반적으로 게임은 몇 사람이 교환해서 많은 단계를 거쳐 행해진다. 그 각각의 단계를 차례(move)라고 한다. 각자의 차례에서 취할 수 있는 방법이 유한개 있는 게임을 유한게임(finite game)이라 한다. 보통 실내게임은 유한게임이다. 기계관리의 문제에 있어서 기계와 기술자의 게임으로 생각했을 때 기술자가 온도나 압력을 조절할 때에 취할 수 있는 방법은 무한히 많다. 이러한 게임을 무한게임(infinite game)이라고 한다.

2.2 유한 제로합 2인게임

2.2.1 지불행렬

보통 게임에서는 많은 단계가 존재한다. 각 단계에서 선택할 수 있는 여러 가지 전략을 계속해서 나무의 가지 상태로 분기한 형으로 게임을 표현할 수 있다. 예를 들어 첫 번째 단계에서 A가 3개의 전략을 두 번째 단계에서 B가 2개의 전략을 세 번째 단계에서 A가 2개의 전략을 선택할 수 있을 때를 생각해보자(그림 2.1).

이와 같은 그림을 게임의 수형도(tree of game)라고 한다. 또 수형도로 표현된 게임을 전개형(extensive form)게임이라 한다. 전개형게임에서 각 참가자가 게임 전체를 통해서 어떤 전략을 사용함으로써 게임이 바로 끝나도록 할 수 있다. 이와 같이 단순화한 형을 표준형게임(normal form game)이라 한다.

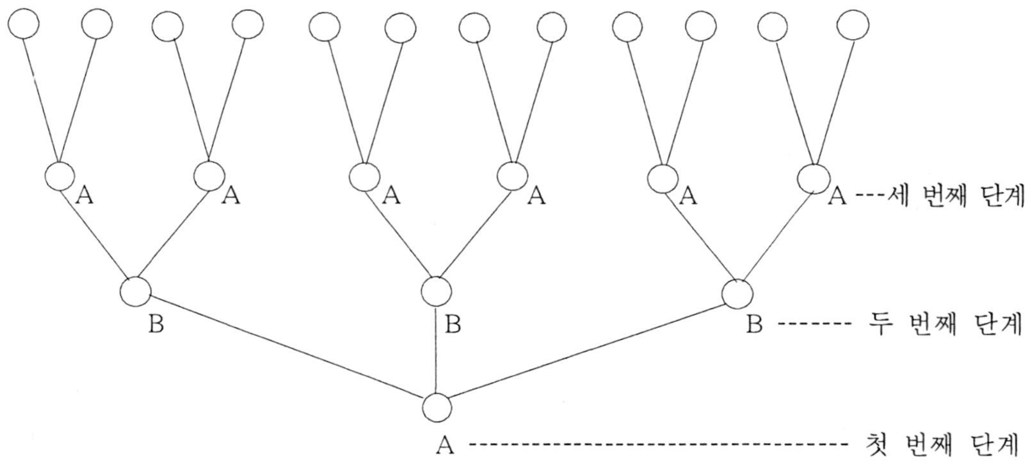

그림 2.1 수형도

제로합 2인게임에서 가장 간단한 것은 두 사람이 한 번씩 차례를 가지는 경우로 두 사람이 어느 전략을 취한 순간에 게임이 끝나는 경우이다. A가 취한 전략을 모르고 B가 어느 전략을 선택하는 경우를 생각하여도 좋고, A와 B가 동시에 어느 전략을 취하여도 좋은 게임을 장방형게임(rectangular game)이라 한다. 전개형게임에서도 전략을 1회씩 이용하고 게임이 끝나도록 표현한다. 즉 장방형게임은 제로합 2인게임의 표준형이다. 전개형게임을 표준형게임으로 변형시킨 것을 게임의 표준화(normalization)라고 한다. 표준화에 의해서 제로합 2인게임은 항상 장방형게임으로 할 수 있기 때문에 장방형게임만을 생각하여도 좋다.

장방형게임이라고 하는 이유는 A와 B, 두 사람이 각각 어느 전략을 취했을 때의 결과를 장방형의 행렬로 표현 할 수 있기 때문이다. 제로합게임이기 때문에 한 쪽이 취한 금액만큼 다른 한 쪽이 지불한다. 그래서 A를 근거로 하여 A와 B가 각각 어느 전략을 취했을 때 A가 취하는 금액을 행렬로 표현한다. 이것을 지불행렬(payoff matrix)이라 한다. 이 행렬을 근거로 하여 최적의 행동을 결정한다. 즉 지불행렬이 참모본부의 작전지도와 같은 역할을 담당한다. 예를 들면 가위, 바위, 보게임에서 이긴 쪽이 진 쪽에 1을 받고 비긴 경우는 0으로 했을 때 지불행렬은 다음과 같이 된다.

A/B	가위	바위	보
가위	0	1	−1
바위	−1	0	1
보	1	−1	0

가위, 바위, 보게임의 지불행렬은 대각선의 요소는 0이고 이것을 중심으로 하여 양측의 대칭의 요소는 절대치가 같고 부호가 반대로 되어 있다. 즉 i행 j열의 요소를 a_{ij}로 했을 때

$$a_{ij} = -a_{ji}$$

의 관계이다. 이와 같은 행렬을 왜대칭행렬(skew symmetric matrix : 啞對稱 行列)이라 한다. 왜대칭행렬을 지불행렬로서 가진 게임을 대칭게임(symmetric game)이라 한다.

또 하나의 예로서 어느 기업이 신제품을 생산할 때 생산의 단계에서 5, 10, 15의 세 단계의 어느 쪽을 선택할 수 있다. 한편 소비자는 수요의 단계에서 5, 10, 15, 20의 네 단계의 가능성이 있다. 기업의 이윤으로서 다음과 같은 지불행렬을 생각할 수 있다.

기업/소비자	5	10	15	20
5	4	5	6	7
10	−2	6	7	8
15	−5	−1	8	9

2.2.2 minimax 정리

제로합 2인게임에서는 지불행렬을 근거로 하여 상대가 어떻게 나오는지를 생각하여 최적의 전략을 결정한다. 이 때의 생각이 minimax 원리(minmax principle)이다.

예제 2-1

지금 지불행렬이 다음과 같다고 하자.

$$\begin{array}{c} \\ a_1 \\ a_2 \\ a_3 \\ a_4 \end{array} \begin{array}{c} \begin{array}{ccc} b_1 & b_2 & b_3 \end{array} \\ \begin{pmatrix} 16 & 3 & 0 \\ 1 & 2 & 8 \\ 5 & 4 & 6 \\ 9 & 3 & 2 \end{pmatrix} \end{array}$$

여기에서 참가자 A가 취할 수 있는 전략은 a_1, a_2, a_3, a_4이고, 참가자 B가 취할 수 있는 전략은 b_1, b_2, b_3이다. 예를 들어 A가 a_2를 B가 b_3를 선택했을 때 B가 A에 8을 지불하게 된다. A가 각각의 전략을 선택했을 때 취할 수 있는 최소의 금액은

$$\begin{array}{c} a_1 \\ a_2 \\ a_3 \\ a_4 \end{array} \begin{pmatrix} 0 \\ 1 \\ 4 \\ 2 \end{pmatrix}$$

이고, 만약 A가 선택한 전략을 알고 있다고 한다면 B의 최선의 전략은

$$\begin{array}{c} a_1 \\ a_2 \\ a_3 \\ a_4 \end{array} \begin{pmatrix} b_3 \\ b_1 \\ b_2 \\ b_3 \end{pmatrix}$$

이다. 이것은 지불행렬의 각 행의 최소치에 해당하는 것이다. 한편, B가 각각의 전략을 선택했을 때 지불하는 최대의 금액은

$$\begin{array}{ccc} b_1 & b_2 & b_3 \\ (16 & 4 & 8) \end{array}$$

이다. 이것에 대응하는 A의 전략은

$$\begin{matrix} b_1 & b_2 & b_3 \\ (a_1 & a_3 & a_2) \end{matrix}$$

이다. 이것은 지불행렬의 각 열의 최대치에 해당하는 것이다.

이와 같이 A 또는 B가 다른 쪽이 선택한 전략을 알면 그것에 대한 최적의 전략이 결정된다. 그렇지만 어느 쪽도 상대의 전략을 모르기 때문에 어렵게 된다. 그래서 B가 어느 쪽의 전략을 선택하여도 A로서는 a_3만 선택하면 어쨌든 4는 확실히 받을 수 있다. a_4를 선택했을 때 B가 b_3를 선택하면 2밖에 받을 수 없다. 따라서 A로서는 가장 확실한 전략은 a_3이 된다.

한편 B로서는 b_2를 선택하면 A가 어떠한 전략을 선택하여도 4만 지불하면 된다. 다른 전략을 선택하면 A가 어떻게 나오는가에 따라서 많이 지불할 가능성이 커진다. 따라서 B로서는 가장 확실한 전략은 b_2이다. 이것을 조합하여 A가 a_3를 B가 b_2를 선택했을 때 두 사람에게서 가장 확실한 전략이 되고 평형상태가 얻어진다. 평형의 의미는 A가 a_3을 선택하면 B는 b_2가 가장 유리하고 B가 b_2를 선택하면 A는 a_3가 가장 유리한 상태를 말한다.

그러나 항상 이와 같은 평형상태가 존재한다고는 말할 수 없다.

지불행렬이 다음과 같다고 하자.

예제 2-2

$$\begin{matrix} & b_1 & b_2 \\ a_1 & 3 & 1 \\ a_2 & 2 & 4 \end{matrix}$$

위의 예에서 A는 a_2를 선택함에 있어서 적어도 2를 확보할 수 있다. 또 B는 b_1를 선택하면 많아도 3만을 지불하면 된다. 그러나 이 금액은 일치하지 않는다. A

가 a_2를 선택하면 B는 b_1을 선택하는 것이 좋다. B가 b_1을 선택하면 A는 a_1쪽이 좋다. A가 a_1을 선택하면 B는 b_2를 선택하는 쪽이 좋고 B가 b_2를 선택하면 A는 a_2를 선택한다. 이와 같이 계속해서 돌고 돌아 평형상태에 도달하지 않는다. 따라서 이 예는 평형상태가 존재하지 않는다.

지금까지의 내용을 일반적으로 생각하여 보자.

참가자 A와 B가 선택할 수 있는 전략이 각각 m개, n개 있고 지불행렬이 다음과 같다고 하자.

$$\begin{pmatrix} a_{11} & a_{12} & \cdots & a_{1j} & \cdots & a_{1n} \\ a_{21} & a_{22} & \cdots & a_{2j} & \cdots & a_{2n} \\ \cdots & \cdots & \cdots & \cdots & \cdots & \cdots \\ a_{i1} & a_{i2} & \cdots & a_{ij} & \cdots & a_{in} \\ \cdots & \cdots & \cdots & \cdots & \cdots & \cdots \\ a_{m1} & a_{m2} & \cdots & a_{mj} & \cdots & a_{mn} \end{pmatrix}$$

이제 A가 i번째의 전략을 선택했을 때 B가 어떻게 나올 것인지 모르지만 어쨌든 제 i행의 최소치

$$\min_{1 \le j \le n} a_{ij}$$

는 확보할 수 있다. 그런데 A는 어떠한 전략도 자유스럽게 선택할 수 있기 때문에 가능한 확보할 수 있는 금액이 가장 큰 전략을 선택할 수 있다. 그것의 최대치는

$$\max_{1 \le i \le m} \min_{1 \le j \le n} a_{ij}$$

이다. 이것이 A의 maximin 전략이다.

한편, B는 j번째의 전략을 선택했을 때 A가 어떻게 나오든 제 j열의 최대치

$$\max_{1 \le i \le m} a_{ij}$$

이상으로 지불하지 않는다. 그런데 B도 n개에서 전략을 자유스럽게 선택할 수 있기 때문에 지불하는 금액이 될 수 있으면 적게 하도록 전략을 선택하면 좋다. 이

것의 최소치는

$$\min_{1 \le j \le n} \max_{1 \le i \le m} a_{ij}$$

이다. 이와 같이하여 선택된 전략을 minimax전략이라 한다. 즉 A로서는 각 행의 최소치 가운데 최대치의 전략을 B는 각 열의 최대치 가운데 최소치의 전략을 선택하면 된다. 그것이 각각 maximin전략과 minimax전략이다.

그러면 A로서는 maximin전략을 선택하면 적어도

$$\max_{1 \le i \le m} \min_{1 \le j \le n} a_{ij}$$

의 금액을 확보할 수 있다. 한편, B도 minimax전략을 선택하면 적어도

$$\min_{1 \le j \le n} \max_{1 \le i \le m} a_{ij}$$

의 금액만 지불하면 된다. 이것은 A가 maximin만큼을 확보할 수 있지만 B에게는 minimax만큼을 지불해야 하는 피할 수 없는 상황을 표현하고 있다. 당연히 다음과 같은 관계가 성립한다.

정리 2.1

$$\max_{1 \le i \le m} \min_{1 \le j \le n} a_{ij} \le \min_{1 \le j \le n} \max_{1 \le i \le m} a_{ij}$$

위 정리는 일반적으로 용이하게 증명할 수 있다.

모든 i와 j에 대해서

$$\min_{1 \le j \le n} a_{ij} \le a_{ij} \le \max_{1 \le i \le m} a_{ij}$$

이고 우변의 항은 i에 대해서 최대를 취하고 있고 j에 관계하고 있지 않기 때문에 좌변의 항 i에 대해서 최대로 하여도

$$\max_{1 \le i \le m} \min_{1 \le j \le n} a_{ij} \le \max_{1 \le i \le m} a_{ij}$$

가 성립한다. 또 이 식은 모든 j에 대해서 성립하기 때문에 우변의 j에 대해서 최소로 하여도

$$\max_{1 \le i \le m} \min_{1 \le j \le n} a_{ij} \le \min_{1 \le j \le n} \max_{1 \le i \le m} a_{ij}$$

가 성립한다. 특히, 양변이

$$\max_{1 \le i \le m} \min_{1 \le j \le n} a_{ij} = \min_{1 \le j \le n} \max_{1 \le i \le m} a_{ij} = v$$

가 될 때 게임의 평형상태가 얻어진다. 이때 제로합 2인게임은 확정한다(strictly determined)라고 하고, 일치된 값 v를 게임의 값(value)이라 한다.

2.2.3 안점

게임을 확정하는 경우의 판정조건에 관하여 안점(saddle point: 鞍点)이라는 생각을 도입한다. 지불행렬에 있어서 모든 $i(i=1, 2, \dots, m)$와 모든 $j(j=1, 2, \dots, n)$에 대해서

$$a_{ij_0} \le a_{i_0j_0} \le a_{i_0j}$$

가 성립하는 조(i_0, j_0)가 존재할 때, 이(i_0, j_0)를 지불행렬의 안점이라 한다. 이 안점의 값이 $a_{i_0j_0}$이다. 안점이 존재할 때 모든 i에 대해서

$$a_{ij_0} \le a_{i_0j_0}$$

이기 때문에 제 j_0열에서 최대의 값이 $a_{i_0j_0}$이다. 또 모든 j에 대해서

$$a_{i_0j_0} \le a_{i_0j}$$

이기 때문에 제 i_0행에서의 최소가 $a_{i_0j_0}$로 된다. 즉, 행에 대해서 최소임과 동시

에 열에 대해서 최대인 요소가 존재하면 그 곳이 안점이다. 그 요소의 값이 안점의 값이다.

이제 안점 (i_0, j_0)이 존재한다고 한다면 안점의 정의에서 모든 i와 j에 대해서

$$a_{ij_0} \leq a_{i_0j_0} \leq a_{i_0j}$$

이기 때문에

$$\max_{1 \leq i \leq m} a_{ij_0} \leq a_{i_0j_0} \leq \min_{1 \leq j \leq n} a_{i_0j}$$

가 된다. 그러나 항상

$$\min_{1 \leq j \leq n} \max_{1 \leq i \leq m} a_{ij} \leq \max_{1 \leq i \leq m} a_{ij_0}$$

도

$$\min_{1 \leq j \leq n} a_{i_0j} \leq \max_{1 \leq i \leq m} \min_{1 \leq j \leq n} a_{ij}$$

에 의해서 이들의 관계를 조합하면

$$\min_{1 \leq j \leq n} \max_{1 \leq i \leq m} a_{ij} \leq a_{i_0j_0} \leq \max_{1 \leq i \leq m} \min_{1 \leq j \leq n} a_{ij}$$

가 된다. 그런데 2.2절에서 논의한 것 같이 일반적으로 그 반대의 부등식

$$\max_{1 \leq i \leq m} \min_{1 \leq j \leq n} a_{ij} \leq \min_{1 \leq j \leq n} \max_{1 \leq i \leq m} a_{ij}$$

이 성립하기 때문에

$$\max_{1 \leq i \leq m} \min_{1 \leq j \leq n} a_{ij} = a_{i_0j_0} = \min_{1 \leq j \leq n} \max_{1 \leq i \leq m} a_{ij}$$

가 된다. 즉, 안점(i_0, j_0)가 존재하면 게임은 확정되고 그 때의 게임의 값은 안점

의 값 $a_{i_0 j_0}$가 된다. 역으로 게임이 확정되는 경우를 생각한다. 이 때 게임의 값을 v로 하면

$$\max_{1 \le i \le m} \min_{1 \le j \le n} a_{ij} = v = \min_{1 \le j \le n} \max_{1 \le i \le m} a_{ij}$$

이어야 한다. 이제 행의 최소치가 최대로 되는 행을 i_0로 하면

$$\min_{1 \le j \le n} a_{i_0 j} = v$$

이다. 마찬가지로 열의 최대치가 최소로 되는 열을 j_0로 하면

$$\max_{1 \le i \le m} a_{i j_0} = v$$

이다. 즉,

$$\max_i \min_j a_{ij} = \min_j a_{ij}$$

$$\min_j \max_i a_{ij} = \max_i a_{ij_0}$$

이다. 이와 같은 i_0, j_0를 각각 참가자 A와 B의 최적순수전략(optimal pure strategy) 이라 한다. 이때

$$\min_{1 \le j \le n} a_{i_0 j} = \max_{1 \le i \le m} a_{i j_0} = v$$

이다. 그런데 최소의 의미에서

$$\min_{1 \le j \le n} a_{i_0 j} \le a_{i_0 j_0}$$

이기 때문에

$$\max_{1 \le i \le m} a_{ij_0} \le a_{i_0 j_0}$$

가 된다. 이것은 모든 i에 대해서

$$a_{ij_0} \le a_{i_0 j_0}$$

가 성립한다. 마찬가지로 최대의 의미에서

$$a_{i_0 j_0} \le \max_{1 \le i \le m} a_{ij_0}$$

이고

$$\min_j a_{i_0 j} = \max_i a_{ij_0}$$

에 의해서

$$a_{i_0 j_0} \le \min_{1 \le j \le n} a_{i_0 j}$$

가 된다. 이것은 또 모든 j에 대해서

$$a_{i_0 j_0} \le a_{i_0 j}$$

가 되는 경우를 의미한다. 이상의 결과로부터 모든 i와 j에 대해서

$$a_{ij_0} \le a_{i_0 j_0} \le a_{i_0 j}$$

이고 (i_0, j_0)가 안점이 된다. 또

$$v = \max_i a_{ij_0} \le a_{i_0 j_0}$$

$$a_{i_0 j_0} \le \max_i a_{i_0 j} = v$$

에 의해서

$$a_{i_0 j_0} = v$$

로 된다는 사실을 알 수 있다.

이상의 결과에서 유한제로합 2인게임을 확정하기 위한 필요충분조건은 지불행렬이 안점을 가질 때이고, (i_0, j_0)을 안점으로 했을 때 안점의 값 $a_{i_0 j_0}$가 게임의 값이고 안점의 전략 i_0와 j_0가 참자가 A와 B의 최적순수전략이다. 따라서 제로합 2인게임에서 지불행렬이 주어졌을 때 우선 안점이 존재하는지를 확인해야 한다. 즉 행에서 최소임과 동시에 열에서 최대인 요소가 존재하는가를 확인한다. 만약 이와 같은 요소가 존재하면 요소가 존재하는 행과 열이 참가자 A와 B의 최적의 전략이고, 그 요소의 값이 게임의 값이다. 게임의 값이 0일 때에는 공평한 게임이고, 게임의 값이 플러스이면 A에 유리한 게임이고 마이너스이면 B에 유리한 게임이다.

예제 2-3

지불행렬이

$$\begin{pmatrix} 3 & -1 & -5 \\ 2 & 1 & 2 \\ -1 & 0 & 7 \end{pmatrix}$$

일 때 제 2행 제 2열의 요소 1은 행에서 최소임과 동시에 열에서 최대인 값이다. 그래서 이 게임의 안점은 (2, 2)이고 참가자 A, B에 있어서 이 전략이 최적이고 게임의 값은 1이다.

예제 2-4

지불행렬이

$$\begin{pmatrix} 4 & 1 & 0 & 3 & 0 \\ 2 & 3 & -3 & 8 & -5 \\ 5 & 8 & 0 & 3 & 0 \end{pmatrix}$$

일 때 안점은 (1, 3), (1, 5), (3, 3), (3, 5) 4개이다. 이와 같이 안점이 여러 개 존재하는 경우도 있다. 그러나 아무리 많은 안점이 존재하여도 그 값은 모두 같다. 예 2.4에서는 안점의 값은 0이고, 이 값이 게임의 값이다.

예제 2-5

지불행렬이

$$\begin{pmatrix} 3 & 1 \\ 2 & 4 \end{pmatrix}$$

일 때 안점은 존재하지 않는다.

게임의 지불행렬에서 다른 전략보다 손해인 것을 알고 있는 전략이 있을 때 그 전략은 처음부터 삭제하면 된다. 이와 같은 전략을 우월된 전략(dominated strategy)이라 한다. 그리고 우월된 전략을 삭제함으로서 간단히 안점을 구할 수 있는 경우도 있다.

예제 2-6

지불행렬이

$$\begin{array}{c} \\ a_1 \\ a_2 \\ a_3 \end{array} \begin{array}{c} \begin{array}{cccc} b_1 & b_2 & b_3 & b_4 \end{array} \\ \begin{pmatrix} 2 & 0 & -1 & 0 \\ 3 & 2 & 0 & 1 \\ 4 & 1 & -2 & -3 \end{pmatrix} \end{array}$$

일 때에 참가자 A의 전략 a_1과 a_2를 비교하여 보면 a_2의 쪽이 a_1의 요소보다도 크다는 사실을 알 수 있다. 이것은 a_1이 a_2에 의해서 우월되어 있기 때문에 A로서는 a_1를 삭제한다. 이때의 지불행렬은

$$\begin{array}{c} \\ a_2 \\ a_3 \end{array} \begin{array}{c} \begin{array}{cccc} b_1 & b_2 & b_3 & b_4 \end{array} \\ \begin{pmatrix} 3 & 2 & 0 & 1 \\ 4 & 1 & -2 & -3 \end{pmatrix} \end{array}$$

가 된다. 한편, 참가자 B의 입장에서 생각하면 B가 지불하는 금액은 적을수록 좋기 때문에 b_1과 b_2를 b_3과 비교했을 때 b_1도 b_2도 b_3의 대응 요소보다 크다. 따라서 B로서는 b_1과 b_2는 b_3에 의해서 우월되어 있으므로 b_1과 b_2를 삭제한다. 따라서 지불행렬은

$$\begin{array}{c} \\ a_2 \\ a_3 \end{array} \begin{array}{c} \begin{array}{cc} b_3 & b_4 \end{array} \\ \begin{pmatrix} 0 & 1 \\ -2 & -3 \end{pmatrix} \end{array}$$

가 된다. 여기에서 다시 A입장에서 생각하면 a_3는 a_2에 의해 우월되어 있다. 따라서 지불행렬은

$$\begin{array}{c} \\ a_2 \end{array} \begin{array}{c} \begin{array}{cc} b_3 & b_4 \end{array} \\ \begin{pmatrix} 0 & 1 \end{pmatrix} \end{array}$$

이 된다. 그래서 B로서는 당연히 b_3를 선택한다. 이와 같이 A와 B의 최적의 전략 a_2, b_3가 결정되고 최초의 지불행렬에서의 안점 $(a_2,\ b_3)$가 결정된다.

우월된 전략과 안점과는 물론 다른 개념이다. 우월된 전략이 없어도 안점이 존재하는 것이다. 또 우월된 전략을 삭제했을 때 모든 안점이 존재하는 것은 아니다.

예제 2-7

지불행렬이

$$\begin{pmatrix} 4 & -1 & -5 \\ 2 & 1 & 3 \\ -1 & 0 & 6 \end{pmatrix}$$

일 때는 우월된 전략은 존재하지 않지만 안점은 존재한다.

예제 2-8

지불행렬이

$$\begin{pmatrix} 4 & 1 & 0 & 3 & 0 \\ 2 & 3 & -3 & 8 & -5 \\ 5 & 8 & 0 & 3 & 0 \end{pmatrix}$$

일 때는 B의 입장에서 생각할 때 제 5열의 전략이 다른 열의 전략보다 유리하기 때문에 제 1열에서 제 4열까지를 삭제하면

$$\begin{pmatrix} 0 \\ -5 \\ 0 \end{pmatrix}$$

로 된다. 이때 A의 입장에서는 제 1전략과 제 3의 전략이 선택되어 안점 (1, 5), (3, 5)가 구해진다. 그러나 예 2.4에서 구한 안점과 달리 안점 (1, 3), (3, 3)은 삭제의 단계에서 없어져 버렸다.

제로합 2인게임에서는 참가자 A와 B의 최적의 순수전략이 결정될 때 제로합 2인게임은 확정한다(strictly determined)고 말하고 그에 대한 필요충분조건은 지불행렬에 안점이 존재하는 데에 있다. 이때 minimax와 maximin이 일치하여 그것이 게임값으로 된다. 즉,

$$\max_{1 \le i \le m} \min_{1 \le j \le n} a_{ij} = \min_{1 \le j \le n} \max_{1 \le i \le m} a_{ij} = v = a_{i_0 j_0}$$

가 되며 v는 게임의 값(value)이고 안점 (i_0, j_0)가 A와 B의 최적의 전략이 된다.

그런데 일반적으로는

$$\max_{1 \le i \le m} \min_{1 \le j \le n} a_{ij} \le \min_{1 \le j \le n} \max_{1 \le i \le m} a_{ij}$$

에서 등호가 성립하는 필요충분조건이 안점이 존재한다는 조건이며 안점이 존재하지 않는 경우에는

$$\max_{1 \le i \le m} \min_{1 \le j \le n} a_{ij} < \min_{1 \le j \le n} \max_{1 \le i \le m} a_{ij}$$

의 부등호의 관계가 발생한다. 즉 참가자 A가 적어도 확보할 수 있는 금액과 B에 의해서 저지되는 금액 사이에 틈이 생긴다. 이 경우에는 단순한 하나의 전략으로서 최적의 순수전략을 발견할 수 없게 된다.

이 때 하나의 전략으로서 최적의 선택이 없는 이상에는 여러 가지 전략을 혼합하여 사용하는 경우를 생각해야 한다. 이것을 혼합전략(mixed strategy)이라 한다. 반면, 어느 특정한 하나의 전략을 이용하는 경우를 순수전략(pure strategy)이라 한다. 혼합전략은 여러 가지 전략을 혼합해서 사용하는 것인데 사용하는 비율을 지정하면 혼합전략이 하나 결정된다. 그리고 참가자 A가 취할 수 있는 전략이 m개 있을 때 그것들의 전략을 이용하는 확률의 조

$$X = (x_1, x_2, ..., x_m), \quad \sum_{i=1}^{m} x_i = 1, \quad x_i \geq 0$$

가 A의 혼합전략이다. 마찬가지로 참가자 B가 취할 수 있는 전략이 n개 있을 때 B의 혼합전략은 n개의 전략을 이용하는 조

$$Y = (y_1, y_2, ..., y_n), \quad \sum_{j=1}^{n} y_j = 1, \quad y_j \geq 0$$

가 B의 혼합전략이다.

혼합전략을 이용하는 경우는 각각의 전략을 얼마만큼의 비율로 취하는 것이기 때문에 게임을 몇 번이라도 반복하여 시행할 때에 의미를 갖게 된다. 단지 한번만 행하는 게임에는 적절치 않다고 말할 수 있다. 예를 들어 3개의 전략을 혼합전략 (3/8, 4/8, 1/8)로 취하는 경우의 게임을 8회 시행하는 동안 첫 번째의 전략을 3회 두 번째의 전략을 4회 그리고 세 번째의 전략을 1회의 비율로 시행한다는 경우를 말한다. 물론 단 1회의 행위로도 혼합전략을 이용할 수 있다. 예를 들면 참가자 A가 주머니 속에 빨간 공을 3개 흰 공을 4개 검정 공을 1개 넣어 놓고 그 속에서 임의로 하나의 공을 추출할 때 그것이 빨간 공이면 첫 번째의 전략, 흰 공이면 두 번째 전략, 검정 공이면 세 번째 전략을 사용하면 된다. 여기서 혼합전략은 순수전략의 확장인 것을 알 수 있다. i번째의 순수전략을 선택하는 것은 혼합전략으로서는

$$x_i = 1, \; x_k = 0 \quad (i \neq k)$$

을 선택하는 경우이기 때문에 순수전략은 이와 같은 혼합전략의 특수한 경우이다. 특히 두 개의 전략 a_1과 a_2를 선택하는 확률은 그림 2.2의 순수전략 (1, 0)과 (0, 1)의 두 점을 연결하는 직선상의 점으로 모든 혼합전략을 나타낼 수 있다. 이 직선의 양 끝의 두 점이 순수전략이다.

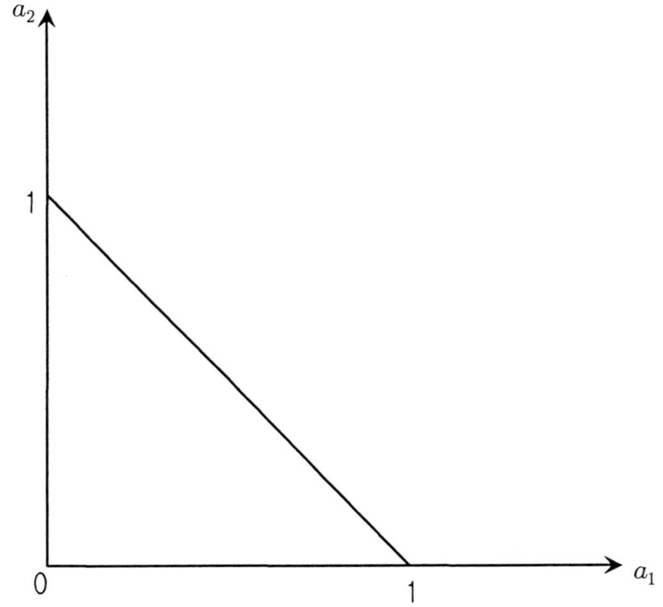

그림 2.2 순수전략과 혼합전략

그리고 참가자 A와 B가 각각 혼합전략

$$X = (x_1,\ x_2,\ \dots,\ x_m)$$

$$Y = (y_1,\ y_2,\ \dots,\ y_n)$$

를 선택할 때 A가 받는 금액은 언제나 일정하지 않고 여러 가지 금액을 혼합전략으로 부여되는 확률로 받게 된다. 그래서 이때에는 A가 받게 되는 기대금액(expectation)을 생각하여야 한다. 여기서 A는 i번째의 전략을 확률 x_i로 B는 j번째의 전략을 확률 y_j로 선택하고 A와 B의 선택은 독립이기 때문에 A는 금액 a_{ij}를 확률 $x_i y_j$로 받게 된다. 따라서 A가 혼합전략 X를 B가 혼합전략 Y를 선택했을 때 A가 받는 기대금액을 $E[X,\ Y]$로 표시하면

$$E[X,\ Y] = \sum_{i=1}^{m} \sum_{j=1}^{n} a_{ij} x_i y_j$$

로 된다.

특히 A가 순수전략 i를 취하고 B는 혼합전략 Y를 선택했을 때의 기대금액을 $E[i,\ Y]$로서 나타내면 $E[X,\ Y]$의 식에서 $x_i = 1,\ x_k = 0\ (i \neq k)$로 놓으면

$$E[i,\ Y] = \sum_{j=1}^{n} a_{ij}\, y_j$$

이다. 마찬가지로 A는 혼합전략 X를 B가 순수전략으로서 j의 전략을 선택했을 때의 기대금액을 $E[X,\ j]$로 표시하면

$$E[X,\ j] = \sum_{i=1}^{m} a_{ij}\, x_i$$

이다. 특히 어느 쪽도 순수전략을 선택했을 때가

$$E[i,\ j] = a_{ij}$$

로 된다.

이와 같이 제로합 2인게임의 지불행렬에 안점이 존재하지 않을 때에는 혼합전략을 사용하고 기대금액을 근거로 하여 생각하여야 한다.

2.2.5 최적전략의 성질

제로합 2인게임에서는 지불행렬에 안점(행에서 최소, 열에서 최대의 요소로 존재하는 점)이 존재하면 참가자 A, B 모두 순수전략으로서 최적의 전략이고 안점이 존재하지 않으면 혼합전략을 이용하여 A가 취하는 기대치를 기준으로 생각해야 함을 알았다. 그래서 A와 B가 각각 혼합전략

$$X = (x_1,\ x_2,\ \ldots,\ x_m)$$

$$Y = (y_1,\ y_2,\ \ldots,\ y_n)$$

를 이용할 때 A가 취할 수 있는 기대금액

$$E[X, Y] = \sum_{i=1}^{m} \sum_{j=1}^{n} a_{ij} x_i y_j$$

을 근거로 하여 A가 혼합전략 X를 B가 혼합전략 Y를 여러 가지로 변형하여 가기로 한다.

순수전략의 경우와 마찬가지로 A가 적어도 확보할 수 있는 기대금액은

$$\max_X \min_Y E[X, Y]$$

이고, B가 고작 지불하는 금액은

$$\min_Y \max_X E[X, Y]$$

이다. 또 일반적으로

$$\max_X \min_Y E[X, Y] \leq \min_Y \max_X = E[X, Y]$$

가 성립하는 경우이다. 더욱이 혼합전략에 대해서도 안점이 정의되어 모든 X, Y에 대해서

$$E[X, Y^0] \leq E[X^0, Y^0] \leq E[X^0, Y]$$

가 성립하는 혼합전략의 조(X^0, Y^0)를 안점이라 한다.

또 안점이 존재하는 경우가 기대치에 대해서 maximin과 minimax가 일치하는 필요충분조건인 경우와 마찬가지이다.

그렇다면 혼합전략에서 안점이 존재하면 좋지만 존재하지 않을 경우에는 어떻게 될 것인가? 이때에는

$$\max_X \min_Y E[X, Y] < \min_Y \max_X E[X, Y]$$

로 될 것인가? 답은 그렇지 않다. 즉 혼합전략까지 가면 반드시 안점이 존재하고

$$\max_X \min_Y E[X, Y] = \min_Y \max_X E[X, Y]$$

로 되는 경우가 제로합 2인게임의 기본정리이다. 따라서 혼합전략까지 가면 제로

합 2인게임은 완전히 해결된다.

혼합전략까지 가면 안점이 존재하고 게임이 해결된다고 증명한 학자는 von Neumann이고 이것은 「minimax 정리」로 불리어지고 게임의 기초로 되어 있다. 이 결과가 없었다면 게임이론이라는 학문이 생겨나지 않았을 것이다.

혼합전략에서 안점을 (X^0, Y^0)라 했을 때

$$\max_{X} \min_{Y} E[X, Y] = \min_{Y} \max_{X} E[X, Y] = E[X^0, Y^0] = v$$

로 되고 v를 게임의 값이라 하고 (X^0, Y^0)가 각각 참가자 A와 B의 최적전략이 된다. Minimax정리는 유한제로합 2인게임에서 두 사람의 참가자에 있어서 최적의 혼합전략과 게임의 값이 존재한다라는 경우를 말하고 있다.

2.3 유한 제로합 2인게임의 해법

2.3.1 그래프 해법

지불행렬이 간단한 경우에 그래프로 해결하는 방법을 생각해 보기로 하자. 참가자 A와 B의 어느 한 쪽이 취할 수 있는 전략이 두 개밖에 없는 경우로 지금 A가 취할 수 있는 전략이 2개이고 B는 n개인 경우를 생각하자. 이와 같은 게임을 $2\times n$게임이라 한다. 이때는 그래프 해법에 의해서 최적해를 구할 수 있다.

예제 2-9

지금 지불행렬이 다음과 같이 주어져 있다고 하자.

A/B	1	2	3
1	−3	−1	7
2	4	1	−2

A가 혼합전략

$$x = (x_1, x_2)$$

를 사용했다고 하면

$$x_1 + x_2 = 1$$

이기 때문에

$$x_2 = 1 - x_1$$

로 된다. 그래서 B가 순수전략 1을 사용했을 때의 기대금액은

$$E[X, 1] = -3x_1 + 4x_2 = -3x_1 + 4(1 - x_1) = 4 - 7x_1$$

로 되고 마찬가지로 B가 순수전략 2와 3을 사용했을 때의 기대금액은

$$E[X,\ 2] = -x_1 + x_2 = 1 - 2x_1$$

$$E[X,\ 3] = 7x_1 - 2x_2 = -2 + 9x_1$$

이 된다. x_1이 0에서 1로 변화하여 갈 때 위의 식들은 모두 직선의 그래프로 되고 이들의 세 직선으로 둘러싸인 아래의 부분이 A가 적어도 취할 수 있는 금액이 된다. 이것을 그래프로 나타내면 그림 2.3과 같다.

그림 2.3의 PQRS가 x_1이 0에서 1까지 변화하여 갔을 때 A의 최소금액을 표현하고 있다. Maximin의 판정에 의하면 이것을 최대로 하면 좋기 때문에 그림 2.3에서 곧 Q점이 최대인 것을 알 수 있다. Q의 값은 3/11이고 이때의 기대값은 5/11이다. 그래서 A의 최적 혼합전략은

$$X^0 = \left(\frac{3}{11}, \frac{8}{11}\right)$$

이고 또 게임의 값은

$$v = \frac{5}{11}$$

가 된다.

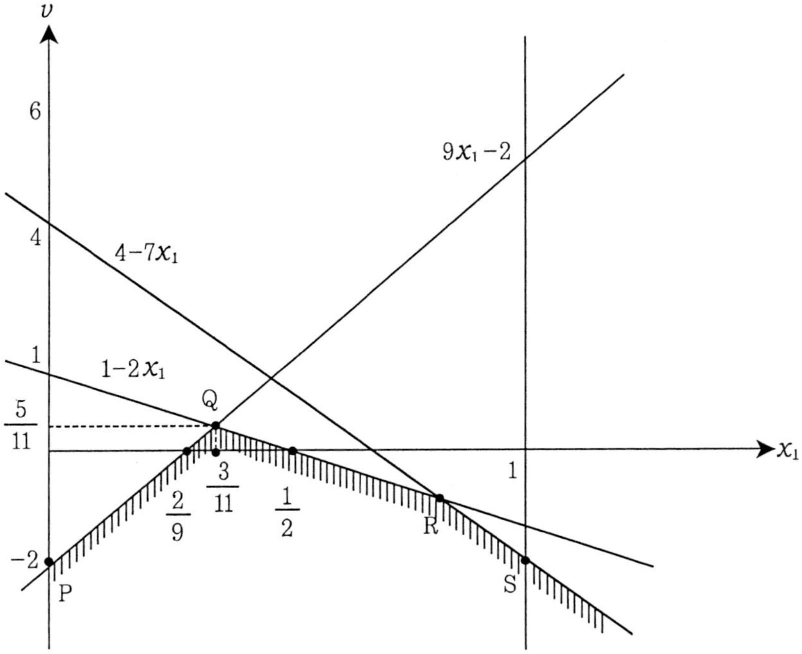

그림 2.3 그래프의 해법 (1)

또, 그림 2.3에서 점 Q는 $4-7x_1$상에 놓여 있지 않기 때문에 참가자 B는 첫 번째의 전략을 사용할 수 없다. 이것은

$$E[X^0,1] = -3\times\frac{3}{11}+4\times\frac{8}{11}=\frac{23}{11}>v=\frac{5}{11}$$

$$E[X^0,2] = -1\times\frac{3}{11}+1\times\frac{8}{11}=\frac{5}{11}=v$$

$$E[X^0,3] = 7\times\frac{3}{11}+(-2)\times\frac{8}{11}=\frac{5}{11}v$$

에서 확인할 수 있다.

그리고 참가자 B의 최적전략에 대해서는 B가 2와 3을 y, $1-y$의 혼합전략으로 사용했을 때의 기대금액이

$$E[1, Y] = (-1) \times y + 7 \times (1-y) = 7 - 8y \leq v$$

$$E[2, Y] = 1 \times y - 2 \times (1-y) = 3y - 2 \leq v$$

로 되기 때문에 두 개의 교점으로서 y = 9/11을 얻는다. 따라서 B의 최적혼합전략은

$$Y^0 = \left(0, \frac{9}{11}, \frac{2}{11}\right)$$

이다.

예제 2-10

지불행렬이 조금 큰 경우의 예를 생각하여 보자.

A/B	1	2	3
1	1	0	−1
2	0	−1	2
3	−1	2	0

참가자 A, B의 혼합전략을

$$X = (x_1, x_2, x_3)$$

$$Y = (y_1, y_2, y_3)$$

로 하고 게임의 값을 v로 했을 때 2.2.4절에서 논의한 성질을 이용하면

$$x_1 + x_2 + x_3 = 1, \ 0 \leq x_1, x_2, x_3 \leq 1$$

$$y_1 + y_2 + y_3 = 1, \ 0 \leq y_1, y_2, y_3 \leq 1$$

$$E[X, 1] = x_1 - x_3 \geq v$$

$$E[X, 2] = -x_2 + 2x_3 \geq v$$

$$E[X, 3] = -x_1 + 2x_2 \geq v$$

$$E[1, Y] = y_1 - y_3 \leq v$$

$$E[2, Y] = -y_2 + 2y_3 \leq v$$

$$E[3, Y] = -y_1 + 2y_2 \leq v$$

로 된다. 위 식을 만족하는 x_1, x_2, x_3, y_1, y_2, y_3 그리고 v를 구하면 되는데 부등식을 등호 (=)와 부등호(<, >)로 변형한 여러 가지 조합을 조사하는 방법도 있지만 모든 조합은 $2^6 = 64$가지로 계산하는데 상당한 시간이 걸린다. 물론 부등식으로 되었을 때에는 사용하지 않는 전략이 생겨 상당히 간단히 된다. 그래서 $2 \times n$ 게임일 때와 같은 그래프에 의한 해법을 생각하기로 한다.

우선

$$x_1 + x_2 + x_3 = 1$$

의 관계에서 x_3를 소거하면

$$f_1 = E[X, 1] = 2x_1 + x_2 - 1$$

$$f_2 = E[X, 2] = -2x_1 - 3x_2 + 2$$

$$f_3 = E[X, 3] = -x_1 + 2x_2$$

도 된다. 그래서 f_1, f_2 그리고 f_3의 최소를 구해 보자. f_1이 최소로 되는 $(x_1,\ x_2)$의 범위는

$$f_1 \leq f_2$$

$$f_1 \leq f_3$$

이고 이것을 풀면

$$4x_1 + 4x_2 \leq 3$$

$$3x_1 - x_2 \leq 1$$

이다. 이 범위를 R_1이라 하자. 같은 방법으로 f_2가 최소로 되는 범위 R_2는

$$4x_1 + 4x_2 \geq 3$$

$$x_1 + 5x_2 \geq 2$$

이다. 또 f_3가 최소로 되는 범위 R_3는

$$3x_1 - x_2 \geq 1$$

$$x_1 + 5x_2 \leq 2$$

로 된다. 이것을 그래프로 나타내면 그림 2.4와 같다.

단,

$$x_1 + x_2 \leq 1, \ x_1, x_2 \geq 0$$

의 조건을 이용하고 있다. R_1, R_2 그리고 R_3는 각각 f_1, f_2 그리고 f_3가 최소로 되는 범위에 있었지만 maximin 판정에 의해서 f_1, f_2 그리고 f_3가 최대로 되는 점을 구해 보자. 이것은 각 범위의 가장자리의 점(단점)을 더듬으면서 조사하면 충분하다. R_1에서 f_1이 최대로 되는 점은 그림 2.4에서 점 P이다. 마찬가지로 R_2에서 f_2가 최대로 되는 점과 R_3에서 f_3가

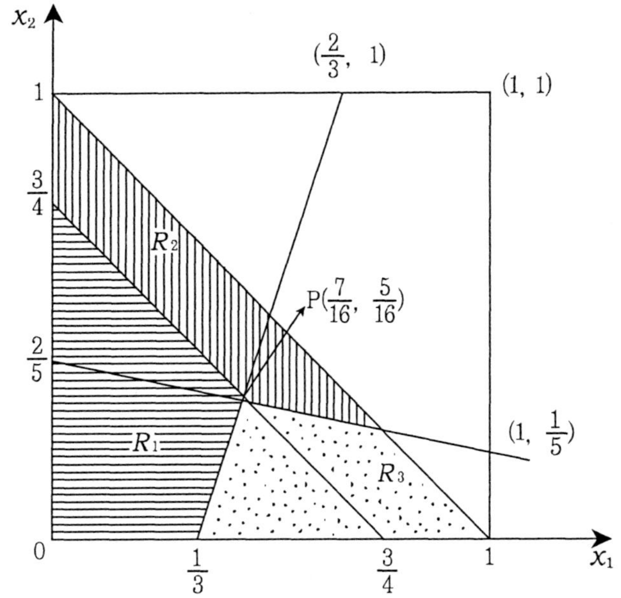

그림 2.4 그래프의 해법 (2)

최대로 되는 점은 모두 점 P이다. 점 P의 좌표는

$$\left(\frac{7}{16}, \frac{5}{16}\right)$$

이고 최대값은 3/16이다. 따라서 참가자 A의 최적혼합전략은

$$X^0 = \left(\frac{7}{16}, \frac{5}{16}, \frac{4}{16}\right)$$

이고 게임의 값은

$$v = \frac{3}{16}$$

이다.

참가자 B에 있어서 최적혼합전략은 지불행렬의 대칭성에 의해서

$$Y^0 = \left(\frac{7}{16}, \frac{5}{16}, \frac{4}{16}\right)$$

이다. 이 결과에서 알 수 있듯이 A도 B도 사용하지 않는 전략이 없기 때문에

$$E[X^0, j] = v, \ j = 1, 2, 3$$

$$E[i, Y^0] = v, \ i = 1, 2, 3$$

이다. 이것은 처음의 부등식에서 전부를 등호로 하여

$$\begin{array}{rrrrrrl} x_1 & +x_2 & +x_3 & & & & =1 \\ & & & y_1 & +y_2 & +y_3 & =1 \\ x_1 & & -x_3 & & & & =v \\ & -x_2 & +2x_3 & & & & =v \\ -x_1 & +2x_2 & & & & & =v \\ & & & y_1 & & -y_3 & =v \\ & & & & -y_2 & +2y_3 & =v \\ & & & -y_1 & +2y_2 & & =v \end{array}$$

를 계산한 결과로 된다.

일반적으로 우선 사용하지 않는 전략이 없는 경우로서 풀어보고 풀리지 않을 경우 순차적으로 부등호로 전환시켜 가는 방법을 이용하여도 좋다.

이 절에서 논한 예는 그래프의 해법으로 간단히 풀 수 있지만 지불행렬이 크게 되면 그래프의 해법으로도 풀 수 없게 된다. 일반해법에 의해 풀어야 한다.

2.3.2 일반해법

참가자가 이용할 수 있는 전략이 2개 또는 3개인 간단한 경우에는 그래프에 의해서 해를 도출할 수 있었지만 일반적인 지불행렬일 때 해를 구하기 위해서는 어떻게 하면 좋은지를 생각해 보기로 하자.

여기에서는 참가자 A가 선택할 수 있는 전략이 m개, B가 선택할 수 있는 전략이 n개인 $m \times n$인 일반적인 경우를 생각하자.

우선 단순해(simple solution)라는 개념을 도입하자. 지불행렬

$$A = (a_{ij}) = \begin{pmatrix} a_{11} & a_{12} & \cdots & \cdots & a_{1n} \\ a_{21} & a_{22} & \cdots & \cdots & a_{2n} \\ \cdots & \cdots & \cdots & \cdots & \cdots \\ a_{m1} & a_{m2} & \cdots & \cdots & a_{mn} \end{pmatrix}$$

일 때 한 쪽이 순수전략을 이용했을 때의 기대금액

$$E[X, j] = \sum_{i=1}^{m} a_{ij} x_i\,, \quad (j = 1, 2, \cdots, n)$$

$$E[i, Y] = \sum_{j=1}^{n} a_{ij} y_j\,, \quad (i = 1, 2, \cdots, m)$$

에 대해서 모든 i와 j에 대해서

$$E[X^0, j] = E[i, Y^0] = v$$

가 성립하는 (X^0, Y^0)를 단순해라 말한다. 앞에서 논한 것처럼 X^0와 Y^0가 각각 최적혼합전략이고 v가 게임의 값임을 가리키고 있다.

지불행렬의 행과 열의 개수가 같고 정방형을 하고 있는 행렬을 정방행렬이라 한다. 또 정방행렬인 행렬식의 값이 0이 아닐 때 그 행렬을 비특이행렬(non-singular matrix)또는 정칙행렬이라 한다. 그래서 지불행렬이 비특이행렬일 때에는 단순해를 쉽게 만들 수 있다.

이를 위해서 우선 지불행렬의 수반행렬(adjoint matrix)을 만든다. 수반행렬이라는 것은 원래의 행렬의 각 요소를 그 여인수(cofactor)로 바꿔놓고 행과 열을 교환한 행렬을 말한다. 요소 a_{ij}의 여인수는 원래의 정방행렬에서 i행의 요소와 j열의 요소를 제외한 것으로 만든 행렬식의 값에 $(-1)^{i+j}$를 곱한 것을 말한다.

예제 2-11

정방행렬

$$\begin{pmatrix} 1 & 2 & 3 \\ 2 & 4 & 5 \\ 1 & 3 & 1 \end{pmatrix}$$

에서 1행과 1열의 요소 1의 여인수는

$$(-1)^{1+1}\begin{vmatrix} 4 & 5 \\ 3 & 1 \end{vmatrix} = -11$$

이고 2행과 3열의 요소 5의 여인수는

$$(-1)^{2+3}\begin{vmatrix} 1 & 2 \\ 1 & 3 \end{vmatrix} = -1$$

이다. 따라서 여인수로 만들어진 행렬은

$$\begin{pmatrix} -11 & 3 & 2 \\ 7 & -2 & -1 \\ -2 & 1 & 0 \end{pmatrix}$$

이고 위 행렬의 행과 열을 교환하여 만들어진 수반행렬은 다음과 같다.

$$\begin{pmatrix} -11 & 7 & -2 \\ 3 & -2 & 1 \\ 2 & -1 & 0 \end{pmatrix}$$

그리고 정방행렬(a_{ij})의 수반행렬을 (A_{ij})로 표시했을 때 수반행렬의 각각의 열과 행의 합을 만든다. 각각 i, j = 1, 2, ..., n에 대해서

$$R_i = \sum_{j=1}^{n} A_{ij}$$

와

$$C_j = \sum_{i=1}^{n} A_{ij}$$

로 한다.

더욱이 원래의 지불행렬은 정칙으로서 그 행렬식의 값을

$$a = \begin{vmatrix} a_{11} & a_{12} & \cdots & a_{1n} \\ a_{21} & a_{22} & \cdots & a_{2n} \\ \cdots & \cdots & \cdots & \cdots \\ a_{n1} & a_{n2} & \cdots & a_{nn} \end{vmatrix} \quad (a \neq 0)$$

로 한다.

이때

$$X^0 = (x_1^0,\ x_2^0,\ \ldots,\ x_n^0)$$

가 참가자 A에 있어서 단순해로 되었다고 하면

$$E[X^0, j] = \sum_{i=1}^{n} a_{ij} x_i^0 = v, \quad (j = 1, 2, \cdots, n)$$

이어야 하기 때문에 연립일차방정식의 계수로 만들어진 행렬식의 값이 a일 때 연립일차방정식은 단 한 쌍의 해를 갖는데 그것은

$$x_i^0 = \frac{vR_i}{a}$$

로서 주어진다. 그러나 혼합전략인 이상

$$\sum_{i=1}^{n} x_i^0 = 1$$

이므로

$$\frac{v}{a}\sum_{i=1}^{n} R_i = 1$$

에서

$$v = \frac{a}{\sum_{i=1}^{n} R_i} = \frac{a}{\sum_{i,j=1}^{n} A_{ij}}$$

로 된다.

같은 방법으로

$$Y^0 = (y_1^0,\ y_2^0,\ \ldots,\ y_n^0)$$

가 단순해이면

$$y_j^0 = \frac{vC_j}{a}$$

로 된다.

이 x_i^0, y_j^0에 v의 값을 넣으면 각각 i, j = 1, 2, ..., n에 대해서

$$x_i^0 = \frac{R_i}{\sum_{i,j=1}^{n} A_{ij}}$$

과

$$y_j^0 = \frac{C_j}{\sum_{i,j=1}^{n} A_{ij}}$$

로 된다. 이 x_i^0, y_j^0에 대해서는

$$\sum_{i=1}^{n} x_i^0 = 1$$
$$\sum_{j=1}^{n} y_j^0 = 1$$

의 조건은 만족하지만

$$x_i^0 \geq 0$$
$$y_j^0 \geq 0$$

의 조건은 아직 모른다. 이 조건이 만족하지 않으면 확률이 되지 않는다. 이 조건이 만족하기 위해서는 모든 R_i와 C_j가 같은 부호 즉 전부 플러스 또는 마이너스이면 된다.

결국 수반행렬의 열의 합 R_i와 행의 합 C_j가 같은 부호일 때에는 정방행렬로 주어진 지불행렬의 단순해는 단지 1개 존재하고 각각 i, j = 1, 2, ..., n에 대해서

$$x_i^0 = \frac{R_i}{\sum_{i,j=1}^{n} A_{ij}}$$

과

$$y_j^0 = \frac{C_j}{\sum_{i,j=1}^{n} A_{ij}}$$

로 주어진다. 또 게임의 값은

$$v = \frac{a}{\sum_{i,j=1}^{n} A_{ij}}$$

이다.

일반적으로 지불행렬이 m행 n열로 주어져 있을 때에도 제로합 2인게임의 최적해를 구하기 위해서는 지불행렬에서 몇 개의 행과 열을 제외하여 만들어진 부분정방행렬에 대해서 단순해가 존재하는지를 조사하면 충분하다. 예를 들어 4행 5열의 지불행렬이라면 어느 한 열을 제외하면 4행 4열의 정방행렬이 5개 만들어지는데 이들의 단순해의 유무를 조사한다. 만약 단순해가 존재하지 않으면 3×3의 행렬을 조사한다. 그러나 단순해는 부분 정방행렬로서 최적해이지만 원래의 지불행렬을 가진 게임으로서 최적인지를 모르기 때문에 이것에 대해서도 조사해야 한다. 즉 부분 정방행렬로서는 어느 행 어느 열에 대해서도

$$E[X^0, j] = E[i, Y^0] = v$$

이지만 부분 정방행렬을 만들기 위해 제외한 행과 열에 대해서

$$E[X^0, j] \geq v$$

$$E[i, Y^0] \leq v$$

가 성립하지 않으면 전체적으로 최적인지를 모른다. 그래서 이 조건에 대해서 조사하면 전체로서의 최적해는 제외한 행과 열에 대응하는 혼합전략으로서의 확률의 요소를 0으로 하고 X^0과 Y^0에 0을 몇 개 덧붙인 것으로 부여된다.

이상을 요약하면 지불행렬이 주어질 때 부분 정방행렬에 대해서 수반행렬을 계산하고 열의 합 R_i와 행의 합 C_j가 모두 같은 부호인지 조사하고 부호가 같지 않다면 다른 부분정방행렬로 이동한다. 만약 전부 같은 부호이면 수반행렬의 요소

A_{ij}를 이용하여

$$x_i^0 = \frac{R_i}{\sum_{i,j=1}^{n} A_{ij}}$$

$$y_j^0 = \frac{C_j}{\sum_{i,j=1}^{n} A_{ij}}$$

$$v = \frac{a}{\sum_{i,j=1}^{n} A_{ij}}$$

를 계산한다. 여기에서 a는 부분정방행렬의 행렬식의 값이다. 그리고 제외한 행과 열에 대하여

$$E[i,\ Y^0] \ \leq v \leq \ E[X^0, j]$$

가 성립하는 지를 조사한다. 이 조건이 성립하지 않으면 다른 부분정방행렬로 옮긴다. 그리고 이 조건이 만족하면 제외한 행이나 열의 확률요소를 0으로 하여 X^0, Y^0에 넣은 것이 본래 게임의 최적혼합전략이다. von Neumann의 기본정리에 의해 최적해는 보증되어 있기 때문에 어딘가에서 반드시 최적해를 발견할 수 있다. 이것은 지불행렬에 안점이 존재하지 않는 경우이고 안점이 존재하면 곧 순수전략으로서 최적해를 발견할 수 있다.

예제 2-12

여기에서 계산 예를 하나 들어보자. 지불행렬

$$\begin{pmatrix} 3 & 1 & 1 & 2 \\ 0 & 4 & 1 & 2 \\ 0 & 1 & 4 & 2 \end{pmatrix}$$

의 부분정방행렬로서 4열을 제외한

$$\begin{pmatrix} 3 & 1 & 1 \\ 0 & 4 & 1 \\ 0 & 1 & 4 \end{pmatrix}$$

에 대해서 조사한다. 이 행렬의 수반행렬은

$$\begin{pmatrix} 15 & -3 & -3 \\ 0 & 12 & -3 \\ 0 & -3 & 12 \end{pmatrix}$$

이고 열의 합과 행의 합은

$$R_1 = 15,\ R_2 = 6,\ R_3 = 6$$
$$C_1 = 9,\ \ C_2 = 9,\ \ C_3 = 9$$

이고 모두 같은 부호이며 전체의 합은

$$\sum_{i=1}^{3} R_i = \sum_{j=1}^{3} C_j = \sum_{i,j=1}^{3} A_{ij} = 27$$

이다.

따라서

$$x_1^0 = \frac{15}{27},\ x_2^0 = \frac{6}{27},\ x_3^0 = \frac{6}{27}$$
$$y_1^0 = \frac{9}{27},\ y_2^0 = \frac{9}{27},\ y_3^0 = \frac{9}{27}$$

로 된다. 또 부분정방행렬의 행렬식의 값은 a = 45이기 때문에

$$a = \begin{vmatrix} 3 & 1 & 1 \\ 0 & 4 & 1 \\ 0 & 1 & 4 \end{vmatrix} = 48 - 3 = 45$$

$$v = \frac{45}{27} = \frac{5}{3}$$

이다. 여기에서 최적여부를 확인하면

$$E[X^0, 1] = E[X^0, 2] = E[X^0, 3] = \frac{5}{3}$$

$$E[X^0, 4] = 2 > \frac{5}{3} = v$$

$$E[1, Y^0] = E[2, Y^0] = E[3, Y^0] = \frac{5}{3}$$

로 되어 최적인 경우임을 알 수 있다. 그래서 참가자 B의 전략 Y^0에 제외한 4열에 0을 부여하여 결국 A와 B의 각각의 최적혼합전략은

$$X^0 = (\frac{5}{9}, \frac{2}{9}, \frac{2}{9})$$

$$Y^0 = (\frac{1}{3}, \frac{1}{3}, \frac{1}{3}, 0)$$

이고 게임의 값은 5/3이다. 또 최적혼합전략은 단지 하나만은 아니기 때문에 다른 부분행렬에 대해서도 조사하여 볼 필요가 있지만 이 예에서는 단지 이것뿐임을 알 수 있다.

2.4 게임의 표준화

2.4.1 완전정보의 게임

지금까지는 두 사람의 참가자가 각각 몇 개의 전략을 사용하여 두 사람이 각각 어느 전략을 취하는 순간 게임이 끝나는 장방형의 게임을 취급했다. 그러나 보통의 게임에서는 몇 단계를 거친 결과로서 지불이 생긴다. 그것을 나무의 가지로 표현한 것이 게임의 수형도이고 그 수형도로 표현한 것을 전개형게임이라 한다. 그런데 전개형게임에서도 게임 전체를 통하여 전략이라는 생각을 도입함으로서 두

사람이 각각 어느 전략을 이용하는 순간에 게임이 종료하는 형의 게임을 생각할 수 있다. 이것을 게임의 표준화라고 한다. 우선 완전정보게임에 대해서 표준화하는 방법을 구체적인 예를 들어 설명한다.

간단히 하기 위하여 세 차례의 순서로 된 게임을 생각한다. 게임자는 A, B 2사람이고 최초의 순서는 참가자 A로서 두 개의 선택대상에서 하나를 선택한다. 선택된 숫자를 1 또는 2로 한다. 다음의 차례는 참가자 B로 A가 선택한 결과를 알고 두 개의 선택대상에서 하나를 선택한다. 선택된 숫자를 3 또는 4로 한다. 또 다시 참가자 A로 돌아와서 A는 자신이 첫 번째 순서에서 선택한 숫자를 기억하고 또 두 번째 차례에서 B가 선택한 결과를 알고 두 개의 선택대상에서 하나를 선택한다. 선택된 숫자를 1 또는 2로 한다. 여기에서 게임은 끝난다. 지불의 약속으로서 제 3단계에 걸쳐서 선택한 수의 합이 짝수이면 그 금액을 B가 A에게 지불하고 만약 합이 홀수이면 그 금액을 A가 B에게 지불한다. 이 게임은 완전정보 제로합 2인게임이고 전개형으로 표현된 것이다. 이 게임의 수형도는 그림 2.5와 같다.

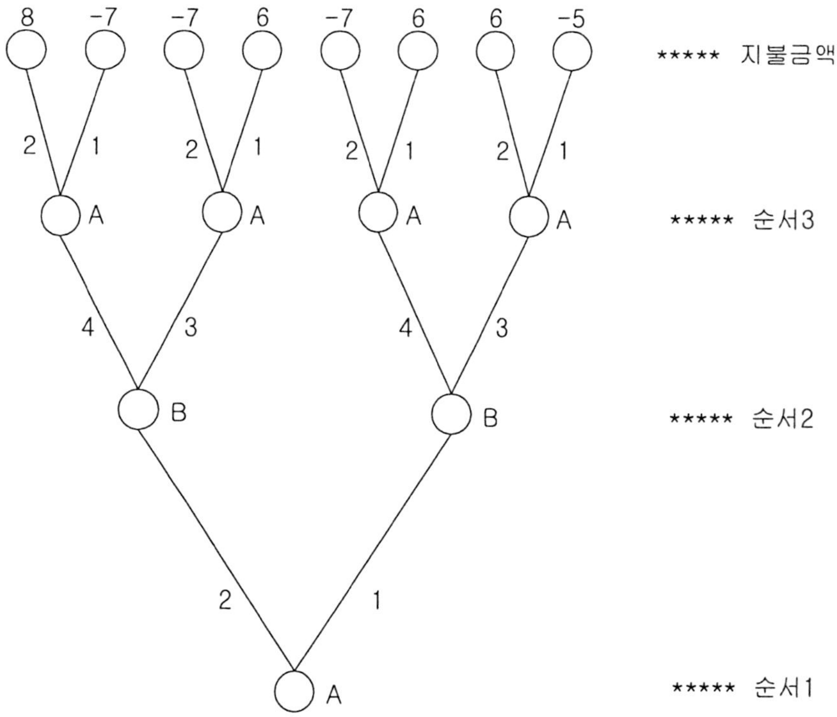

그림 2.5 완전 정보의 수형도

가지의 상단에는 A가 취하는 금액 즉, B가 지불하는 금액이 적혀 있고 가지의 분기점에는 그 순서에서 행동하는 참가자가 A인가 B인가를 표시하고 있다. 또 각각의 가지에는 선택된 수가 적혀있고 그것이 선택하는 전략이다.

이 게임의 전체를 통하여 A와 B의 전략에 대해서 생각해 보자. 우선 참가자 B는 두 번째에서만 행동하는 것이기 때문에 B가 선택할 수 있는 전략은 간단하다. 단 B가 3이든 4이든 어느 것을 선택할까하는 행동만을 하는 것은 아니다. 즉 B는 첫 번째에서 A가 선택한 결과를 알고 행동하기 때문에 그 정보를 이용해야 할 필요가 있다. B가 취할 수 있는 전략은 첫 번째에서 A가 1을 선택하면 3을 선택하는 경우, A가 2를 선택하면 4를 선택하는 경우 역으로 A가 1을 선택하면 4를 선택하는 경우, A가 2를 선택하면 3을 선택하는 경우의 4가지의 전략이 있다. 이것을 각각 기호로

(3, 3), (3, 4), (4, 3), (4, 4)

로 표현하기로 하자. 즉, 2개의 수의 조에서 B의 전략을 표시한 것이지만 최초의 수는 A가 첫 번째 순서에서 1을 선택했을 때 B가 두 번째 순서에서 선택한 수를, 그 다음의 수는 A가 첫 번째 순서에서 2를 선택했을 때 B가 두 번째 순서에서 선택한 수를 표시하고 있다. 이와 같이 게임의 전체를 통하여 전략이라는 것은 각 단계에서의 그 이전의 결과에 관계한 것이라 말할 수 있다.

다음으로 참가자 A의 전략을 생각해 보기로 하자. A는 첫 번째와 세 번째에서 행동하고 첫 번째 단계에서는 게임의 시작이므로 그 이전의 정보는 없다. 단지 1을 선택할까 2를 선택할까 2가지 전략밖에 없다. 세 번째 단계에서는 두 번째 단계에서 B가 3을 선택했는지 4를 선택했는지에 의해 자신이 1 또는 2 어느 쪽을 선택할까 하는 전략을 생각하면 된다. 이 생각은 두 번째 단계에서 B의 전략과 전적으로 똑같다. 그래서 A의 전략은 첫 번째 단계와 세 번째 단계를 짝으로 한 형으로 표현된다. 즉,

(1; 1, 1), (1; 1, 2), (1; 2, 1), (1; 2, 2)

(2; 1, 1), (2; 1, 2), (2; 2, 1), (2; 2, 2)

로 표현하기로 하자. 이 세 개의 수로 이루어진 조에서 제 1의 수는 첫 번째 단계에

서 A가 선택한 수이고 제 2와 3의 수는 세 번째 단계에서 A가 선택한 수이다. 즉 제 2의 수는 두 번째 단계에서 B가 3을 선택했을 때에 A가 선택한 수이고 제 3의 수는 두 번째 단계에서 B가 4를 선택했을 때에 A가 선택한 수를 표현하고 있다. 예를 들어 (2; 2, 1)의 전략은 첫 번째 단계에서 A가 2를 선택하면 세 번째 단계에서는 두 번째 단계에서 만약 B가 3을 선택하면 2를 B가 4를 선택하면 1을 선택하는 전략이다.

이 전략을 근거로 하여 수형도를 밟아 가면 쉽게 표준화할 수 있다. 표준화했을 때의 지불행렬은 다음과 같다.

$A \diagdown B$	(3, 3)	(3, 4)	(4, 4)	(4, 4)
(1;1, 1)	−5	−5	6	6
(1;1, 2)	−5	−5	−7	−7
(1;2, 1)	6^*	6	6^*	6
(1;2, 2)	6	6	−7	−7
(2;1, 1)	6	−7	6	−7
(2;1, 2)	6^*	8	6^*	8
(2;2, 1)	−7	−7	−7	−7
(2;2, 2)	−7	8	−7	8

이 지불행렬에는 행에서 최소의 요소와 열에서 최대인 요소, 즉 안점이 존재한다. 그것은 표에 *를 붙인 것으로 4개 있다. 따라서 참가자 A의 최적전략은 (1 ; 2, 1) 또는 (2 ; 1, 2)이다. 즉 첫 번째 단계에서 1을 선택하고 세 번째 단계에서는 B가 두 번째 단계에서 3을 선택했을 때 2를 4를 선택했을 때 1을 선택 하든지, 첫 번째 단계에서 2를 세 번째 단계에서는 두 번째 단계에서 B가 3을 선택하면 1을 4를 선택하면 2를 선택하는 전략이다. 또 참가자 B의 최적전략은 (3, 3) 또는 (4, 3)이다. 즉 항상 3을 선택하거나 첫 번째 단계에서 A가 1을 선택하면 4를 2를 선택하면 3을 선택하는 전략이다. 또 이 게임의 값은 6이고 이 게임은 B에 있어서는 불리한 게임이다. 그리고 이 게임은 완전정보의 게임이기 때문에 지불행렬에서 우월되는 전략을 삭제함으로서도 해가 얻어진다. 즉 A의 입장에서 우월되는 전략을 삭제하면 (2; 1, 2)의 행밖에 남지 않는다. 따라서 (1; 2, 1)의 행의 2개의 안점은 사라져 버린다.

2.4.2 불완전정보의 게임

전개형게임에 대해서 2.4.1절에서 논한 예는 완전정보의 경우였다. 바둑이나 장기는 완전정보이지만 트럼프 등의 게임은 불완전정보의 경우이다. 정보가 불완전일 때에는 어느 곳의 정보가 부족한가를 확실히 인식해야 한다. 전개형게임을 수형도로 표시할 때에 정보를 기입하여 놓으면 편리하다. 참가자가 행동하는 곳은 가지의 분기점이기 때문에 그 분기점에 정보를 표시하기로 한다.

2.4.1절의 예를 불완전정보의 예로 조금 변형하여 보자. 첫 번째 단계와 세 번째 단계는 똑같지만 두 번째의 단계에서 B가 3 또는 4의 어느 쪽을 선택했는지 모른다고 가정하자. 또 지불의 약속은 앞의 예와 똑같다. 이 때 세 번째 단계에서는 A가 1 또는 2를 선택했을 때 두 번째 단계에서 B가 3 또는 4의 어느 쪽을 선택했는지 모르기 때문에 3과 4에서 분기한 가지의 어느 쪽의 분기점에 있는지 모른다. 단, 첫 번째 단계에서 자신이 결정한 전략은 기억하고 있기 때문에 첫 번째 단계의 분기에서 1인지 2인지를 알고 있다. 그래서 어느 쪽의 분기점에 있는지 모르는 부분 전체를 동그랗게 둘러 그린다. 이때의 수형도는 그림 2.6과 같다.

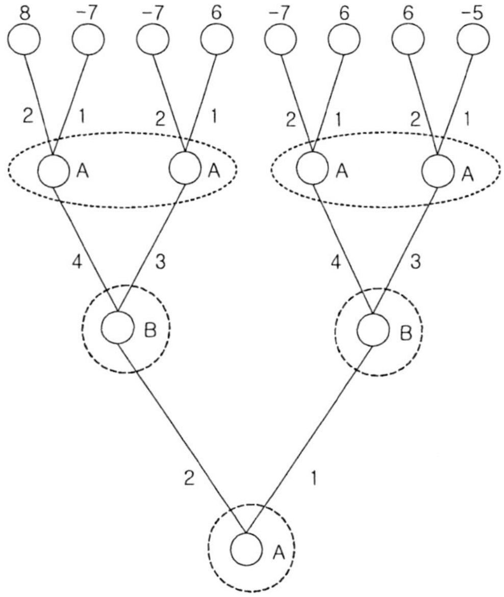

그림 2.6 불완전 정보의 수형도 (1)

이와 같이 동그랗게 둘러 그린 분기점의 집합을 정보집합(information set)이라 한다. 하나의 정보집합 가운데 2개 이상의 분기점이 존재하고 있을 때에는 불완전정보의 게임이다. 역으로 어느 정보집합도 단 한 개의 분기점을 가지고 있을 때에는 완전정보의 게임이다.

이 게임에서는 참가자 B의 전략은 2.4.1절의 예와 같고 참가자 A의 쪽은 세 번째 단계에서는 두 번째 단계인 B의 결과를 이용할 수 없다. 따라서 A의 전략은 첫 번째 단계에서 선택하는 수와 세 번째 단계에서 선택하는 수의 조로 표시한 것이고 이것은

(1 ; 1), (1 ; 2), (2 ; 1), (2 ; 2)

이다. A와 B의 전략에 대해서의 지불행렬은 다음과 같다.

$A \diagdown B$	(3, 3)	(3, 4)	(4, 4)	(4, 4)
(1 ; 1)	−5	−5	6	6
(1 ; 2)	6	6	−7	−7
(2 ; 1)	6	−7	6	−7
(2 ; 2)	−7	8	−7	8

이 지불행렬에는 안점이 존재하지 않는다. 또 우월되는 전략도 없다. 그러나 지불행렬의 크기는 완전정보의 1/2로 되어 있다. 정보가 불완전할수록 취할 수 있는 전략의 수가 감소하기 때문에 지불행렬이 작게 되는 경우는 당연하다. 그러나 전략을 선택하는 쪽은 어렵게 된다. 일반해법을 이용하여야 한다.

이 예에서는 우연이 없다. 그렇지만 우연이 존재할 때는 어떻게 될 것인가? 그래서 첫 번째 단계는 역시 A가 1 또는 2를 선택하도록 하고 두 번째 단계가 우연으로 동전을 던지도록 한다. 그 결과 앞면이 나오면 B가 선택한 수를 세 번째 단계의 A에 알리고 뒷면이 나오면 알리지 않는다. 그리고 세 번째 단계에서는 B가 3 또는 4를 선택하도록 하고 지불의 규칙은 앞의 예와 같다고 하자. 이때의 수형도는 그림 2.7과 같다. 이것은 우연이 들어간 불완전정보의 게임이다.

이때의 A의 전략은 단지 1을 선택할 것인지 2를 선택할 것인지이다. 이것을

(1) 또는 (2)로 나타내자. 한편 B의 전략은 앞면이 나오고 A가 1을 선택했음을 알았을 때 선택하는 수 $i\,(i = 3, 4)$와, 2를 선택했음을 알았을 때 선택하는 수 j $(j = 3, 4)$와 뒷면이 나와서 A의 결과를 모를 때 선택하는 수 $k\,(k = 3, 4)$의 3개의 수 (i, j, k)이다. 이것을 자세하게 쓰면

$$(3, 3, 3), (3, 3, 4), (3, 4, 3), (3, 4, 4)$$

$$(4, 3, 3), (4, 3, 4), (4, 4, 3), (4, 4, 4)$$

의 8가지이다.

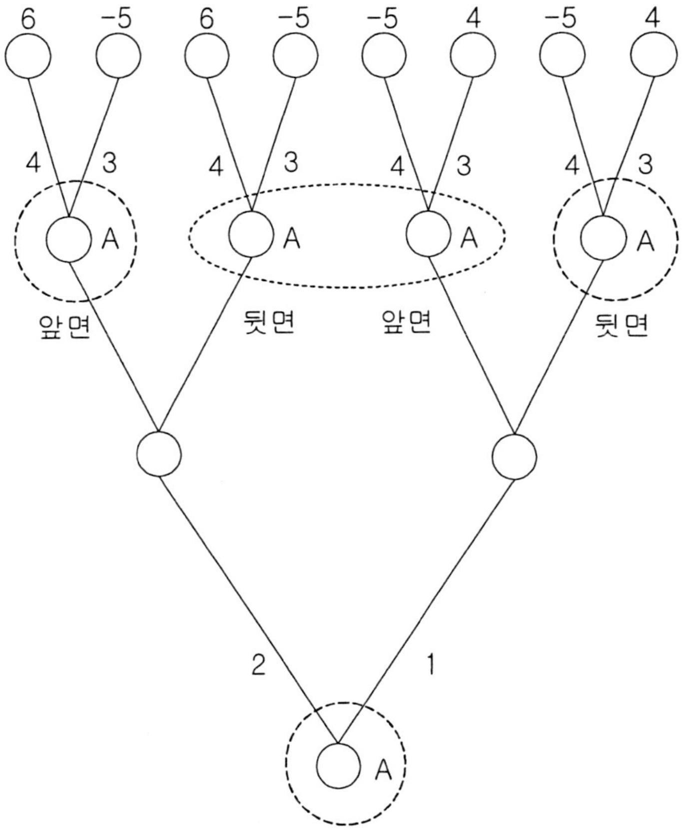

그림 2.7 불완전정보의 수형도(2)

이 게임에서는 우연이 들어 있기 때문에 지불의 금액은 확정된 것이 아니고 기대금액으로 하여야 한다. 그래서 앞면이 나오는 확률과 뒷면이 나오는 확률을 각각 1/2로 하여 A와 B가 각각 어느 전략을 선택했을 때 각각의 금액을 얻는 확률의 표를 그린다. 그러면 그 금액에 확률을 곱하면 각각의 전략의 조에 대한 기대금액이 결정된다. 예를 들어 A가 (1), B가 (3, 4, 4)를 사용했을 경우 확률 1/2로 금액 4, 확률 1/2로 금액 -5로 되기 때문에 기대금액은

$$\frac{1}{2} \times 4 + \frac{1}{2} \times (-5) = -0.5$$

이다. 이렇게 하여 A와 B의 모든 전략의 조에 대해서 기대금액을 계산하면 표 2.1과 같다.

표 2.1 확률표

A, B의 전략 \ A가 받는 금액		4	−5	6	기대 금액
(1),	(3, 3, 3)	1	0	0	4
(1),	(3, 3, 4)	1/2	1/2	0	-0.5
(1),	(3, 4, 3)	1	0	0	4
(1),	(3, 4, 4)	1/2	1/2	0	-0.5
(1),	(4, 3, 3)	1/2	1/2	0	-0.5
(1),	(4, 3, 4)	0	1	0	-5
(1),	(4, 4, 3)	1/2	1/2	0	-0.5
(1),	(4, 4, 4)	0	1	0	-5
(2),	(3, 3, 3)	0	1	0	-5
(2),	(3, 3, 4)	0	1/2	1/2	0.5
(2),	(3, 4, 3)	0	1/2	1/2	0.5
(2),	(3, 4, 4)	0	0	1	6
(2),	(4, 3, 3)	0	1	0	-5
(2),	(4, 3, 4)	0	1/2	1/2	0.5
(2),	(4, 4, 3)	0	1/2	1/2	0.5
(2),	(4, 4, 4)	0	0	1	6

이 표를 근거로 하면 지불행렬을 다음과 같이 작성할 수 있다.

$$\begin{array}{c} A\diagdown B \\ (1) \\ (2) \end{array} \begin{array}{cccccccc} (3,3,3) & (3,3,4) & (3,4,3) & (3,4,4) & (4,3,3) & (4,3,4) & (4,4,3) & (4,4,4) \\ \end{array}$$

$$\begin{array}{c} (1) \\ (2) \end{array} \begin{pmatrix} 4 & -0.5 & 4 & -0.5 & -0.5 & -5 & -0.5 & -5 \\ -5 & 0.5 & 0.5 & 6 & -5 & 0.5 & 0.5 & 6 \end{pmatrix}$$

이것으로부터 B에 대해서 우월되는 전략을 제외하면 다음과 같이 간단한 지불행렬로 된다.

$$A\diagdown B \quad (4,3,3) \quad (4,3,4)$$

$$\begin{array}{c} (1) \\ (2) \end{array} \begin{pmatrix} -0.5 & -5 \\ -5 & 0.5 \end{pmatrix}$$

이 최적의 혼합전략을 일반해법으로 풀어보기로 하자.

A의 혼합전략을

$$X = (x_1, x_2) = (x_1, 1 - x_1)$$

로 했을 때

$$E[X, 1] = -0.5x_1 - 5(1 - x_1) = 4.5x_1 - 5 \geq v$$

$$E[X, 2] = -5x_1 + 0.5(1 - x_1) = -5.5x_1 + 0.5 \geq v$$

이다. 이것을 그림으로 나타내면 그림 2.8과 같다. 점 P가 A의 최적혼합전략을 나타낸다. 이것은

(0.55, 0.45)

이다. B의 최적혼합전략에 대해서도 지불행렬이 대칭행렬이므로 A와 같은 전략

(0.55, 0.45)

이다. 따라서 이 게임의 값은

v = -2.525

가 되어 B에 유리한 게임이다.

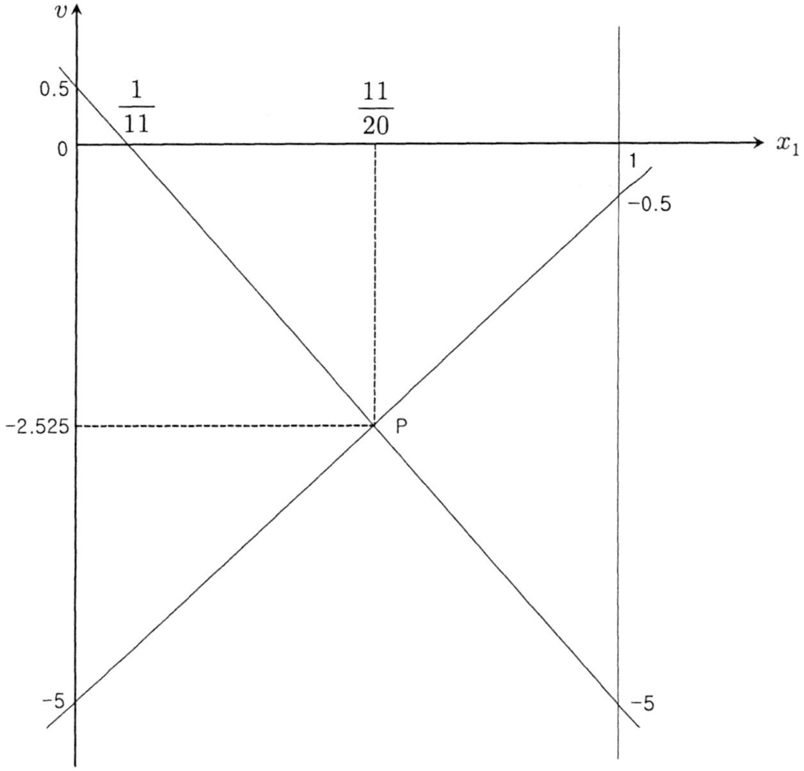

그림 2.8 그래프의 해법

2.5 비제로합 2인게임

2.5.1 비협력게임

지금까지는 두 사람의 제로합게임을 생각하여 보았다. 이는 혼합전략으로 완전히 해결할 수 있었다. 그런데 2인게임은 반드시 제로합으로 되는 것은 아니다. 실내게임은 대부분 제로합이지만 경제활동의 게임은 보통 제로합으로 되지 않는다. 따라서 비제로합게임에서는 참가자 A가 취하는 금액과 참가자 B가 지불하는 금액이 일치하지 않기 때문에 지불행렬은 하나로서 충분하지 않다. A가 취하는 금액을 나타내는 지불행렬과 B가 취하는 금액을 나타내는 지불행렬을 각각 나타내야 한다. 즉, 비제로합게임에서는 참가자의 기대금액을 각각 생각해야 한다.

일반적으로 다음과 같은 두 개의 지불행렬로 나타낸다.

$$A=\begin{pmatrix} a_{11} & a_{12} & \cdots & \cdots & a_{1n} \\ a_{21} & a_{22} & \cdots & \cdots & a_{2n} \\ \cdots & \cdots & \cdots & \cdots & \cdots \\ a_{m1} & a_{m2} & \cdots & \cdots & a_{mn} \end{pmatrix}$$

$$B=\begin{pmatrix} b_{11} & b_{12} & \cdots & \cdots & b_{1n} \\ b_{21} & b_{22} & \cdots & \cdots & b_{2n} \\ \cdots & \cdots & \cdots & \cdots & \cdots \\ b_{m1} & b_{m2} & \cdots & \cdots & b_{mn} \end{pmatrix}$$

그래서 이런 형태의 비제로합 2인게임을 2행렬게임(bimatrix game)이라고 한다. 제로합 2인게임에서는 혼합전략에 의해서 완전히 해결되었다. 비제로합의 경우는 어떻게 될까? 생각해 보자.

예제 2-13

[두 남여의 싸움(battle of the sexes)] : 남자 A와 여자 B는 평소에는 사이가 좋지만 어느 날 둘 사이에 약간의 의견충돌이 생겼다. 남자 A는 등산을 가고 싶지만 여자 B는 영화관에 가고 싶어 한다. 즉 남자 A와 여자 B의 취미는 다르다. 그러나 두 사람은 별도로 가기보다는 함께 가고 싶다. 등산에 가는 전략과 영화관에 가는 전략을 각각 A로서는 A_1, A_2 B로서는 B_1, B_2로 하자. 이때 A와 B의 지불행렬은 다음과 같다.

$$\begin{array}{c} \\ A_1 \\ A_2 \end{array}\begin{array}{c} \begin{array}{cc} B_1 & B_2 \end{array} \\ \begin{pmatrix} 2 & -1 \\ -2 & 1 \end{pmatrix} \end{array} \qquad \begin{array}{c} \\ A_1 \\ A_2 \end{array}\begin{array}{c} \begin{array}{cc} B_1 & B_2 \end{array} \\ \begin{pmatrix} 1 & -1 \\ -2 & 2 \end{pmatrix} \end{array}$$

A의 지불행렬 B의 지불행렬

위의 지불행렬에서 알 수 있듯이 A로서는 (A_1, B_1)의 전략의 조가 바람직하다. 한편 B로서는 (A_2, B_2)의 조가 바람직하다. 따라서 A와 B가 각각 최적의 전략을 생각할 때 바람직한 결과가 선택되지 않는다.

그래서 비제로합게임에서는 두 사람이 협력하는 것에 의해서 적당히 타협점을 찾도록 하면 가능성이 생긴다. 그러나 여기서는 먼저 비협력게임(non-cooperative game)인 경우를 생각한다.

일반적으로 n인게임에서 각각의 사람이 전략 $x_1, x_2, ..., x_n$을 취했을 때 i 번째의 사람이 취하는 금액을

$$M_i(x_1, x_2, ..., x_n), \quad (i = 1, 2, ..., n)$$

로 한다. 이 때 Nash가 1950년에 도입한 평형점(equilibrium point)이라는 개념이 중요하다. 이 개념은 제로합 2인게임에 대해서만이 아닌 일반적으로 n인게임에 대해서 정의된 것이다. 또 제로합일 필요도 없다. 모든 i에 대해서

$$M_i(x_1^0, x_2^0, \ldots, x_n^0) \geq M_i(x_1^0, \ldots, x_{i-1}^0, x_i^0, x_{i+1}^0 \cdots, x_n^0)$$

가 성립하는 점

$$x^0 = (x_1^0, x_2^0, \ldots, x_n^0)$$

를 게임의 평형점이라 말한다. 평형점은 자기자신 이외의 모든 참가자가 평형점을 취했을 때 자기 자신도 그것을 취하지 않으면 반드시 손해를 보는 점을 말한다.

따라서 위의 지불행렬에서 (A_1, B_1)과 (A_2, B_2)는 평형상태를 이루는 점이다.

지금 A가 혼합전략

$$X = (x_1, x_2, \cdots, x_m)$$

B가 혼합전략

$$Y = (y_1, y_2, \cdots, y_n)$$

을 사용했을 때 앞의 두개의 지불행렬을 근거로 하여 A의 기대금액은

$$M_1(X, Y) = \sum_{i=1}^{m}\sum_{j=1}^{n} a_{ij}x_i y_j$$

B의 기대금액은

$$M_2(X, Y) = \sum_{i=1}^{m}\sum_{j=1}^{n} b_{ij} x_i y_j$$

가 성립하는 혼합전략의 조 (X^0, Y^0)가 유한제로합 2인게임의 평형점이다. 여기서 기본적인 결과로서 "유한제로합 2인게임은 적어도 하나의 평형점을 갖는다"고 말할 수 있다. 그런데 제로합 2인게임에서는

$$M_1(X, Y) = M(X, Y)$$

$$M_2(X, Y) = -M(X, Y)$$

로 하면 좋으므로 평형점 (X^0, Y^0)의 정의식

$$M_1(X^0, Y^0) \geq M_1(X, Y^0)$$

$$M_2(X^0, Y^0) \geq M_2(X^0, Y)$$

를 고쳐 쓰면 모든 X와 Y에 대해서

$$M(X, Y^0) \leq M(X^0, Y^0) \leq M(X^0, Y)$$

로 된다. 즉 제로합 2인게임에서 평형점 (X^0, Y^0)은 안점으로 되어 있다는 사실을 알 수 있다. 이 의미에서 평형점은 안점의 자연스러운 확장이라고 말할 수 있다.

그런데 완전정보의 대부분의 n인 게임은 순수전략으로서 평형점이 존재한다는 점과, 유한개의 순수전략을 가지는 게임에서는 혼합전략으로서 적어도 한 개의 평형점이 존재한다는 경우가 증명되어 있다.

이것은 평형점이 제로합 2인게임에서는 안점으로 되는 것을 나타낸다. 따라서 유한 제로합 2인게임에 적어도 하나의 평형점이 존재한다는 결과는 유한제로합 2인게임에서는 minimax정리로 되어 있는 것을 알 수 있다. 결국, 앞에서 서술한 결과는 minimax정리의 일반화라고 할 수 있다.

즉 유한제로합 2인게임의 평형점의 존재에 관한 증명은 용이하게 n인 게임에도 확장된다. 따라서 유한 n인 게임이 비협력인 경우에 적어도 하나의 평형점이 존재한다.

더욱이 유한제로합 2인게임에서는 혼합전략에 관한 안점이 몇 개가 존재할 때 그들에 관한 여러 가지의 성질이 성립한다. 이제 (X^*, Y^*)와 (X^0, Y^0)가 모두 안점이라고 하자. 즉 임의의 혼합전략 X, Y에 관한 기대금액 $E(X, Y)$에 대하여

$$E(X, Y^*) \le E(X^*, Y^*) \le E(X^*, Y)$$

$$E(X, Y^0) \le E(X^0, Y^0) \le E(X^0, Y)$$

가 성립할 때

$$E(X^*, Y^0) \le E(X^0, Y^0)$$

$$E(X^*, Y^0) \ge E(X^*, Y^*)$$

이다. 그래서

$$E(X^*, Y^*) \le E(X^*, Y^0) \le E(X^0, Y^0)$$

로 된다. 다른 한 편

$$E(X^0, Y^*) \le E(X^*, Y^*)$$

$$E(X^0, Y^*) \ge E(X^0, Y^0)$$

이므로

$$E(X^0, Y^0) \le E(X^0, Y^*) \le E(X^*, Y^*)$$

가 성립한다. 이것을 합하면

$$E(X^0, Y^0) = E(X^0, Y^*) = E(X^*, Y^0) = E(X^*, Y^*)$$

로 된다. 다음에 임의의 X와 Y에 관해서

$$E(X, Y^0) \le E(X^0, Y^0) = E(X^*, Y^0)$$

$$E(X^*, Y^0) = E(X^*, Y^*) \le E(X^*, Y)$$

이므로

$$E(X, Y^0) \le E(X^*, Y^0) \le E(X^*, Y)$$

로 된다. 마찬가지로

$$E(X, Y^*) \le E(X^0, Y^*) \le E(X^0, Y)$$

도 성립된다.

이것은 (X^*, Y^*), (X^0, Y^0)가 모두 안점이면 (X^0, Y^*), (X^*, Y^0)도 안점이 되고 이들의 기대금액은 모두 같다는 것을 나타낸다. 즉, 유한 제로합 2인게임에서는 최적전략 사이의 교환가능성(interchange ability)이 성립한다. 이와 같은 성질은 유한 비제로합 2인게임에서도 성립할까? 물론 비제로합 게임에서는 안점이 아닌 평형점에 대해서 생각해야 한다.

이제 앞에서 주어진 남녀의 싸움 예를 생각하자. 그 지불행렬은 다음과 같았다.

$$\text{A :}\quad \begin{array}{c} \\ A_1 \\ A_2 \end{array}\begin{array}{c} \begin{array}{cc} B_1 & B_2 \end{array} \\ \begin{pmatrix} 2 & -1 \\ -2 & 1 \end{pmatrix} \end{array} \qquad \text{B :}\quad \begin{array}{c} \\ A_1 \\ A_2 \end{array}\begin{array}{c} \begin{array}{cc} B_1 & B_2 \end{array} \\ \begin{pmatrix} 1 & -1 \\ -2 & 2 \end{pmatrix} \end{array}$$

이때 참가자 A와 B의 전략으로서 순수전략

$$X^0 = (1, 0)$$

$$Y^0 = (1, 0)$$

을 생각하면

$$M_1(X^0, Y^0) = 2$$

$$\begin{aligned} M_1(X, Y^0) &= 2x_1 - 2(1-x_1),\ 0 \le x_1 \le 1 \\ &= 4x_1 - 2 \\ &\le 2 \end{aligned}$$

이므로 임의의 X에 대해서

$$M_1(X^0, Y^0) \geq M_1(X, Y^0)$$

로 된다. 마찬가지로

$$M_2(X^0, Y^0) = 1$$

$$\begin{aligned} M_2(X^0, Y) &= y_1-(1-y_1),\ 0 \leq y_1 \leq 1 \\ &= 2y_1-1 \\ &\leq 1 \end{aligned}$$

이므로 모든 Y에 관해서

$$M_2(X^0, Y^0) \geq M_2(X^0, Y)$$

로 된다. 따라서 (X^0, Y^0)는 이 게임의 평형점이다. 그런데

$$X^* = (0, 1)$$
$$Y^* = (0, 1)$$

로 했을 때에도 모든 X, Y에 관해서

$$M_1(X^*, Y^*) \geq M_1(X, Y^*)$$

$$M_2(X^*, Y^*) \geq M_2(X^*, Y)$$

로 되며 (X^*, Y^*)도 평형점인 것을 알 수 있다.

그렇지만 평형점을 교환하여 (X^0, Y^*)를 생각할 때

$$M_1(X^0, Y^*) = -1$$

$$\begin{aligned} M_1(X, Y^*) &= -x_1+(1-x_1) \\ &= 1-2x_1 \\ &\geq -1 \end{aligned}$$

로 되어 (X^0, Y^*)는 평형점으로 되지 않는다. 마찬가지로 (X^*, Y^0)도 평형점이 아니다. 즉 유한 제로합 2인게임에서는 평형점 사이의 교환가능성은 일반적으로 성립

하지 않는다. 더욱이 2개의 평형점 (X^0, Y^0), (X^*, X^*)에 관한 기대금액은 A로서는

$$M_1(X^0, Y^0) = 2$$

$$M_1(X^*, Y^*) = 1$$

로 되어

$$M_1(X^0, Y^0) > M_1(X^*, Y^*)$$

이다. B로서는 반대로

$$M_2(X^0, Y^0) < M_2(X^*, Y^*)$$

로 된다. 즉 제로합일 때는 기대치가 일치한다는 성질은 이제 성립하지 않는다. 따라서 A로서는 평형점 (X^0, Y^0)의 쪽이 바람직하고 반대로 B로서는 (X^*, Y^*)의 쪽이 바람직하다. 그래서 A가 X^0을 B가 Y^*를 고집하면 어느 쪽의 금액도 -1로 되어버린다. 이와 같이 2인게임에서도 비제로합이 되면 꽤 복잡한 사정이 일어난다.

또 제로합 2인게임에서는 참가자 A의 maximin전략과 참가자 B의 minimax전략이 모두 두 사람의 최적전략이었다. 비제로합 게임에서는 두 사람의 지불행렬은 모두 받는 금액이므로 A도 B도 maximin전략을 생각하게 된다. 그래서 '두 남녀의 싸움' 예에서 A로서는 전략 A_1과 A_2를 각각 확률 x_1, $1-x_1$으로 했을 때

$$X = (x_1, 1-x_1)$$

로 하면

$$\begin{aligned} M_1(X, 1) &= 2x_1 - 2(1-x_1) \\ &= 4x_1 - 2 \\ M_1(X, 2) &= -x_1 + 1 - x_1 \\ &= -2x_1 + 1 \end{aligned}$$

이므로 그림 2.9에서 알 수 있듯이 A의 maximin전략은

$$X' = (\frac{1}{2}, \frac{1}{2})$$

로 된다.

같은 방법으로 B의 maximin 전략도

$$Y' = (\frac{1}{2}, \frac{1}{2})$$

로 된다. 그런데 두 사람이 maximin전략을 사용할 때

$$M_1(X', Y') = \frac{1}{4}(2-1-2+1)$$

$$= 0$$

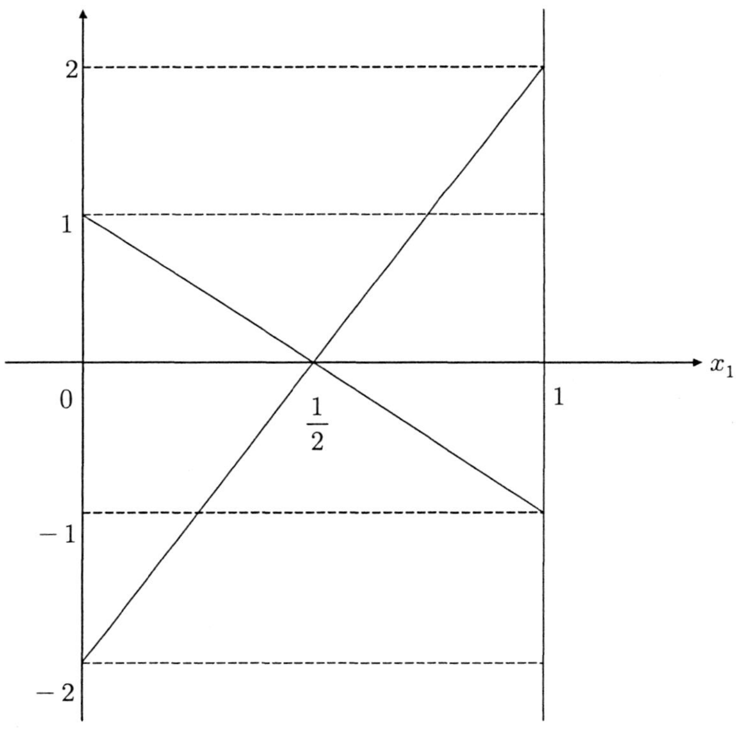

그림 2.9

으로 되는데 임의의 전략 X에 관해서

$$M_1(X,\ Y') = x_1 - \frac{1}{2}x_1 - (1-x_1) + \frac{1}{2}(1-x_{1)}$$

$$= x_1 - \frac{1}{2}$$

로 되어

$$x_1 > \frac{1}{2}$$

일 때에도

$$M_1\ (X,\ Y') > M_1\ (X',\ Y')$$

로 된다. 즉 두 사람의 maximin전략의 조는 평형점으로 되지 않는다. 이것도 제로합게임과는 본질적으로 다른점이다.

평형점이 몇 개 있을 때에는 '남녀의 싸움'의 예와 같이 두 사람에 의해서 바람직한 평형점이 다르게 될 가능성이 있다. 여기서 평형점이 단 하나이면 비제로합의 비협력 게임은 완전히 해결되는 것일까? 이를 위해 다른 예를 생각해 보자.

예제 2-14

죄수의 딜레마(prisoner's dilemma) ; 어느 사건의 용의자로서 두 사람의 용의자 Ⅰ과 Ⅱ가 경찰에 잡혔다. 사실 이 두 사람은 공범이고 서로 통신할 수 없도록 격리시켜 수감하고 있다. 경찰은 범죄의 증거의 대부분을 알고 있지만 확실한 증거가 없기 때문에 두 사람이 자백하는 것을 기대하고 있다. Ⅰ과 Ⅱ가 취할 수 있는 전략은 자백할 것인가, 자백하지 않을 것인가의 두 가지이다. Ⅰ이 자백하지 않는 전략을 A_1, 자백하는 전략을 A_2로 한다. 그리고 똑같이 Ⅱ가 자백하지 않는 전략을 B_1, 자백하는 전략을 B_2로 한다. 경찰은 "두 사람 모두 자백을 하지 않고 버티면 증거 불충분이지만 여죄가 있기 때문에 징역 2년, 만약 두 사람이 모두 자백을 하면 유죄가 결정적이기 때문에 징역 3년이다. 그러나 한사람이 자백을 하고 다른 사람이 자백을 하지 않으면 자백한 사람은 경찰에 협력했기 때문에 징역 1년을, 자백을 하지 않은 쪽은 반성의 기미가 없기 때문에 징역 5년으로 한다"고 말했다. 이 때 죄수 I과 II는 자백할 것인가 자백하지 않을 것인가의 딜레마에 빠진다. 이 내용을 다음과 같이 지불행렬로서 정리할 수 있다.

$$A: \begin{array}{c} \\ A_1 \\ A_2 \end{array} \!\!\begin{array}{cc} B_1 & B_2 \\ \multicolumn{2}{c}{\begin{pmatrix} -2 & -5 \\ -1 & -3 \end{pmatrix}} \end{array} \qquad B: \begin{array}{c} \\ A_1 \\ A_2 \end{array} \!\!\begin{array}{cc} B_1 & B_2 \\ \multicolumn{2}{c}{\begin{pmatrix} -2 & -1 \\ -5 & -3 \end{pmatrix}} \end{array}$$

이 경우는 서로 상대가 어떻게 나올 것인가를 고려했고, 독립적으로 어떻게 행동할 것인가가 자신에게 최적인가를 생각하는 문제이다. 이것은 죄수의 딜레마(prisoner's dilemma)로서 잘 알려져 있는 게임이다.

이 게임에 있어서는 순수전략의 조 (A_2, B_2)가 평형점이다. 이외에는 평형점은 존재하지 않는다. 이 평형점은 우월된 전략의 삭제에 의해서 구할 수 있다. 즉 I의 입장에서는 A_2행의 요소는 대응하는 A_1행의 요소보다 크기 때문에 A_1은 A_2에 의해서 우월되어 있다. 동일하게 II의 입장에서는 B_2열의 요소는 대응하는 B_1열의 요소보다 크기 때문에 B_1은 B_2에 의해서 우월되어 있다. 따라서 (A_2, B_2)의 평형점이 얻어진다. 그 결과 I과 II 모두 자백하여 징역 3년의 형을 받는 것이 평형점이 되고, 이것으로 이 게임은 해결된다고 생각된다. 그런데 어느 쪽도 자백하지 않는다고 믿고 자백하지 않으면 (A_1, B_1)이라는 조가 되어 모두 2년형을 받게 된다. 그것은 어느 쪽으로 하여도 평형점보다도 좋은 결과로 된다. 그러나 두 사람의 죄수는 서로 격리되어 수감되어 있기 때문에 협력은 할 수 없다. 이 때 과연 평형점이 최적해라고 할 수 있는지 어떤지는 아직 완전한 것은 아니다. 어느 쪽도 maximin전략의 사고방식으로 간다고 하면 평형점이 최적이 될 것이다. 여기서 두사람의 죄수로서는 당연히 서로 상담하고 싶은 마음일 것이다. 제로합 2인게임에서는 자신의 전략이 상대에게 알려지는 것은 분명히 불리하게 되는데 비제로합의 경우는 반대의 상태가 일어난다.

이러한 것을 고려해서 비제로합의 비협력 2인게임의 해라는 것을 생각해보자. 평형점이 (X, Y)와 (X', Y')의 2개 일 때와 (X, Y'), (X', Y)가 또한 평형점으로 될 때 이들의 평형점은 교환가능이라고 한다. 또 2개의 평형점 $(X,\ Y)$와 $(X',\ Y')$에 관해서

$$M_1(X,\ Y) = M_1(X',\ Y')$$

$$M_2(X,\ Y) = M_2(X',\ Y')$$

일때 이들의 평형점은 동등(egnivalent)이라 한다. Nash는 모든 평형점이 교환가능일 때 비협력 게임은 해를 갖는다고 정의했다. 따라서 죄수의 딜레마게임은 Nash의 의미의 해를 가지고 있다. 그러나 남녀의 싸움의 예는 해를 갖지 않는다.

2.5.2 협력게임

앞 절에서 생각한 '남녀의 싸움'이나 '죄수의 딜레마'의 예에서 알 수 있듯이 비제로합의 경우에는 참가자 A, B 사이의 협력에 의해서 서로가 이익을 낼 수 있는 것이 기대된다. 그래서 게임을 실시하기 전에 사전협의(preplay negotiation)가 필요하다. 이와 같은 게임을 협력게임(cooperative game)이라 한다.

두 개의 회사에서 독점하고 있는 기업이나 노사관계, 두 나라 사이의 무역 등의 문제에서는 완전히 대립적인 입장에서 생각하는 것이 아니라 협력게임으로 생각하여 취급하는 방법이 실제적으로 많다.

여기서 '남녀의 싸움'의 예를 다시 한번 생각하기로 하자. 남자 A는 등산을 가고 싶고 여자 B는 영화관에 가기를 희망한다. 등산을 가는 전략과 영화관에 가는 전략을 각각 A는 A_1, A_2로 B는 B_1, B_2로 했을 때 A, B 두 사람의 지불행렬은 다음과 같았다.

$$\text{A}: \begin{array}{c} \\ A_1 \\ A_2 \end{array} \begin{array}{c} \begin{array}{cc} B_1 & B_2 \end{array} \\ \begin{pmatrix} 2 & -1 \\ -2 & 1 \end{pmatrix} \end{array} \qquad \text{B}: \begin{array}{c} \\ A_1 \\ A_2 \end{array} \begin{array}{c} \begin{array}{cc} B_1 & B_2 \end{array} \\ \begin{pmatrix} 1 & -1 \\ -2 & 2 \end{pmatrix} \end{array}$$

이 게임에서 평형점은 (A_1, B_1), (A_2, B_2)로 2개였다. 그리고 (A_1, B_1)의 쪽이 A에게 바람직스럽고 B에 있어서는 (A_2, B_2)의 쪽이 바람직스럽다. 또 A와 B의

maximin 전략은

$$X' = (\frac{1}{2}, \frac{1}{2})$$

$$Y' = (\frac{1}{2}, \frac{1}{2})$$

이었다. Maximin 전략을 취했을 때의 게임값은

$$M_1(X', 1) = 2 \times \frac{1}{2} + (-2) \times \frac{1}{2} = 0$$

$$M_1(X', 2) = (-1) \times \frac{1}{2} + 1 \times \frac{1}{2} = 0$$

이고 마찬가지로

$$M_2(1, Y') = 0$$

$$M_2(2, Y') = 0$$

이다. 따라서 이 게임을 비협력게임으로 보았을 때 A, B가 받는 금액의 짝을 평면상의 그래프로 그리면 그림 2.10와 같다.

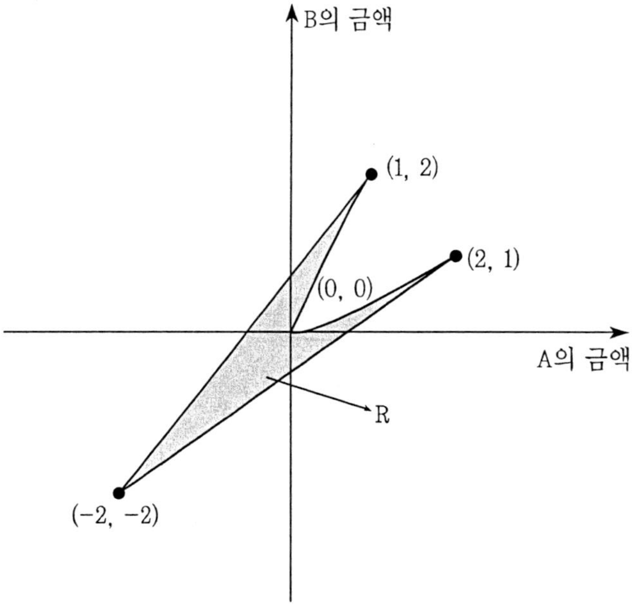

그림 2.10

그림 2.10의 사선부분 R이 A와 B가 혼합전략 X, Y를 사용했을 때의 기대금액의 짝

$$[M_1(X, Y),\quad M_2(X, Y)]$$

의 좌표의 집합이다.

그리고 이 게임에서 A와 B의 협력을 인정한다고 하자. 협력하는 경우에는 사전에 의논할 수 있기 때문에 각각 독립으로 혼합전략을 선택하는 것은 아니다. 두 사람이 짝으로서 취할 수 있는 전략은

$$(A_1, B_1),\ (A_2, B_1),\ (A_1, B_2),\ (A_2, B_2)$$

의 4가지이다. 이 가운데 (A_2, B_1), (A_1, B_2)는 평형점이 아니므로 어느 쪽을 택해도 다른 짝보다 손해이다. 그리고 만약 (A_1, B_1)과 (A_2, B_2)를 각각 확률 $\frac{1}{2}$로 선택한다고 하면 A가 받는 기대금액은

$$2 \times \frac{1}{2} + 1 \times \frac{1}{2} = \frac{3}{2}$$

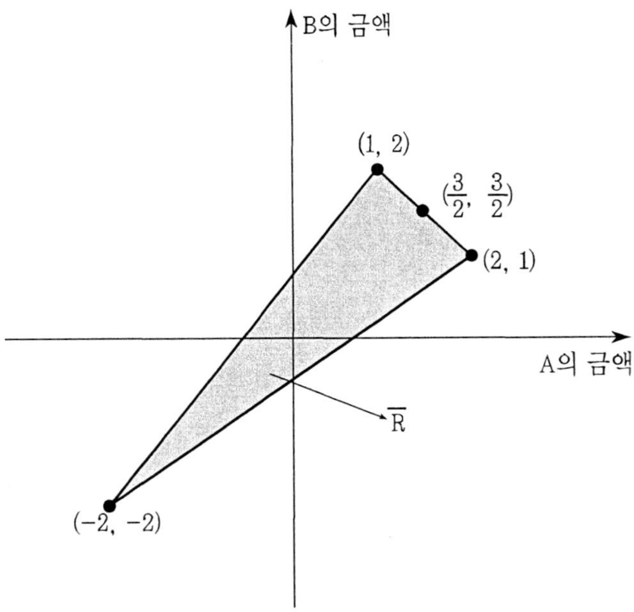

그림 2.11

으로 되고 마찬가지로 B가 받는 기대금액도 $\frac{3}{2}$으로 된다. 이와 같은 값의 짝

$$(\frac{3}{2}, \frac{3}{2})$$

은 그림 2.10의 빗금친영역 R에 포함되지 않는다. 이와 같이 사전에 의논을 했을 때 A와 B가 받는 금액의 짝의 영역은 그림 2.11의 빗금친부분과 같이 R이 보다 확대된 $\overline{R}$로 된다.

이와 같은 확대영역 $\overline{R}$는 A와 B가 사전협의를 한 것에 의해서 처음에 선택된 것이고 각 사람이 독립으로 행동한 것에서는 불가능하다. 전략의 짝 (A_1, B_1)과 (A_2, B_2)를 각각 확률 $\frac{1}{2}$로 선택한다고 할 때 예를 들면 동전을 던져서 앞면이 나오면 함께 등산을 가고 뒷면이 나오면 각각 등산이나 영화관에 가도록 하면 좋다. 이 때 어느 쪽의 기대 금액도 $\frac{3}{2}$으로 된다.

참가자 A, B가 각각 혼합전략 X, Y 를 취했을 때는 A와 B의 기대금액은 일반적으로

$$M_1(X, Y) = \sum_{i,j} a_{ij} x_i y_j$$

$$M_2(X, Y) = \sum_{i,j} b_{ij} x_i y_j$$

이 였다. 그런데 A와 B가 협력하는 경우에는 전략의 짝 (i, j)를 확률 z_{ij}로 선택했기 때문에 z_{ij}를 요소로 하는 백터를 Z로 하면 그 때의 A와 B의 기대금액은

$$M_1(Z) = \sum_{i,j} a_{ij} z_{ij}$$

$$M_2(Z) = \sum_{i,j} b_{ij} z_{ij}$$

로 된다. 그리고 점의 짝

$$\{M_1(Z), M_2(Z)\}$$

로 만들 수 있는 영역은 모든 점

$$(a_{ij}, b_{ij})$$

를 포함하는 최소의 블록다각형으로 된다. 그것은

$$\sum_{i,j} z_{ij} = 1,\ z_{ij} \geq 0$$

의 조건에서 a_{ij}, b_{ij}의 블록 1차 결합을 갖는 것이 $M_1(Z)$, $M_2(Z)$인 것으로부터 분명하다.

그런데 확대영역 $\overline{R}$의 점 (u, v)에서

$$u' > u,\ v' > v$$

일 때 점 (u, v)는 (u', v')로 부터 동시에 우월된다고 한다. 참가자 A, B 모두 동시에 우월되는 전략을 취할 필요는 없다. 그리고 $\overline{R}$의 점에서 동시에 우월되지 않는 점의 집합을 동시최대집합(joint maximal set)이라 한다. 그림 2.11에서는 점 (1, 2)와 점 (2, 1)을 잇는 직선상의 점이 동시 최대집합으로 된다. 이 때 A는 점 (2, 1)을 희망하고 B는 점 (1, 2)를 희망한다. 즉 동시 최대집합에서 두 사람은 완전히 적대관계로 된다. 그리고 대화했을 때에도 A로서는 동시 최대집합에서 적어도 maximin 전략에 의한 금액은 보증되는 것이므로 그것 이상 아니면 타협하지 않을 것이다. B로서도 마찬가지이다. 그래서 동시최대집합에서 A와 B의 어느 쪽도 maximin 전략에 의한 값보다도 큰 값을 갖는 점의 집합을 교섭집합 (negotiation set)이라 한다. Von Noemann과 Morgenstern은 비제로합 2인협력게임의 해로서 교섭집합을 생각했다. 교섭집합 가운데서 어느 점을 선택하는 가는 참가자의 심리적인 측면이나 합의의 정도에 의해서 결정된다. '남녀의 싸움'의 게임에서는 지불행렬의 대칭성과 남녀평등의 입장으로부터 대칭인 값 $\left(\frac{3}{2}, \frac{3}{2}\right)$을 해로 취급하는 것이 타당할 것이다.

그러나 지불행렬이 A와 B에 대하여 언제나 대칭인 것은 아니다. 또 A와 B의 합의도 언제나 동등의 입장으로 할 수 있는 것은 아니다. 노동조합과 경영자나 지

역주민과 독점기업의 경우 등에서는 시대와 함께 강하게 변화해 간다고 해도 같은 대등의 입장에서 교섭할 수 있다고는 할 수 없다. 더욱이 한 편은 강한 교섭을 희망해도 다른 쪽은 그것에 무관심일지도 모른다. 공해문제 등에서는 그와 같은 사정도 자주 일어난다. 그래서 교섭집합의 어느 점을 해로 생각할까? 또는 교섭집합만으로 부과하여 해로 하면 좋은가? 등 문제는 그다지 간단하지 않다. 이제 다음과 같은 지불행렬을 갖는 게임을 생각하자.

$$\text{A}: \quad \begin{array}{c} \\ A_1 \\ A_2 \end{array} \begin{array}{c} \begin{array}{cc} B_1 & B_2 \end{array} \\ \begin{pmatrix} 0 & 10 \\ -1 & -2 \end{pmatrix} \end{array} \qquad \text{B}: \quad \begin{array}{c} \\ A_1 \\ A_2 \end{array} \begin{array}{c} \begin{array}{cc} B_1 & B_2 \end{array} \\ \begin{pmatrix} 10 & 0 \\ -10 & -20 \end{pmatrix} \end{array}$$

이 게임에서는 (A_1, B_1)과 (A_2, B_2)는 동시에 허용되는 전략의 짝으로서 평형점은 (A_1, B_1)이다. 따라서 이 게임을 비협력게임이라고 했을 때 (A_1, B_1)은 협의의 해이다. 또 A로서는 A_1은 A_2를 우월하고 B로서는 B_1은 B_2를 우월하고 있다. 그래서 두 사람이 독립으로 전략을 취해서 (A_1, B_1)의 짝이 선택되었다. 그렇지만 그 때 A가 받는 금액은 0이고 B는 10이다. 만약 (A_1, B_2)를 선택하면 A는 10이고 B는 0이다. 그리고 A는 B에게 B_2를 선택하도록 합의를 진행해 나갈 것이다. 그러나 B는 무관심일지도 모른다.

이와 같이 협력게임의 해를 교섭집합으로 한정해도 A, B 두 사람 사이의 합의가 반드시 좋은 것은 아니다. 그래서 적당한 중립의 제 3자의 중재가 필요하게 되는 것도 많다. 게임의 이론에서는 이 중재자의 역할을 맡는 것으로서 하나의 함수를 행각하게 된다. 그것은 중재의 규칙을 규정하는 것이다. 그 때 공평하다는 사고방식을 객관적으로 표현해야 한다. 그 판정조건으로서 여러 가지가 생각된다. 그것을 공리로서 설정하면 좋다. 이 공리는 객관적으로 합리성을 가진 model을 표현하는 것이어야 한다. 그 공리체계는 물론 무모순이어야 한다.

중재기능에 관한 공리계를 설정하는 데에 있어서는 몇 가지의 점을 고려할 필요가 있다. 먼저 협력게임의 해로서는 교섭집합의 요소이어야 한다. 즉 각 사람이 협력하지 않아도 단독으로 손에 넣을 수 있는 금액보다 많아야 하고 두 사람에 의해서 동시에 바람직스러운 것은 아니다. 이 조건은 이미 계속 반복되는 것이다. 특히 중재에 의한 해는 특정의 효용의 단위도 관계한 것이어야 한다. 그것은 효용을 만족하는 변환에 의해서 해가 변하지 않는 것을 의미한다. 또 전략적인 의미에서 가까운 관계에 있는 게임에서는 그의 해도 가까운 것이어야 한다. 그것은 지불행렬의 요소가 극히 얼마 안 되는 변화이므로 훨씬 떨어진 해로 된다고 하는 것이 아니라는 것을 나타낸다. 더욱이 참가자가 합의를 능숙하게 할 수 없을 때 협박의 가능성을 고려한 해일 필요가 있다.

제 3 장
AHP

3.1 AHP란?

물리학에서나 공학에서는 길이, 무게, 시간 등의 물리량이 기본척도로 되어 있으며 이를 측정하면 값으로서 실수가 얻어진다. 이와 같이 실수상에서 엄밀한 계산이 행해지고 얻어진 결론으로 설계나 측정이 행해지게 된다. 그러나 기업에 있어서나 일반적인 사회에 있어서는 이러한 자연과학적 방법으로 측정할 수 없는 문제가 많이 있다. 예를 들면 「컴퓨터의 사용하기 쉬움」이나 「종업원의 능력평가」 등과 같은 것은 자연과학적 수단으로서는 계량 불가능하다.

이와 같은 문제에 대해서는 인간의 직관적 판단에 맡길 수밖에 없고 인간의 직감이라는 것은 위에서 말한 자연과학적 계량에 비교하면 주관적이기 때문에 얼마나 애매한가를 알 수 있다. 그러나 인간의 판단은 무리한 물리적 측정 보다는 훨씬 정확한 경우도 많다. AHP는 이러한 인간의 판단을 어떻게 합리적으로 종합화할 것인가의 문제에 대한 해결을 부여해 준다고 말할 수 있다.

3.1.1 쌍비교의 원칙

AHP의 첫 번째의 특징은 평가를 절대평가가 아닌 쌍비교에 의한 상대평가에 근거하여 행한다는 것이다. 예를 들어 신춘문예에 응모한 n편의 소설이 있다고 하자. 이것을 평가하여 순위를 붙이고 싶다. 이때 하나하나의 작품을 읽고 A는 80점, B는 75점 등으로 절대평가를 하는 경우는 극히 어렵고 무리가 따르지만 예를 들면 각각을 비교하여 「A는 B보다 좋다」든가 「A와 B는 같은 정도이다」 등의 정도는 말할 수 있을 것이다. 좀 더 자세히 말하자면 「A는 B보다 대단히 좋다」라는 좋음의 정도를 표현하는 것까지 허락된다면 쌍비교의 결과는

「A는 B보다 좋다」
「B는 A보다 나쁘다」
「A는 B보다 대단히 좋다」
「B는 A보다 대단히 나쁘다」
「A와 B는 같은 정도이다」 (3.1)

의 5가지로 표현된다.

더욱이 「A는 B보다 극히 좋다」라는 좋음의 정도의 단계까지 늘릴 수 있지만 어느 정도까지 단계를 늘릴 것인가는 각각의 문제에 의해서 달라진다. 이야기를 일반적으로 하기 위해 앞에서 논한 소설을 각각 1, 2, . . . , n의 번호로 표시하자. 그리고 번호 i와 j의 비교의 결과를 모수 (parameter) θ(이것은 크기가 1보다 큰 적당한 실수치로 한다)를 이용하면 다음과 같다. 즉

$$\begin{cases} \text{「}i\text{는 }j\text{보다 좋다」 이면 } a_{ij}=\theta \\ \text{「}j\text{는 }i\text{보다 나쁘다」 이면 } a_{ij}=1/\theta \\ \text{「}i\text{는 }j\text{보다 대단히 좋다」 이면 } a_{ij}=\theta^2 \\ \text{「}j\text{는 }i\text{보다 대단히 나쁘다」 이면 } a_{ij}=1/\theta^2 \\ \text{「}i\text{와 }j\text{는 같은 정도이다」 이면 } a_{ij}=1 \end{cases} \tag{3.2}$$

로 정해진 $a_{ij}\,(i, j = 1, 2, ..., n)$을 사용하여 $n \times n$ 행렬

$$A = (a_{ij}) \tag{3.3}$$

을 만든다. 이 A를 쌍비교행렬 (pair comparison matrix)이라 부른다. A는

$$a_{ij} = 1 \; (i = 1, 2, ..., n)$$

이고,

$$a_{ji} = \frac{1}{a_{ij}}$$

의 성질을 가지며 이와 같은 행렬을 역수행렬이라 부른다.

실제로 계산할 때에는 모수 $\theta\,(> 1)$의 값을 구체적으로 결정해야 하는데 어느 정도가 적당한가는 문제에 의해서 달라지지만 경험에 의하면 $\theta = 2, 3$ 정도가 좋다고 말할 수 있다. Saaty씨는 쌍비교행렬의 요소의 값을 1에서 9까지의 고정치(와 그 역수)로 표현하고 있다.

3.1.2 통합화

AHP의 두 번째의 특징은 앞에서 얻어진 쌍비교의 정보를 쌍비교행렬 A로 나타내어 통합화하는 것이다.

Saaty씨는 이것을 쌍비교행렬 A의 주고유벡터에 의해서 해결할 수 있음을 제안하고 있다. 여기에서 쌍비교행렬 A의 최대고유치에 대응하는 고유벡터를 A의 주고유벡터(dominant eigen vector)라 한다. 즉 AHP의 두 번째의 특징은 고유벡터법에 있다고 말할 수 있다.

행렬의 고유치나 고유벡터를 취급하는 고유치문제는 수학에 익숙하지 않은 사람에게는 위화감을 가질지 모르지만 자연과학의 제 분야에서는 물론 사회과학의 분야에서도, 다변량해석에서 주성분분석이나 인자분석, 수량화이론 등 고유치문제는 빈번히 이용되고 있다. 이 AHP에서도 고유치문제가 나오기 때문에 그 중요성을 알 수 있다.

3.1.3 고유치문제

$n \times n$행렬 A의 고유치 λ와 그에 대한 고유벡터

$$u = \begin{pmatrix} u_1 \\ u_2 \\ \vdots \\ u_n \end{pmatrix}$$

는

$$Au = \lambda u \tag{3.4}$$

을 만족하는 스칼라 λ와 벡터 u를 말한다.

위 (3.4)식을 만족하는 λ는 $A - \lambda I$(I는 $n \times n$의 단위행렬)의 행렬식 $|A - \lambda I|$가 0이 되는 조건, 즉 고유방정식

$$|A - \lambda I| = 0 \tag{3.5}$$

의 해로서 결정되며 (3.5)식은 λ의 n차 대수방정식이고 일반적으로 n개의 근을 갖는데 (중근을 포함하여) 이것을 A의 고유치라 하고 그 중에서 가장 큰 고유치가 최대고유치 $\lambda_{\max}$이다.

일반적인 행렬의 고유치는 반드시 실수만을 가진다고는 말할 수 없고 쌍비교행렬 A의 요소 a_{ij}는 모두 양의 값이기 때문에 최대고유치는 항상 양의 실수이며 (3.5)식은 유일한 해만을 가진다는 사실이 Frobenius 정리에 의하여 증명되었다. 쌍비교행렬 A에서도 최대고유치 이외의 고유치는 실수가 아닌 복소수로 되는 경우도 있는데 그 경우도 절대치는 $\lambda_{\max}$보다 작다.

(3.5)식의 해로서 고유치 λ가 결정되면 그것에 대한 (3.4)식의 해 u가 이 λ에 대한 고유벡터이다. 예를 들어 주고유벡터는

$$Au = \lambda_{\max} u \tag{3.6}$$

의 해로서 결정되는 벡터 u이고 (3.6)식을

$$(A - \lambda_{\max} I)u = 0 \tag{3.7}$$

으로 변환하면 (3.7)식은 u에 대한 동차방정식(homogeneous equation)이다. 그래서 $u = 0$가 해인 경우는 곧바로 알 수 있으며 이 해를 자명해(trivial solution)라고 부른다. 자명해 이외에도 해가 존재하는 경우에는 그것을 비자명해(nontrivial solution)라 말한다.

(3.6)식의 자명해 이외의 해, 즉 비자명해 u가 실은 $\lambda_{\max}$에 대한 고유벡터, 즉 주고유벡터이다. (3.6)식에서 알 수 있는 것과 같이 u가 (3.6)식의 해이면 그 임의의 스칼라배 cu도 (3.6)식의 해로 된다. 따라서 주고유벡터의 스칼라배는 또 주고유벡터이다. 이 성질도 Frobenius 정리에서 온 것이라고 말할 수 있고 A가 쌍비교행렬이라면 (그 요소가 모두 양의 값이기 때문에) 주고유벡터의 성분은 모두 양의 값이다. (u의 성분이 모두 양의 값이어도 $c = -1$로 하면 cu의 성분은 음의 값이 되기 때문에 정확히 말하면 모든 성분이 양의 값인 주고유벡터가 존재한다고 말해야 할 것이다.)

이상을 정리로 나타내면

정리 3.1 A를 AHP에 있어서 (3.3)식과 같은 쌍비교행렬이라면 그 최대고유치 λ_{max}는 고유방정식 (3.6)식의 유일한 해아고 (실수이면서) 양의 값을 가지며 그에 대응하는 주고유벡터의 성분은 모두 양의 값이다

AHP에서는 종합평가로서 왜 고유벡터의 성분을 이용하는가에 대한 이유는 뒤에서 설명하겠다. 우선 다음과 같은 몇 개의 예를 살펴보기로 한다.

3.1.4 수치예

간단한 수치예를 들어보자.

예제 3-1

$n=3$인 쌍비교행렬이

$$A = \begin{array}{c} \\ 1 \\ 2 \\ 3 \end{array} \begin{array}{c} \begin{array}{ccc} 1 & 2 & 3 \end{array} \\ \begin{pmatrix} 1 & \theta & \theta \\ \frac{1}{\theta} & 1 & \theta \\ \frac{1}{\theta} & \frac{1}{\theta} & 1 \end{pmatrix} \end{array}$$

로 주어졌을 때 $\theta=2$로서 계산하면 최대고유치와 주고유벡터는 다음과 같다.

$$\lambda_{max} = 3.054,$$

$$u = \begin{pmatrix} 0.493 \\ 0.311 \\ 0.196 \end{pmatrix}$$

이러한 결과를 얻는데는 고유방정식으로 푸는 것이 현실적으로 어려울 때가 있다. 따라서 이와 같은 경우에는 멱승법에 의한 근사 방법을 이용하여 고유치를 구하면 편리하다. 이 방법에 대해서는 3.1.6절에서 논하기로 한다.

앞에서 논의했던 것처럼 고유벡터는 임의의 스칼라배가 가능하므로 그 성분의

합이 1이 되도록 정규화하여 놓는 것이 보통이다.

예 3.1에서는 A에서 1은 2와 3보다 좋고, 2는 3보다 좋다는 결과를 표시하고 있다. 이때 θ = 2로 하면 1, 2, 3의 총합평가가 각각

$$\begin{pmatrix} 0.493 \\ 0.311 \\ 0.196 \end{pmatrix}$$

로 된다. 물론 이 값은 θ의 값에 의존한다. θ를 크게 하면 그들의 총합평가의 차는 크게 된다. 예를 들어 θ = 3으로 계산하면 최대고유치와 주고유벡터는 다음과 같다.

$$\lambda_{\max} = 3.136,$$

$$u = \begin{pmatrix} 0.583 \\ 0.281 \\ 0.135 \end{pmatrix}$$

결국 이들의 순위도 변하지 않는다.

예제 3-2

n = 4인 쌍비교행렬이

$$A = \begin{array}{c} \\ 1 \\ 2 \\ 3 \\ 4 \end{array} \begin{array}{c} \begin{array}{cccc} 1 & 2 & 3 & 4 \end{array} \\ \begin{pmatrix} 1 & \theta & \frac{1}{\theta} & \theta \\ \frac{1}{\theta} & 1 & \theta & \theta \\ \theta & \frac{1}{\theta} & 1 & \frac{1}{\theta} \\ \frac{1}{\theta} & \frac{1}{\theta} & \theta & 1 \end{pmatrix} \end{array}$$

일 때 θ = 2로서 계산하면 최대고유치와 주고유벡터는 다음과 같다.

$$\lambda_{\max} = 4.644,$$

$$u = \begin{pmatrix} 0.294 \\ 0.276 \\ 0.213 \\ 0.203 \end{pmatrix}$$

예제 3.2의 쌍비교행렬 A를 보면 1은 2보다 좋고 2는 3보다 좋고 3은 1보다 좋은 경우를 표현하고 있다. 이것은 일단 모순으로 보이지만 인간의 판단 가운데는 이러한 모순은 자주 발생한다. AHP에서는 이러한 모순도 허용하여 계산을 수행한다. 그리고 이것을 뒤에 논의할 정합성(consistency)이라는 척도에 의해서 그 모순의 정도를 구하고 이것이 너무나 큰 경우는 정합성이 없는 경우로 판단하여 쌍비교를 다시 실시하는 조치를 취한다.

그리고 정합성이 극히 나쁜 경우에는 θ의 값에 의해서 순위가 역전되는 경우도 있다. 정합성이 좋은 경우에는 순위의 역전은 별로 일어나지 않는다는 것이 경험상으로 알려져 있다.

이상과 같은 주고유벡터를 구하기 위해 (3.5)식과 (3.6)식과 같은 정의에 따라서 직접 계산하는 경우는 극히 효율이 나쁘고 대부분 불가능한 경우도 많다. 3.1.6절에서는 잘 알려진 멱승법(power method)이라 불리어지는 방법을 소개한다.

3.1.5 계층구조

AHP의 특징은 쌍비교치를 원래의 데이터로 통합화하여 주고유벡터법을 이용하는 것이라는 것을 앞에서 논의했다. 또 하나의 중요한 특징으로서 AHP는 계층구조(hierarchy)를 가지고 있다는 것이다.

앞에서 논의한 신춘문예에 응모한 작품의 평가문제로 돌아가 보자. 작품의 좋고 나쁨은 여러 가지 관점에 의해서 달라지는 것이 보통이다. 즉 평가의 기준이 변하면 좋고 나쁨도 달라지게 된다. 평가기준으로서 문장의 화려함 등을 중심으로 하는 문학성, 사상의 깊음으로서의 사상성, 착상의 풍부함이나 신선함을 묻는 착상성 등이 있을 수 있다. 따라서 문학성을 평가기준으로 비교할 때는 쌍비교를 행하면 그 쌍비교행렬의 주고유벡터는 다음과 같이 만들어진다.

$$u = \begin{pmatrix} u_1 \\ u_2 \\ \vdots \\ u_n \end{pmatrix}$$

더욱이 사상성과 착상성에 대하여 평가한 주고유벡터는 각각 다음과 같이 만들어진다.

$$v = \begin{pmatrix} v_1 \\ v_2 \\ \vdots \\ v_n \end{pmatrix}, \quad w = \begin{pmatrix} w_1 \\ w_2 \\ \vdots \\ w_n \end{pmatrix}$$

이 3개의 주고유벡터를 통합화하기 위해서는 평가기준 그 자체를 대상으로 하여 그 중요도를 역시 쌍비교와 주고유벡터법에 의해 결정한다. 즉, 문학성・사상성, 문학성・착상성, 착상성・사상성의 중요도를 쌍비교에 의해서

같은 정도, 보다 중요, 대단히 중요

등의 결과를 얻고 θ에 의해서 이것을 쌍비교행렬로 정리하여 그 주고유벡터

$$\begin{pmatrix} a \\ b \\ c \end{pmatrix}$$

를 얻었다고 한다면 각 평가기준의 중요도는 각각 a, b, c이다. (여기에서도 중요도 벡터는 정규화되어 있다. 즉 $a+b+c=1$로 놓는다.)

이렇게 하여 작품 i의 총합평가치 t_i로서 $i = 1, 2, \cdots, n$에 대해

$$t_i = au_i + bv_i + cw_i \tag{3.8}$$

를 이용하려는 것이 AHP의 생각이다. (3.8)식을 행렬 형식으로 고치면 다음과 같다.

$$\begin{pmatrix} t_1 \\ t_2 \\ \vdots \\ t_n \end{pmatrix} = \begin{pmatrix} u_1 & v_1 & w_1 \\ u_2 & v_2 & w_2 \\ \vdots & \vdots & \vdots \\ u_n & v_n & w_n \end{pmatrix} \begin{pmatrix} a \\ b \\ c \end{pmatrix} \tag{3.9}$$

벡터 u, v, w 및 주고유벡터

$$\begin{pmatrix} a \\ b \\ c \end{pmatrix}$$

는 모두 정규화되어 있기 때문에 총합평가벡터도 정규화된 벡터

$$t = \begin{pmatrix} t_1 \\ t_2 \\ \vdots \\ t_n \end{pmatrix} \tag{3.10}$$

로 된다.

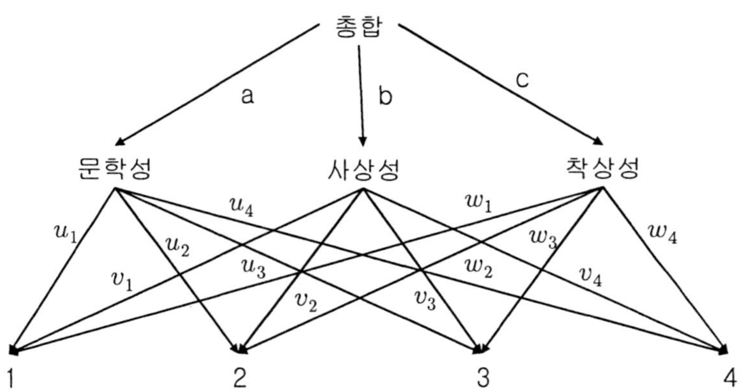

그림 3.1 총합평가의 방법

이 총합평가의 방법은 그림 3.1과 같이 표현하면 알기 쉽고 이것이 계층화되어 있기 때문에 AHP에는 hierarchy의 이름이 들어있다. 그림 3.1에서는 작품의 예를 표시했지만 AHP에서는 일반적으로 평가대상을 대체안 (alternative)으로 부르는 경우가 많다. 단, 문학성, 사상성, 착상성은 평가기준이고 1, 2, 3, 4는 대체안이다.

3.1.6 멱승법에 의한 근사고유치

$n \times n$ 행렬의 고유치는 그 특성방정식을 풀어서 구할 수 있다. 하지만 일반적인 문제 즉 특별히 큰 행렬($n \geq 3$)을 포함하는 문제에서 고유치를 구하는 과정은 여러 가지 계산적 어려움이 있으므로 고유치를 구하는 다른 방법이 이용된다.

여기에서는 $n \times n$ 행렬 A의 최대고유치 λ_{max}의 근사적인 계산법과 그것에 대응하는 고유벡터 u의 근사적인 계산법을 멱승법(power method)이라 하는데 λ_{max}가 실수이거나 유일한 해인 경우 멱승법이 가장 간단하고 효율적이다. 다행스럽게도 AHP의 경우는 정리 3.1에 표시한 것처럼 위의 성질을 가지고 있기 때문에 멱승법을 이용할 수 있다.

주고유치를 갖는 $n \times n$행렬을 A라 하자. 초기벡터 $u(0)$로서는 이론상 0이 아닌 벡터 이외에는 무엇이든지 좋지만 AHP의 경우는

$$u(0) = \begin{pmatrix} 1/n \\ 1/n \\ \vdots \\ 1/n \end{pmatrix}$$

가 좋을 것이다.

일반적으로 충분히 큰 지수 $k = 1, 2, \cdots$에 대해서 벡터

$$A^k u(0) \tag{3.11}$$

는 A의 주고유벡터를 일정한 값에 근사시킨다. 그 값이 λ_{max}및 주고유벡터 u이다.

(3.11)식을 가지고 예 3.1를 풀어 보기로 한다.

$$A^1u(0)=\begin{pmatrix}1 & 2 & 2\\0.5 & 1 & 2\\0.5 & 0.5 & 1\end{pmatrix}\begin{pmatrix}0.333\\0.333\\0.333\end{pmatrix}=\begin{pmatrix}1.665\\1.166\\0.666\end{pmatrix},$$

$$A^2u(0)=A(Au(0))$$

$$=\begin{pmatrix}1 & 2 & 2\\0.5 & 1 & 2\\0.5 & 0.5 & 1\end{pmatrix}\begin{pmatrix}1.665\\1.166\\0.666\end{pmatrix}=\begin{pmatrix}5.328\\3.330\\2.081\end{pmatrix}$$

$$=3.125\begin{pmatrix}1.705\\1.066\\0.666\end{pmatrix}$$

$$A^3u(0)=A(A^2u(0))$$

$$=\begin{pmatrix}1 & 2 & 2\\0.5 & 1 & 2\\0.5 & 0.5 & 1\end{pmatrix}\begin{pmatrix}5.328\\3.330\\2.081\end{pmatrix}=\begin{pmatrix}16.150\\10.156\\6.410\end{pmatrix}$$

$$=9.625\begin{pmatrix}1.678\\1.055\\0.666\end{pmatrix}$$

$$A^4u(0)=A(A^3u(0))$$

$$=\begin{pmatrix}1 & 2 & 2\\0.5 & 1 & 2\\0.5 & 0.5 & 1\end{pmatrix}\begin{pmatrix}16.150\\10.156\\6.410\end{pmatrix}=\begin{pmatrix}49.282\\31.051\\19.563\end{pmatrix}$$

$$=29.374\begin{pmatrix}1.678\\1.057\\0.666\end{pmatrix}$$

$$A^5u(0)=A(A^4u(0))$$

$$=\begin{pmatrix}1 & 2 & 2\\0.5 & 1 & 2\\0.5 & 0.5 & 1\end{pmatrix}\begin{pmatrix}49.282\\31.051\\19.563\end{pmatrix}=\begin{pmatrix}150.510\\94.818\\59.730\end{pmatrix}$$

$$=89.685\begin{pmatrix}1.678\\1.052\\0.666\end{pmatrix}$$

$$A^6u(0) = A(A^5u(0))$$

$$= \begin{pmatrix} 1 & 2 & 2 \\ 0.5 & 1 & 2 \\ 0.5 & 0.5 & 1 \end{pmatrix} \begin{pmatrix} 150.510 \\ 94.818 \\ 59.730 \end{pmatrix} = \begin{pmatrix} 459.606 \\ 289.533 \\ 182.394 \end{pmatrix}$$

$$= 273.865 \begin{pmatrix} 1.678 \\ 1.057 \\ 0.666 \end{pmatrix}$$

이 계산의 결과에서 알 수 있듯이 A를 곱하면 곱할수록

$$\begin{pmatrix} 1.678 \\ 1.057 \\ 0.666 \end{pmatrix}$$

의 스칼라배로 접근해 간다.

이것을 정규화하면

$$u = \begin{pmatrix} 0.493 \\ 0.311 \\ 0.196 \end{pmatrix}$$

이 된다.

이상으로 이 방법을 다음과 같이 요약한다.

> 단계 1 : 초기벡터 $u(0)$를
>
> $$u(0) = \begin{pmatrix} 1/n \\ 1/n \\ \vdots \\ 1/n \end{pmatrix}$$
>
> 로 한다.

단계 2 : $k = 1, 2, . . .$에 대해서

$$v(k) = A^k u(k-1),$$

$$v(k) = \begin{pmatrix} v_1(k) \\ v_2(k) \\ \vdots \\ v_n(k) \end{pmatrix},$$

$$u(k) = \frac{v(k)}{t(k)},$$

$$t(k) = \sum_{i=1}^{n} v_i(k)$$

을 계산하면 큰 k에 대해서 $t(k)$, $u(k)$가 일정한 값에 수렴한다. 이 수렴값이 λ_{max} 및 주고유벡터 u이다.

다음으로 근사 주고유벡터가 얻어졌다 하고 이것으로부터 어떻게 근사고유치가 구해지는가에 대해서 다루기로 한다. 일반적으로 A의 고유치 λ에 대응하는 고유벡터를 u라 하면

$$\frac{< u, Au >}{< u, u >} = \frac{< u, \lambda u >}{< u, u >} = \frac{\lambda < u, u >}{< u, u >} = \lambda$$

로 된다. 여기에서 <, >는 유클리드 내적을 나타낸다.

특히 $\tilde{u}$를 A의 최대고유치 λ_{max}에 대응하는 주고유벡터의 근사벡터라 하면

$$\lambda_{max} \approx \frac{< \tilde{u}, \lambda\tilde{u} >}{< \tilde{u}, \tilde{u} >} \tag{3.12}$$

이고 이때 (3.12)식의 우변의 내적비를 레일리의 몫 (Rayleigh quotient)이라 부른다.

위의 예에서 근사 주고유벡터

$$\tilde{u} = \begin{pmatrix} 459.606 \\ 289.533 \\ 182.394 \end{pmatrix}$$

가 얻어졌다. 이 경우

$$A\tilde{u} = \begin{pmatrix} 1 & 2 & 2 \\ 0.5 & 1 & 2 \\ 0.5 & 0.5 & 1 \end{pmatrix}\begin{pmatrix} 459.606 \\ 289.533 \\ 182.394 \end{pmatrix} = \begin{pmatrix} 1403.46 \\ 884.124 \\ 556.964 \end{pmatrix}$$

로 되므로 이것을 (3.12)식에 대입하여

$$\lambda_{\max} \approx \frac{<\tilde{u},\ \lambda\tilde{u}>}{<\tilde{u},\ \tilde{u}>}$$

$$= \frac{(459.606)(1403.46) + (289.533)(884.124) + (182.394)(556.964)}{(459.606)(459.606) + (289.533)(289.533) + (182.394)(182.394)}$$

$$= 3.054$$

가 얻어진다.

따라서 근사적으로 A의 최대고유치 $\lambda_{\max}$와 주고유벡터 u구하는 방법을 멱승법 또는 반복법 (iteration method)이라 부른다.

앞의 예에서 설명한 바와 같이 멱승법을 이용하면 매우 큰 성분을 가진 벡터가 나타나서 다루기가 곤란한 경우가 있다. 이 곤란을 피하기 위하여 각 단계의 근사고유벡터의 성분이 +1과 -1사이에 있도록 근사고유벡터의 자리수정(scale down)을 실시하면 편리한 경우도 있다.

예를 들어 절대치가 최대로 되어 있는 성분의 역수를 그 근사 주고유벡터에 곱하면 된다. 앞의 예의 첫 단계에서 근사 주고유벡터가

$$\begin{pmatrix} 1.665 \\ 1.166 \\ 0.666 \end{pmatrix}$$

로 되었을 때 이것에 1/1.665를 곱해서 자리 수정한다. 즉 자리수정 고유벡터는

$$\frac{1}{1.665}\begin{pmatrix}1.665\\1.166\\0.666\end{pmatrix}=\begin{pmatrix}1.000\\0.700\\0.396\end{pmatrix}$$

로 된다. 이것을 수정멱승법 (power method with scaling)이라 부른다. 이 방법을 다음과 같이 요약한다.

단계 1 : 0이 아닌 임의의 벡터 $u(0)$을 취한다.

단계 2 : A$u(0)$를 구하여 이것을 자리 수정하여 주고유벡터의 제 1근사벡터 $u(1)$을 만든다.

단계 3 : A$u(1)$를 구하여 이것을 자리 수정하여 주고유벡터의 제 2근사벡터 $u(2)$을 만든다.

단계 4 : A$u(2)$를 구하여 이것을 자리 수정하여 주고유벡터의 제 3근사벡터 $u(3)$을 만든다.

이하 이것을 되풀이하여 $u(0)$, $u(1)$, $u(2)$, …를 만들어서 주고유벡터의 점점 좋은 근사를 얻는다.

예로 돌아가

$$Au(0)=\begin{pmatrix}1&2&2\\0.5&1&2\\0.5&0.5&1\end{pmatrix}\begin{pmatrix}0.333\\0.333\\0.333\end{pmatrix}=\begin{pmatrix}1.665\\1.166\\0.666\end{pmatrix},$$

$$u(1)=\frac{1}{1.665}\begin{pmatrix}1.665\\1.166\\0.666\end{pmatrix}=\begin{pmatrix}1.000\\0.700\\0.396\end{pmatrix}$$

이고 $u(1)$에 A를 곱해서 자리 수정하여 $u(2)$를 만들면

$$Au(1) = \begin{pmatrix} 1 & 2 & 2 \\ 0.5 & 1 & 2 \\ 0.5 & 0.5 & 1 \end{pmatrix} \begin{pmatrix} 1.000 \\ 0.700 \\ 0.396 \end{pmatrix} = \begin{pmatrix} 3.192 \\ 1.992 \\ 1.246 \end{pmatrix},$$

$$u(2) = \frac{1}{3.192} \begin{pmatrix} 3.192 \\ 1.992 \\ 1.246 \end{pmatrix} = \begin{pmatrix} 1.000 \\ 0.624 \\ 0.390 \end{pmatrix}$$

이다. 여기에서 레일리몫을 계산해서 주고유치의 제 1근사 주고유치 λ_{max_1}를 구하면

$$\lambda_{max_1} \approx \frac{< u(1),\ Au(1) >}{< u(1),\ u(1) >}$$

$$= \frac{(1.000)(3.192) + (0.700)(1.992) + (0.396)(1.246)}{(1.000)(1.000) + (0.700)(0.700) + (0.396)(0.396)}$$

$$= 3.085$$

이다.

같은 방법으로 $u(2)$에 A를 곱해서 자리 수정하여 $u(3)$를 만들면

$$Au(2) = \begin{pmatrix} 1 & 2 & 2 \\ 0.5 & 1 & 2 \\ 0.5 & 0.5 & 1 \end{pmatrix} \begin{pmatrix} 1.000 \\ 0.624 \\ 0.390 \end{pmatrix} = \begin{pmatrix} 3.028 \\ 1.904 \\ 1.202 \end{pmatrix},$$

$$u(3) = \frac{1}{3.028} \begin{pmatrix} 3.028 \\ 1.904 \\ 1.202 \end{pmatrix} = \begin{pmatrix} 1.000 \\ 0.629 \\ 0.397 \end{pmatrix}$$

이다. 여기에서 레일리몫을 계산하여 주고유치의 제 2근사 주고유치 λ_{max_2}를 구하면

$$\lambda_{max_2} \approx \frac{< u(2),\ Au(2) >}{< u(2),\ u(2) >}$$

$$= \frac{(1.000)(3.028) + (0.624)(1.904) + (0.390)(1.202)}{(1.000)(1.000) + (0.624)(0.624) + (0.390)(0.390)}$$

$$= 3.039$$

이다. 또한 $u(3)$에 A를 곱해서 자리 수정하여 $u(4)$를 만들면

$$Au(3) = \begin{pmatrix} 1 & 2 & 2 \\ 0.5 & 1 & 2 \\ 0.5 & 0.5 & 1 \end{pmatrix} \begin{pmatrix} 1.000 \\ 0.629 \\ 0.397 \end{pmatrix} = \begin{pmatrix} 3.052 \\ 1.923 \\ 1.212 \end{pmatrix},$$

$$u(4) = \frac{1}{3.052} \begin{pmatrix} 3.052 \\ 1.923 \\ 1.212 \end{pmatrix} = \begin{pmatrix} 1.000 \\ 0.630 \\ 0.397 \end{pmatrix}$$

이다. 여기에서 레일리몫을 계산해서 주고유치의 제 3근사 주고유치 $\lambda_{\max_3}$를 구하면

$$\lambda_{\max_3} \approx \frac{< u(3),\ Au(3) >}{< u(3),\ u(3) >} = \frac{(1.000)(3.052)+(0.629)(1.923)+(0.397)(1.212)}{(1.000)(1.000)+(0.629)(0.629)+(0.397)(0.397)} = 3.053$$

이다. 이와 같이 주고유벡터, 주고유치를 근사적으로 그 정밀도를 높이면서 구할 수 있다. 이상의 결과와 더욱 계산한 결과를 정리한 것이 표 3.1이다.

멱승법을 몇 회 이용하여 어느 정도의 근사치가 얻어지는가를 결정하는 것은 어렵지 않다. 그러므로 다음과 같이 널리 이용되고 있는 오차의 평가법을 적어 본다.

표 3.1 $\max_i R_{ij}$

i	$u(i)$	$Au(i)$	$\lambda_{\max_i}$
0	$\begin{pmatrix} 0.333 \\ 0.333 \\ 0.333 \end{pmatrix}$	$\begin{pmatrix} 1.665 \\ 1.166 \\ 0.666 \end{pmatrix}$	-
1	$\begin{pmatrix} 1.000 \\ 0.700 \\ 0.396 \end{pmatrix}$	$\begin{pmatrix} 3.192 \\ 1.992 \\ 1.246 \end{pmatrix}$	3.085
2	$\begin{pmatrix} 1.000 \\ 0.624 \\ 0.390 \end{pmatrix}$	$\begin{pmatrix} 3.028 \\ 1.904 \\ 1.202 \end{pmatrix}$	3.039
3	$\begin{pmatrix} 1.000 \\ 0.629 \\ 0.397 \end{pmatrix}$	$\begin{pmatrix} 3.052 \\ 1.923 \\ 1.212 \end{pmatrix}$	3.053
4	$\begin{pmatrix} 1.000 \\ 0.630 \\ 0.397 \end{pmatrix}$	$\begin{pmatrix} 3.054 \\ 1.924 \\ 1.212 \end{pmatrix}$	3.054
5	$\begin{pmatrix} 1.000 \\ 0.630 \\ 0.397 \end{pmatrix}$	$\begin{pmatrix} 3.054 \\ 1.924 \\ 1.212 \end{pmatrix}$	3.054

일반적으로 어떤 수치 q의 근사치로서 $\tilde{q}$가 얻어졌다고 할 때 그 근사의 상대오차 (relative error)를

$$\left| \frac{q-\tilde{q}}{q} \right| \tag{3.13}$$

에 의하여 정의하고 근사의 백분율오차 (percentage error)는

$$\left| \frac{q-\tilde{q}}{q} \right| \times 100\% \tag{3.14}$$

로 정의한다.

앞의 예에서 쌍비교행렬의 참의 고유치 λ_{max}=3.054의 근사치로서 $\tilde{\lambda}_{max}$=3.085가 얻어졌다고 할 때 그 근사의 상대오차는

$$\begin{aligned} \left| \frac{\lambda_{max} - \tilde{\lambda}_{max}}{\lambda_{max}} \right| &= \left| \frac{3.054 - 3.085}{3.054} \right| \\ &= |-0.01| \\ &= 0.01 \end{aligned}$$

이고 백분율오차는

$$0.01 \times 100\% = 1\%$$

이다.

멱승법에 있어서는 미리 고유치로 허용될 수 있는 상대오차 E를 정하고 상대오차가 E보다 작으면 계산을 중지한다. 여기에서 E는 의사결정자가 결정한다. 따라서 i번째 단계에서 주고유치 λ_i의 근사 주고유치를 $\tilde{\lambda}(i)$로서 나타내어 계산의 조건

$$\left| \frac{\lambda_i - \tilde{\lambda}(i)}{\lambda_i} \right| < E \tag{3.15}$$

가 만족되면 계산은 중지된다.

불행히도 정확한 주고유치 λ_i의 값을 알지 못하므로 이와 같은 방법은 실시할 수 없다. 이 곤란을 제거하기 위하여 λ_i 대신에 각 $\tilde{\lambda}(i)$를 이용해서

$$\left| \frac{\tilde{\lambda}(i) - \tilde{\lambda}(i-1)}{\tilde{\lambda}(i)} \right| < E \tag{3.16}$$

로 되는 곳에서 계산을 중지한다. (3.16)식의 좌변은 상대추정오차(estimated relative error)라 부르고 100%로 곱해졌을 때 이것을 추정백분율오차(estimate percentage error)라고 한다.

앞의 예에서 $\tilde{\lambda}(i)$를 i번째 단계의 근사 주고유치로 나타내면 표 3.1로부터

$$\begin{aligned}
\tilde{\lambda}(1) &= 3.085 \\
\tilde{\lambda}(2) &= 3.039 \\
\tilde{\lambda}(3) &= 3.053 \\
\tilde{\lambda}(4) &= 3.054 \\
\tilde{\lambda}(5) &= 3.054
\end{aligned}$$

이다.

(3.16)식에서부터 2단계 이후의 상대추정오차는

$$\begin{aligned}
\left| \frac{\tilde{\lambda}(2) - \tilde{\lambda}(1)}{\tilde{\lambda}(2)} \right| &= \left| \frac{3.039 - 3.085}{3.039} \right| \\
&\approx |-0.151| \\
&= 0.151
\end{aligned}$$

이다. 따라서 2단계 이후의 추정백분율오차는 15.1%이다.

3단계 이후의 상대추정오차는

$$\begin{aligned}
\left| \frac{\tilde{\lambda}(3) - \tilde{\lambda}(2)}{\tilde{\lambda}(3)} \right| &= \left| \frac{3.053 - 3.039}{3.053} \right| \\
&\approx |0.005| \\
&= 0.005
\end{aligned}$$

이고 추정백분율오차는 0.5%이다.

4단계 이후의 상대추정오차는

$$\begin{aligned}\left|\frac{\tilde{\lambda}(4)-\tilde{\lambda}(3)}{\tilde{\lambda}(4)}\right| &= \left|\frac{3.054-3.053}{3.054}\right| \\ &\approx |0.0003| \\ &= 0.0003\end{aligned}$$

이고 추정백분율오차는 0.03%이다.

5단계 이후의 상대오차는 0%이다. 그러므로 λ_{max} = 3.054는 좋은 정밀도를 가진 고유치라고 말할 수 있다.

3.2 대수최소제곱법

여기에서는 AHP의 고유벡터법(EV법)에 극히 가까운 결과를 얻을 수 있는 대수최소제곱법(logarithmic least square method ; LLS법)에 대해서 논하고 AHP의 EV법과 비교하기로 한다.

3.2.1 LLS란

LLS는 AHP와 같은 쌍비교행렬

$$A = (a_{ij})$$

에서 출발하여 1, 2, ⋯, n 각 대상의 진정한 평가치를 추정하는 방법이다. LLS에서 a_{ij}의 데이터는 연속인 실수치를 취하고 $i,\ j=1,\ 2,\ \ldots,\ n,\ i<j$에 대해서

$$a_{ij} = \frac{u_i}{u_j} e_{ij} \tag{3.17}$$

의 구조를 가지는 가정에서 출발한다. 여기에는 e_{ij}는 오차를 나타내는 확률변수

이고 항상 양의 수로 가정한다. (3.17)식이 의미하는 것은 i 와 j의 쌍비교치 a_{ij}가 그 평가치 u_i 와 u_j의 비로 표시되어야 할 것이고 거기에 오차가 들어 있다는 것을 표시하고 있으므로 타당한 가정이라고 말할 수 있다. 또 $a_{ji} = 1/a_{ij}$가 성립한다고 가정한다면 $i \geq j$ 부분의 데이터 a_{ij}는 필요가 없게 된다.

일반적으로 통계학에서는 항상 데이터에 대한 구조식(모델)을 가정하는 데서 출발한다. 통계적 추정이라는 것은 그 모델 가운데의 미지 모수를 데이터의 함수에 의해서 근사하도록 근사식을 작성하는데에 있다고 말할 수 있다. 따라서 (3.17)식에서 u_i $(i = 1, 2, \ldots, n)$가 미지 모수이기 때문에 a_{ij}에 의한 u_i의 근사식을 어떻게 만들면 좋을 것인가가 문제가 된다. 그래서 (3.17)식의 양변에 e를 밑으로 하는 대수를 취하면

$$\log a_{ij} = \log u_i - \log u_j + \log e_{ij} \tag{3.18}$$

로 되고 (3.18)식을 간단히 하기 위해 대수를 다음과 같이 변경한다.

$$\dot{a}_{ij} = \dot{u}_i - \dot{u}_j + \dot{e}_{ij},\ i, j = 1, 2, \ldots, n,\ i < j \tag{3.19}$$

여기에서 $\dot{e}_{ij}$의 기대치는 0이고 분산은 $(i, j$에 무관계) σ^2이다. 즉

$$E[\dot{e}_{ij}] = 0,\ V[\dot{e}_{ij}] = \sigma^2 \tag{3.20}$$

이다.

독립한 확률변수가 존재한다면 (3.19)식에 대한 최소제곱추정 $\hat{u}_i$가 $\dot{u}_i$ $(i = 1, 2, \ldots, n)$에 대한 최량의 추정을 나타내는데 이것이 유명한 Gauss Markov의 정리이다.

여기에서 최량이라는 것은 선형추정 즉 데이터의 일차식의 추정가운데 최소제곱법의 정도가 가장 좋다라는 것을 의미한다. 또 (3.20) 식 이외에 $\dot{e}_{ij}$가 정규분포에 따른다고 가정한다면 일차식이라는 제한이 없어도 최소제곱추정이 최량이라는 것을 표시한다.

3.2.2 LLS계산법

LLS를 $n = 4$ 일 때의 예를 들어 보자. $n = 4$에 대해서 (3.19)식을 구체적으로

열거하여 보면 다음과 같다.

$$
\begin{aligned}
\dot{a}_{12} &= \dot{u}_1 - \dot{u}_2 + \dot{e}_{12} \\
\dot{a}_{13} &= \dot{u}_1 - \dot{u}_3 + \dot{e}_{13} \\
\dot{a}_{14} &= \dot{u}_1 - \dot{u}_4 + \dot{e}_{14} \\
\dot{a}_{23} &= \dot{u}_2 - \dot{u}_3 + \dot{e}_{23} \\
\dot{a}_{24} &= \dot{u}_2 - \dot{u}_4 + \dot{e}_{24} \\
\dot{a}_{34} &= \dot{u}_3 - \dot{u}_4 + \dot{e}_{34}
\end{aligned}
$$

이 식에 최소제곱법을 적용한다.

최소제곱법은 오차의 제곱합이 최소가 되도록 모수의 추정치를 구하는 방법이다. 단, 이 경우 (3.17)식에 표시한 대로 u_i $(i = 1, 2, \dots, n)$은 비(比)만의 문제이고 일정배(一定倍)는 임의이다. 따라서 그 대수 $\dot{u}_i$ $(i = 1, 2, \dots, n)$는 일정치를 부여하는 경우로 임의이다. 그래서

$$\dot{u}_1 + \dot{u}_2 + \dot{u}_3 + \dot{u}_4 = 0 \tag{3.21}$$

로 가정하여도 일반성을 잃지 않는다.

(3.21)식의 조건하에 오차의 제곱합

$$
\begin{aligned}
S &= \dot{e}_{12}^2 + \dot{e}_{13}^2 + \dot{e}_{14}^2 + \dot{e}_{23}^2 + \dot{e}_{24}^2 + \dot{e}_{34}^2 \\
&= (\dot{a}_{12} - \dot{u}_1 + \dot{u}_2)^2 + (\dot{a}_{13} - \dot{u}_1 + \dot{u}_3)^2 + (\dot{a}_{14} - \dot{u}_1 + \dot{u}_4)^2 \\
&\quad + (\dot{a}_{23} - \dot{u}_2 + \dot{u}_3)^2 + (\dot{a}_{24} - \dot{u}_2 + \dot{u}_4)^2 + (\dot{a}_{34} - \dot{u}_3 + \dot{u}_4)^2
\end{aligned}
$$

를 최소로 하기 위해서는 Lagrange 승수법을 이용하고 Lagrange 함수

$L = S + \lambda(\dot{u}_1 + \dot{u}_2 + \dot{u}_3 + \dot{u}_4)$에 대해서

$$\frac{\partial L}{\partial \dot{u}_i} = \frac{\partial S}{\partial \dot{u}_i} + \lambda = 0, \quad (i = 1, 2, 3, 4) \tag{3.22}$$

을 만들고 (3.21)식과 (3.22)식의 해를 구하면 된다. 구체적으로 풀어보면

$$\frac{\partial L}{\partial \dot{u}_1} = 2\begin{Bmatrix} -(\dot{a}_{12} - \dot{u}_1 + \dot{u}_2) - (\dot{a}_{13} - \dot{u}_1 + \dot{u}_3) \\ -(\dot{a}_{14} - \dot{u}_1 + \dot{u}_4) \end{Bmatrix} + \lambda$$

$$= 2\left(-\dot{a}_{12} - \dot{a}_{13} - \dot{a}_{14} + 3\dot{u}_1 - \dot{u}_2 - \dot{u}_3 - \dot{u}_4\right) + \lambda$$

$$= 2\left(-\dot{a}_{12} - \dot{a}_{13} - \dot{a}_{14} + 4\dot{u}_1\right) + \lambda$$

$$= 0$$

$$\frac{\partial L}{\partial \dot{u}_2} = 2\begin{Bmatrix} (\dot{a}_{12} - \dot{u}_1 + \dot{u}_2) - (\dot{a}_{23} - \dot{u}_2 + \dot{u}_3) \\ -(\dot{a}_{24} - \dot{u}_2 + \dot{u}_4) \end{Bmatrix} + \lambda$$

$$= 2\left(\dot{a}_{12} - \dot{a}_{23} - \dot{a}_{24} - \dot{u}_1 + 3\dot{u}_2 - \dot{u}_3 - \dot{u}_4\right) + \lambda$$

$$= 2\left(\dot{a}_{12} - \dot{a}_{23} - \dot{a}_{24} + 4\dot{u}_2\right) + \lambda$$

$$= 0$$

$$\frac{\partial L}{\partial \dot{u}_3} = 2\begin{Bmatrix} (\dot{a}_{13} - \dot{u}_1 + \dot{u}_3) + (\dot{a}_{23} - \dot{u}_2 + \dot{u}_3) \\ -(\dot{a}_{34} - \dot{u}_3 + \dot{u}_4) \end{Bmatrix} + \lambda$$

$$= 2\left(\dot{a}_{13} + \dot{a}_{23} - \dot{a}_{34} - \dot{u}_1 + \dot{u}_2 - 3\dot{u}_3 - \dot{u}_4\right) + \lambda$$

$$= 2\left(\dot{a}_{13} + \dot{a}_{23} - \dot{a}_{34} + 4\dot{u}_3\right) + \lambda$$

$$= 0$$

$$\frac{\partial L}{\partial \dot{u}_4} = 2\begin{Bmatrix} (\dot{a}_{14} - \dot{u}_1 + \dot{u}_4) + (\dot{a}_{24} - \dot{u}_2 + \dot{u}_4) \\ +(\dot{a}_{34} - \dot{u}_3 + \dot{u}_4) \end{Bmatrix} + \lambda$$

$$= 2\left(\dot{a}_{14} + \dot{a}_{24} + \dot{a}_{34} - \dot{u}_1 + \dot{u}_2 - \dot{u}_3 + 3\dot{u}_4\right) + \lambda$$

$$= 2\left(\dot{a}_{14} + \dot{a}_{24} + \dot{a}_{34} + 4\dot{u}_4\right) + \lambda$$

$$= 0$$

위 식을 모두 더하고 (3.21)식을 이용하면 λ = 0이 됨을 알 수 있다. 일반적으로 일차식 조건의 아래에서 이차식의 최소화문제에 대한 Lagrange 승수는 항상 0이 됨을 알 수 있다. 따라서 구하고자 하는 최소제곱추정은

$$\hat{u}_1 = \frac{1}{4}(\dot{a}_{12} + \dot{a}_{13} + \dot{a}_{14})$$

$$\hat{u}_2 = \frac{1}{4}(-\dot{a}_{12} + \dot{a}_{23} + \dot{a}_{24})$$

$$\hat{u}_3 = \frac{1}{4}(-\dot{a}_{13} - \dot{a}_{23} + \dot{a}_{34})$$

$$\hat{u}_4 = \frac{1}{4}(-\dot{a}_{14} - \dot{a}_{24} - \dot{a}_{34})$$

로 된다. 따라서 원래의 식으로 하면 최소제곱추정은

$$\begin{aligned} u_1 &= (a_{12}a_{13}a_{14})^{\frac{1}{4}} \\ u_2 &= (\frac{1}{a_{12}}a_{23}a_{24})^{\frac{1}{4}} \\ u_3 &= (\frac{1}{a_{13}}\frac{1}{a_{23}}a_{34})^{\frac{1}{4}} \\ u_4 &= (\frac{1}{a_{14}}\frac{1}{a_{24}}\frac{1}{a_{34}})^{\frac{1}{4}} \end{aligned} \tag{3.23}$$

로 된다. 이 경우 쌍비교행렬은

$$A = \begin{pmatrix} 1 & a_{12} & a_{13} & a_{14} \\ \frac{1}{a_{12}} & 1 & a_{23} & a_{24} \\ \frac{1}{a_{13}} & \frac{1}{a_{23}} & 1 & a_{34} \\ \frac{1}{a_{14}} & \frac{1}{a_{24}} & \frac{1}{a_{34}} & 1 \end{pmatrix} \tag{3.24}$$

이기 때문에 (3.23)식에서 LLS의 해

$\hat{u}_i$는 쌍비교행렬의 제 i행의 기하평균 (3.25)

의 법칙이 성립함을 알 수 있다. (3.25)식은 일반의 n에 대해서도 당연히 성립하는 법칙으로 극히 간명하고 암기하기 쉽다. 예 3.1에 LLS를 적용하면 θ = 2인 경우

$$\begin{pmatrix} \hat{u}_1 \\ \hat{u}_2 \\ \hat{u}_3 \end{pmatrix} = \begin{pmatrix} \theta^{\frac{2}{3}} \\ 1 \\ \theta^{-\frac{2}{3}} \end{pmatrix} = \begin{pmatrix} 1.5874 \\ 1 \\ 0.6300 \end{pmatrix}$$

로 되지만 이것을 합이 1이 되도록 정규화하면

$$\begin{pmatrix} 0.493 \\ 0.311 \\ 0.196 \end{pmatrix}$$

이 되어 AHP의 고유벡터법 (EV법)의 결과와 완전히 일치한다. (실은 $n \leq 3$의 경우 EV법과 LLS의 결과는 일치하고 있음이 증명되어 있다.) 또 앞의 예 3.2에 대한 LLS의 결과는

$$\begin{pmatrix} \hat{u}_1 \\ \hat{u}_2 \\ \hat{u}_3 \\ \hat{u}_4 \end{pmatrix} = \begin{pmatrix} \theta^{\frac{1}{4}} \\ \theta^{\frac{1}{4}} \\ \theta^{-\frac{1}{4}} \\ \theta^{-\frac{1}{4}} \end{pmatrix} = \begin{pmatrix} 1.189 \\ 1.189 \\ 0.841 \\ 0.841 \end{pmatrix}$$

이므로 이것을 정규화하면

$$\begin{pmatrix} 0.293 \\ 0.293 \\ 0.207 \\ 0.207 \end{pmatrix}$$

이 되어 AHP의 결과

$$\begin{pmatrix} 0.294 \\ 0.276 \\ 0.213 \\ 0.203 \end{pmatrix}$$

과 약간 다르지만 극히 가까운 값을 얻는다.

3.2.3 고유벡터법의 근거

이상과 같이 Gauss Markov 정리는 LLS가 최량인 경우를 (물론 대수변환이라는 변환을 사용하고 있지만) 명기하고 있는데 왜 Saaty씨는 EV법이라는 새로운 방법을 제안했을까? 이것은 EV법이 선형추정이지 않기 때문에 LLS보다 좋은 정도를 부여할 가능성이 있다. 하지만 Gauss Markov의 정리는 선형추정이지 않아도 오차가 정규분포를 따르면 LLS가 최량인 것을 표시하고 있다.

여기에서 생각하여야 할 것은 AHP의 쌍비교의 데이터 a_{ij}는 이제까지 논의한 모수법(parameter method)도 또 Saaty씨의 1~9도 모두 이산적인 데이터로 연속성이 없다는 점이고 이산 데이터는 당연히 정규분포를 따르고 있지 않기 때문에 Gauss Markov 법은 고려할 대상이 아니다. 따라서 EV법은 이와 같은 이산 데이터에 대하여 좋은 결과를 부여 할 가능성을 가지고 있다는 것이다.

사실 뒤에서 논의하겠지만 이산성이 가장 좋은 binary의 경우 EV법이 LLS보다 직관적으로 좋은 결과를 가져다 준다. 물론 어떤 객관적인 척도로 그 좋음을 증명한 경우는 아직 이루어지지 않고 있다. 이것이 곤란한 이유는 AHP의 데이터에는 (3.17)식과 같은 데이터 모델의 가정이 없기 때문이다. 이 점이 AHP가 아카데믹한 통계학자들로부터 이단시 되는 점이다. 그들은 데이터를 반드시 모델에 대응시켜 이론을 전개하기 때문이다.

그렇다면 EV법의 근거는 어디에 있는 것일까?

대상 i 의 평가치를 u_i $(i = 1, 2, \dots, n)$로 하여 쌍비교치에 오차가 없다고 한다면 $a_{ij} = u_i/u_j$로 되기 때문에 그 쌍비교행렬은 다음과 같다.

$$A = \begin{pmatrix} 1 & \frac{u_1}{u_2} & \cdots & \frac{u_1}{u_n} \\ \frac{u_2}{u_1} & 1 & \cdots & \frac{u_2}{u_n} \\ \vdots & \vdots & \vdots & \vdots \\ \frac{u_n}{u_1} & \frac{u_n}{u_2} & \cdots & 1 \end{pmatrix} \tag{3.26}$$

(3.26)식의 최대고유치 $\lambda_{\max}$는 n (기타의 고유치는 모두 0)이 되고 $\lambda_{\max}$에 대한 주고유벡터는

$$A = \begin{pmatrix} u_1 \\ u_2 \\ \vdots \\ u_n \end{pmatrix}$$

가 된다. 단 증명은 생략한다.

이 경우 쌍비교행렬에서 만약 오차가 없으면 즉 정합성이 완전하다면 그 고유벡터가 바른 답을 부여하는 경우를 표시하고 있다. 그래서 쌍비교행렬에 다소의 오차가 있어도 그 주고유벡터가 값 $u_1, u_2, \ldots, u_n$에 대한 근사치를 부여할 것이라고 생각할 수 있다. 이상이 EV법의 근거이다.

또 일반적으로 $n \times n$행렬

$$A = (a_{ij})$$

의 성분이 $a_{ji} = 1/a_{ij}$라는 성질을 가지고 $a_{ij} > 0$ 이면 A의 최대고유치 $\lambda_{\max}$는 항상 n이상, 즉

$$\lambda_{\max} \geq n$$

이다. 따라서

$$C.I. = \frac{\lambda_{\max} - n}{n - 1} \tag{3.27}$$

을 정합성(Consistency Index : C.I.)이라고 부르고 $C.I. \leq 0.1$정도이면 쌍비교행렬 A의 정합성은 양호하다고 말한다. 그리고 이 쌍비교행렬은 신뢰성이 있다고 말할 수 있다. 여기에서 0.1이라는 수치는 경험적인 수치이다.

$C.I.$는 정합성이 있으면 작아지고 정합성이 없으면 커지게 된다. 이와 같이 $C.I.$에 의해서 A가 정합적인지 아닌지를 판정할 수 있지만 n이 크게 되면 크게 되기 때문에 그대로 정합성의 판정에 이용하기에는 난점이 있다. 그래서 이것을 보완한 정합성비율 (Consistency Rate : C.R.)이 잘 이용되고 있다. 정합성비율 $C.R.$은 $C.I.$를 랜덤 인덱스 (Random Index : R.I.)로 나눈 값이다. 즉 각 요소의 값을 랜덤하게 주어서 발생하는 다수의 쌍비교행렬 $C.I.$의 평균치 $R.I.$를 구하고

$$C.R. = \frac{C.I.}{R.I.} \tag{3.28}$$

을 $C.R.$로 한다. 이 지수가 0.05에서 0.10이내 즉

$$C.R. \leq 0.05 \sim 0.10 \tag{3.29}$$

에 있으면 정합적이라고 판단하여도 좋다고 알려져 있다.

Saaty에 의한 $\lambda_{\max}$, $C.I.$, $R.I.$, $C.R.$ 등은 다음의 표 3.2와 같이 주어져 있다.

표 3.2

n	$\lambda_{\max}$	$C.I.$	$R.I.$	$C.R.$
3	3.052	0.026	0.52	0.05
4	4.214	0.071	0.89	0.08
5	5.444	0.111	1.11	0.10
6	6.625	0.125	1.25	0.10
7	7.810	0.135	1.35	0.10
8	8.980	0.140	1.40	0.10
9	10.160	0.145	1.45	0.10
10	11.341	0.149	1.49	0.10
11	12.510	0.151	1.51	0.10
12	13.694	0.154	1.54	0.10
13	14.872	0.156	1.56	0.10
14	16.041	0.157	1.57	0.10
15	17.212	0.158	1.58	0.10

3.3 불완전정보의 AHP

AHP에서는 대체안 사이를 비교하는 경우와 평가기준 사이를 비교하는 경우에서 쌍비교의 데이터 a_{ij}가 있는 $(i,\ j)$에 대해서 누락되는 경우가 자주 발생한다. 이것을 불완전정보의 경우로 부른다. 이에 대해서 데이터가 완전히 갖추어져 있는 경우가 완전정보이다.

불완전정보의 경우는 쌍비교행렬 A의 몇 개의 요소 a_{ij}가 누락하는 경우이기 때문에 그대로는 EV법에 의한 해석을 할 수 없다. 이에 대한 방법으로서 Harker법 및 TS법 (Two-Stage method, 2단계법)이 개발되어 있다. 또 LLS는 불완전정보에서도 최소제곱법의 원칙을 그대로 이용할 수 있기 때문에 직접적으로 적용 가능하다.

일반적으로는 대상 수가 n개 일 때 그의 쌍비교 총수는 ${}_nC_2 = n(n-1)/2$로 되기 때문에 완전정보의 데이터를 얻는 시간은 매우 많이 발생한다. 이 생각과 불완전정보의 해석은 단지 누락부분의 보정처리라는 소극적인 면이 아닌 효율이 좋은 정보를 얻는 적극적인 면에서 중요하다. 이 때 쌍비교 전체 가운데 어떠한 대상을 선택하여 비교하면 가장 효율이 좋은가는 통계학에서의 소위, 계획문제(design)가 중요하다.

3.3.1 불완전 쌍비교행렬의 고유치법

$n \times n$행렬에서 추정하고 싶은 웨이트를 $u_1, u_2, \ldots, u_n$으로 한다. 요소간의 쌍비교에 의해 쌍비교행렬 $A = (a_{ij})$가 얻어졌다고 하자. 여기에서 a_{ij}는 u_i/u_j의 추정이다. 고유치법의 특징은 A에서 웨이트 u를 추정할 때 비율 u_i/u_j의 직접적인 근사인 a_{ij}뿐만 아니라 간접적인 근사도 동시에 고려하고 있다는 점이다.

예제 3-3

다음과 같은 쌍비교행렬이 있다.

$$A = \begin{pmatrix} 1 & 2 & 4 \\ \frac{1}{2} & 1 & 3 \\ \frac{1}{4} & \frac{1}{3} & 1 \end{pmatrix} \tag{3.30}$$

에 있어서 $a_{12} \simeq u_1/u_2$, $a_{23} \simeq u_2/u_3$이기 때문에

$$a_{12} \times a_{23} \simeq \frac{u_1}{u_2} \times \frac{u_2}{u_3} = \frac{u_1}{u_3}$$

이 되고 $a_{12} \times a_{23} = 6$도 비율 u_1/u_2의 (길이가 2인) 간접적인 근사이다.

또한 $a_{13} = a_{11} \times a_{13}$인 점에 주의하면

$$A^2 = \left(a_{ij}^{(2)}\right) = \begin{pmatrix} 3 & \frac{16}{3} & 14 \\ \frac{7}{4} & 3 & 8 \\ \frac{2}{3} & \frac{7}{6} & 3 \end{pmatrix} \tag{3.31}$$

이다. 단 $(a_{ij}^{(2)}) = \sum_{k=1}^{3}(a_{ik} \times a_{kj})$는 길이가 2인 모든 직접적, 간접적인 비율의 근사를 포함하고 있다.

이 예에서 알 수 있듯이 일반적인 A^m을 생각하면 길이 m에 모든 근사를 고려하게 된다. 그래서 A^m의 제 j열 벡터를 정규화한 것은 요소 j에서 본 웨이트 벡터로 볼 수 있다. 실제로 고유치법으로 구한 $\hat{u} = (\hat{u}_i)$에서는 모든 j에 대해서

$$\hat{u}_i = \lim_{m \to \infty} \frac{a_{ij}^{(m)}}{\sum_{k=1}^{n} a_{kj}^{(m)}}, \quad i = 1, 2, \ldots, n \tag{3.32}$$

가 성립한다.

다음 절에서는 쌍비교행렬의 몇 개의 요소가 누락된 경우를 생각해 보기로 한다.

3.3.2 Harker법

여기에서는 Harker씨와 Takeda씨에 의해서 생각된 방법으로 극히 자연스러운 발상을 소개한다. 다음과 같은 예를 통하여 Harker법을 생각해 보기로 한다.

예제 3-4

다음과 같은 불완전정보의 쌍비교행렬이 있다.

$$A = \begin{pmatrix} 1 & a_{12} & a_{13} & a_{14} \\ a_{21} & 1 & a_{23} & \times \\ a_{31} & a_{32} & 1 & \times \\ a_{41} & \times & \times & 1 \end{pmatrix} \tag{3.33}$$

여기에서 $a_{ji} = 1/a_{ij}$이고 $\times$는 누락부분을 표시한다.

Harker법은 대상 i의 값을 u_i $(i = 1, 2, \ldots, n)$로 할 때 만약 (i, j)의 요소가 누락되었다면 이것을 u_i/u_j로 치환하여 생기는 행렬 $\widetilde{A}$에 대해서 주고유벡터를 구한다.

예제 3-4의 행렬 A에서

$$\widetilde{A} = \begin{pmatrix} 1 & a_{12} & a_{13} & a_{14} \\ a_{21} & 1 & a_{23} & u_2/u_4 \\ a_{31} & a_{32} & 1 & u_3/u_4 \\ a_{41} & u_4/u_2 & u_4/u_3 & 1 \end{pmatrix}$$

로 된다. 이 주고유벡터를 구하는 식은

$$\widetilde{A} = \begin{pmatrix} 1 & a_{12} & a_{13} & a_{14} \\ a_{21} & 1 & a_{23} & u_2/u_4 \\ a_{31} & a_{32} & 1 & u_3/u_4 \\ a_{41} & u_4/u_2 & u_4/u_3 & 1 \end{pmatrix}\begin{pmatrix} u_1 \\ u_2 \\ u_3 \\ u_4 \end{pmatrix} = \lambda\begin{pmatrix} u_1 \\ u_2 \\ u_3 \\ u_4 \end{pmatrix}$$

로 되기 때문에 이것을 풀면

$$
\begin{array}{cccccc}
u_1 & +a_{12}u_2 & +a_{13}u_3 & +a_{14}u_4 & = & \lambda u_1 \\
a_{21}u_1 & +u_2 & +a_{23}u_3 & +u_2 & = & \lambda u_2 \\
a_{31}u_1 & +a_{32}u_2 & +u_3 & +u_3 & = & \lambda u_3 \\
a_{41}u_1 & +u_4 & +u_4 & +u_4 & = & \lambda u_4
\end{array}
$$

로 된다. 이것을 정리하여 다시 행렬의 형태로 고치면

$$
\widetilde{A} = \begin{pmatrix} 1 & a_{12} & a_{13} & a_{14} \\ a_{21} & 2 & a_{23} & 0 \\ a_{31} & a_{32} & 2 & 0 \\ a_{41} & 0 & 0 & 3 \end{pmatrix} \begin{pmatrix} u_1 \\ u_2 \\ u_3 \\ u_4 \end{pmatrix} = \lambda \begin{pmatrix} u_1 \\ u_2 \\ u_3 \\ u_4 \end{pmatrix} \tag{3.34}
$$

로 된다. 즉 누락부분 (3.33)식 대신에 얻어진 (3.34)식의 좌변에 표시된 행렬을 가지고 주고유벡터를 구하는 방법이 Harker법의 생각이다. (3.34)식의 좌변의 행렬은 (3.33)식에 다음과 같은 규칙으로 만들면 된다.

(1) 누락부분의 요소는 0으로 놓는다

(2) 행렬의 대각요소는 그 행의 누락부분의 개수에 1을 더한 수를 쓴다

예제 3-5

n = 4인 경우 쌍비교에서 다음과 같이 $a_{12} = 3$, $a_{24} = 2$, $a_{32} = 6$만이 얻어졌다고 하자.

$$
A = \begin{pmatrix} \times & & \times & \times \\ \times & \times & \times & 2 \\ \times & 6 & \times & \times \\ \times & \times & \times & \times \end{pmatrix}
$$

위의 행렬 A에서 대각성분을 1로 하고 역수관계

$$a_{ji} = \frac{1}{a_{ij}}$$

의 가정을 사용하면 다음과 같은 쌍비교행렬 A가 얻어진다.

$$A = \begin{pmatrix} 1 & 3 & \times & \times \\ \frac{1}{3} & 1 & \frac{1}{6} & 2 \\ \times & 6 & 1 & \times \\ \times & \frac{1}{2} & \times & 1 \end{pmatrix}$$

따라서 위의 행렬로 주고유벡터를 구하면 된다. 앞의 규칙에 의해서

$$A = \begin{pmatrix} 3 & 3 & 0 & 0 \\ \frac{1}{3} & 1 & \frac{1}{6} & 2 \\ 0 & 6 & 3 & 0 \\ 0 & \frac{1}{2} & 0 & 3 \end{pmatrix}$$

가 얻어지고 주고유벡터는 다음과 같다.

$$u = \begin{pmatrix} 0.281 \\ 0.114 \\ 0.522 \\ 0.083 \end{pmatrix}$$

예제 3-6

앞의 예 3.2에서 (2, 4), (3, 4), (4, 2), (4, 3)이 누락되어 있는 경우의 행렬을 (θ = 2로서)생각해 보기로 하자.

$$A = \begin{pmatrix} 1 & 2 & 0.5 & 2 \\ 0.5 & 1 & 2 & \times \\ 2 & 0.5 & 1 & \times \\ 0.5 & \times & \times & 1 \end{pmatrix}$$

위의 행렬 A에서 앞의 규칙을 적용하면

$$A = \begin{pmatrix} 1 & 2 & 0.5 & 2 \\ 0.5 & 2 & 2 & 0 \\ 2 & 0.5 & 2 & 0 \\ 0.5 & 0 & 0 & 3 \end{pmatrix}$$

이 되므로 멱승법을 적용하여 주고유벡터를 구하면 결과는 다음과 같다.

$$u = \begin{pmatrix} 0.286 \\ 0.310 \\ 0.302 \\ 0.102 \end{pmatrix}$$

3.3.3 TS법(2단계법)

TS법(Two-Stage method)은 (3.3)식과 같은 불완전정보의 쌍비교행렬 A가 주어졌을 때 다음과 같이 해를 얻는 방법이다.

(1) A의 제 i행의 실수부분만 (누락부분은 제외)의 기하평균을 계산하여 u_i의 제 1차근사 $\hat{u}_i$ $(i = 1, 2, \ldots, n)$을 구하고 A의 누락부분 (i, j)의 요소를 $\hat{u}_i/\hat{u}_j$로 추정하여 누락부분이 없는 행렬 $\hat{A}$를 작성한다.

(2) $\hat{A}$의 주고유벡터

$$u = \begin{pmatrix} u_1 \\ u_2 \\ \vdots \\ u_n \end{pmatrix}$$

을 구하고 이의 성분을 각 대상의 평가치로 한다.

예제 3-7

예제 3-6의 행렬

$$A = \begin{pmatrix} 1 & 2 & 0.5 & 2 \\ 0.5 & 1 & 2 & \times \\ 2 & 0.5 & 1 & \times \\ 0.5 & \times & \times & \times \end{pmatrix}$$

에 대해서 TS법을 적용시켜 보자. 각 u_i의 제 1차근사 $\hat{u}_i$ $(i = 1, 2, \ldots, n)$는

$$\hat{u}_1 = (1 \times 2 \times 0.5 \times 2)^{\frac{1}{4}} = 1.1892$$

$$\hat{u}_2 = (0.5 \times 1 \times 2)^{\frac{1}{3}} = 1$$

$$\hat{u}_3 = (2 \times 0.5 \times 1)^{\frac{1}{3}} = 1$$

$$\hat{u}_4 = (0.5 \times 1)^{\frac{1}{2}} = 0.7071$$

로 되기 때문에

$$A = \begin{pmatrix} 1 & 2 & 0.5 & 2 \\ 0.5 & 1 & 2 & \frac{\hat{u}_2}{\hat{u}_4} \\ 2 & 0.5 & 1 & \frac{\hat{u}_3}{\hat{u}_4} \\ 0.5 & \frac{\hat{u}_4}{\hat{u}_2} & \frac{\hat{u}_4}{\hat{u}_3} & 1 \end{pmatrix}$$

로 된다. 따라서 주고유벡터는 (역시 멱승법을 이용하여 보면)

$$u = \begin{pmatrix} 0.293 \\ 0.272 \\ 0.278 \\ 0.157 \end{pmatrix}$$

로 된다.

이것은 Harker법의 결과와 약간 다르지만 어느 쪽이 좋은 추정인가는 뒤에서 논의하기로 한다.

3.3.4 불완전정보에 대한 LLS법

LLS는 불안전정보에도 직접 적용할 수 있다. 예 3.6으로 풀어 보기로 하자. 이 경우 (3.19)식에 대한 식은 다음과 같다.

$$\dot{a}_{ij} = \dot{u}_i - \dot{u}_j + \dot{e}_{ij}, \quad i, j = 1, 2, \ldots, n, \quad i < j$$

이에 대한 최소제곱 추정은 (3.19)식과 같이 계산하면 된다.

$$\begin{array}{lcccccc}
\log 2 & = & \dot{u}_1 & -\dot{u}_2 & & & +\dot{e}_{12} \\
\log 0.5 & = & \dot{u}_1 & & -\dot{u}_3 & & +\dot{e}_{13} \\
\log 2 & = & \dot{u}_1 & & & -\dot{u}_4 & +\dot{e}_{14} \\
\log 2 & = & & \dot{u}_2 & -\dot{u}_3 & & +\dot{e}_{23} \\
0 & = & \dot{u}_1 & +\dot{u}_2 & +\dot{u}_3 & +\dot{u}_4 &
\end{array}$$

(3.21)식의 조건하에 오차의 제곱합

$$\begin{aligned}
S &= \dot{e}_{12}^2 + \dot{e}_{13}^2 + \dot{e}_{14}^2 + \dot{e}_{23}^2 \\
&= (log2 - \dot{u}_1 + \dot{u}_2)^2 + (log0.5 - \dot{u}_1 + \dot{u}_3)^2 + (1og2 - \dot{u}_1 + \dot{u}_4)^2 \\
&\quad + (log2 - \dot{u}_2 + \dot{u}_3)^2
\end{aligned}$$

를 최소로 하기 위해서는 Lagrange 승수법을 이용하고 Lagrange 함수 $L = S + \lambda(\dot{u}_1 + \dot{u}_2 + \dot{u}_3 + \dot{u}_4)$에 대해서

$$\frac{\partial L}{\partial \dot{u}_i} = \frac{\partial S}{\partial \dot{u}_i} + \lambda = 0, \quad (i = 1, 2, 3, 4) \qquad (3.35)$$

을 만들고 (3.21)식과 (3.22)식의 해를 구하면 된다. 구체적으로 풀어보면

$$\begin{aligned}
\frac{\partial L}{\partial \dot{u}_1} &= 2\begin{Bmatrix} -(\log 2 - \dot{u}_1 + \dot{u}_2) - (\log 0.5 - \dot{u}_1 + \dot{u}_3) \\ -(\log 2 - \dot{u}_1 + \dot{u}_4) \end{Bmatrix} + \lambda \\
&= 2\left(-\log 2 - \log 0.5 - \log 2 + 3\dot{u}_1 - \dot{u}_2 - \dot{u}_3 - \dot{u}_4\right) + \lambda \\
&= 2\left(-\log 2 - \log 0.5 - \log 2 + 4\dot{u}_1\right) + \lambda \\
&= 0
\end{aligned}$$

$$\frac{\partial L}{\partial \dot{u}_2} = 2\left\{\log 2 - \dot{u}_1 + \dot{u}_2 - (\log 2 - \dot{u}_2 + \dot{u}_3)\right\} + \lambda$$

$$= 2\left(\log 2 - \log 2 - \dot{u}_1 + 2\dot{u}_2 - \dot{u}_3\right) + \lambda$$

$$= 2\left(\log 2 - \log 2 + 3\dot{u}_2 + \dot{u}_4\right) + \lambda$$

$$= 0$$

$$\frac{\partial L}{\partial \dot{u}_3} = 2\left\{\log 0.5 - \dot{u}_1 + \dot{u}_3 + (\log 2 - \dot{u}_2 + \dot{u}_3)\right\} + \lambda$$

$$= 2\left(\log 0.5 + \log 2 - \dot{u}_1 - \dot{u}_2 + 2\dot{u}_3\right) + \lambda$$

$$= 2\left(\log 0.5 + \log 2 + 3\dot{u}_3 + \dot{u}_4\right) + \lambda$$

$$= 0$$

$$\frac{\partial L}{\partial \dot{u}_4} = 2\left\{\log 2 - \dot{u}_1 + \dot{u}_4\right\} + \lambda$$

$$= 2\left(\log 2 + \dot{u}_2 + \dot{u}_3 + 2\dot{u}_4\right) + \lambda$$

$$= 0$$

위 식을 모두 더하고 (3.21)식을 이용하면 $\lambda = 0$이 됨을 알 수 있다. 따라서 위의 식을 정리하면 다음과 같다.

$$\begin{array}{rrrrcr}
4\dot{u}_1 & & & & = & 1og2 \\
& 3\dot{u}_2 & & +\dot{u}_4 & = & 0 \\
& & 3\dot{u}_3 & +\dot{u}_4 & = & 0 \\
& \dot{u}_2 & +\dot{u}_3 & +2\dot{u}_4 & = & -1og2
\end{array}$$

이것을 풀면

$$
\begin{aligned}
\dot{u}_1 &= \frac{1}{4}\log 2, & \dot{u}_1 &= 2^{\frac{1}{4}} &= 1.1892 \\
\dot{u}_2 &= \frac{1}{4}\log 2, & \dot{u}_2 &= 2^{\frac{1}{4}} &= 1.1892 \\
\dot{u}_3 &= \frac{1}{4}\log 2, & \dot{u}_3 &= 2^{\frac{1}{4}} &= 1.1892 \\
\dot{u}_4 &= -\frac{31}{4}\log 2, & \dot{u}_4 &= 2^{-\frac{3}{4}} &= 0.5946
\end{aligned}
$$

로 된다. 이것을 정규화 하면

$$
\begin{pmatrix} 0.286 \\ 0.286 \\ 0.286 \\ 0.143 \end{pmatrix}
$$

로 된다.

이상의 3종류의 방법에서 해는 조금씩 다르지만 어떤 방법이 좋은가를 한마디로 말하기는 어렵다. 경험적인 결과로서 말하자면 Harker법은 누락부분이 비교적 적은 경우에 좋은 결과를 부여하지만 누락부분이 많으면 결과는 좋지 않게 된다. 이에 반해 TS법은 누락부분이 많은 경우에 비교적 안정된 좋은 결과를 부여한다. LLS법은 그 중간에 있다고 말할 수 있다.

3.4 Binary 문제

3.1절에서 논의한 것은 주로 모수($\theta, \theta^2, \ldots$를 쌍비교치로 하는 방법)를 이용했지만 가장 간단한 경우로서 θ(>1)(보다 좋은)와 θ^{-1}(보다 나쁜)의 2종류만을 생각하는 경우로 이를 binary문제라 부른다. 쌍비교치에 $\theta^0 = 1$가 포함되어 있는 경우도 넓은 의미에서 binary문제라고 부르는 경우도 있다.

가장 간단한 경우의 binary문제를 생각하면 일반적인 AHP에서는 보이지 않았던 문제점이 확실히 나타나게 되는 경우가 있다. 또 binary문제에서는 스포츠나 게임 등에서 특히 씨름이나 장기, 바둑 등 승패만으로 결정되는 승부의 결과에 그 게임자 (팀이나 개인)의 강함 정도를 추정할 수 있는 소위 스포츠 과학에의 응용에도 유용하다.

3.4.1 완전정보의 경우

일반적으로 binary문제의 쌍비교치 a_{ij}의 결과는 하나의 유향그래프로 표현할 수 있다. 대상 i가 j보다 좋을 때(즉, 팀 i가 j에 승리했을 겨우) $a_{ij}=\theta$로 되고 이 때 점 i에서 점 j로의 유향선 $i \rightarrow j$로 표현한다. 이 그래프는 루프(loop ; 시점과 종점이 동일의 유향선)나 다중선 (2점 사이에 2개이상의 유향선을 가진 것)이 없는 단순그래프로 된다.

예제 3-8

$n=4$인 경우를 생각해 보자. 쌍비교행렬이

$$A=\begin{array}{c} \\ 1 \\ 2 \\ 3 \\ 4 \end{array}\begin{array}{c} \begin{matrix} 1 & 2 & 3 & 4 \end{matrix} \\ \begin{pmatrix} 1 & \theta & \frac{1}{\theta} & \theta \\ \frac{1}{\theta} & 1 & \theta & \theta \\ \theta & \frac{1}{\theta} & 1 & \frac{1}{\theta} \\ \frac{1}{\theta} & \frac{1}{\theta} & \theta & 1 \end{pmatrix} \end{array} \tag{3.36}$$

일 때 이것에 대응하는 그래프는 그림 3.2와 같은 완전그래프로 된다.

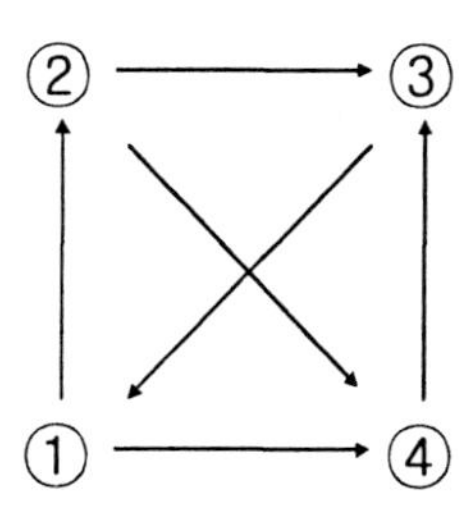

그림 3.2 birnary AHP의 그래프

일반적으로 완전정보의 경우의 그래프는 완전그래프가 되고 어느 3개의 점 i, j, k를 취하여도 항상

$$i \to j, \quad j \to k \text{ 이면 } i \to k \tag{3.37}$$

가 성립할 때 이 그래프(또는 쌍비교행렬)는 논리적 정합성이 있다고 말한다. 단, 논리적 정합성을 가진 쌍비교행렬 A의 정합도는 반드시 0이 된다고 말할 수 없다. 3점에 대해서(3.37)식이 성립하지 않을 때 이 3점은 (예를 들면 그림 3.7의 ①, ②, ③과 같이)사이클을 구성한다. 따라서 그래프 내에 사이클이 많이 포함되어 있으면 정합도가 나쁘다고 판정된다.

그래프가 논리적 정합도를 가지면 점 전체는 전순서집합이 된다. 즉 각 점에 번호를 다음과 같이 붙일 수 있다. 우선 input 유향선이 없는 점이 반드시 하나만 존재하기 때문에 이 점을 ①번으로 한다 (만약 모든 점이 input을 가지면 이 그래프는 반드시 사이클을 만든다. 또 input의 유향선이 없는 점이 2점 이상 존재할 경우는 없다. 2점이면 그 2점을 연결하는 유향선은 어느 한쪽의 점이 input으로 되기 때문에). ①번의 점과 그것에 연결되는 유향선을 모두 제외하여 만들어지는 그래프는 역시 정합성을 가진 완전 그래프로 되기 때문에 이것에 대해서는 위와 같은 순서를 밟으면 된다.

이렇게 하여 붙여진 번호순으로 점을 변경했을 때에 대응하는 쌍비교행렬은 다음과 같다.

$$A = \begin{pmatrix} 1 & \theta & \theta & \cdots & \theta \\ \frac{1}{\theta} & 1 & \theta & \cdots & \theta \\ \frac{1}{\theta} & \frac{1}{\theta} & 1 & \cdots & \theta \\ \vdots & \vdots & \vdots & \ddots & \vdots \\ \frac{1}{\theta} & \frac{1}{\theta} & \frac{1}{\theta} & \cdots & 1 \end{pmatrix}$$

따라서 다음과 같은 정리가 성립한다.

정리 3.2 논리적 정합성이 있는(binary) $n \times n$ 쌍비교행렬 A의 주요고유벡터 u의 제 i 성분 u_i는 A의 제 i 행의 요소의 기하평균이다. 즉

$$u_i = \overline{\theta}^{\,n+1-2i}, \ (i = 1, 2, ..., n), \ \ \overline{\theta} = \sqrt[n]{\theta} \tag{3.38}$$

이다. 이에 대응하는 주고유치는

$$\lambda_{\max} = 1 + \theta \sum_{i=2}^{n} \overline{\theta}^{\,2(1-i)} \tag{3.39}$$

이다.

이 정리는 binary의 경우에 논리적 정합성을 가지는 판단이 있는 한 평가치 u_i나 주고유치 $\lambda_{\max}$를 해석적으로 (수치계산을 하지 않고)구하는 경우를 표시하고 있다. 또 (3.38)식에서 밝혀진 것같이 u_i의 값의 순위는 θ의 값에 의존하지 않는다.

이 정리를 증명할 때 (3.38)식과 (3.39)식으로 결정되는 u, $\lambda_{\max}$가 $Au = \lambda_{\max} u$의 관계에 있는 경우는 단지 수식의 계산이기 때문에 여기에서는 생략한다.

물론 항상 논리적 정합성이 있는 판단이 이루어져 있지는 않다. 또 앞에서 논의한 스포츠 등에서 승패의 결과에서 팀의 강함을 추정하는 경우에는 사이클이 있는 경우가 많다.

예제 3-9

4개의 팀의 리그전의 승패가 그림 3.2와 같은 결과로 되어 있다. 상식적으로 생각하면 ①도 ②도 2승 1패이기 때문에 똑같이 강하다고 판정된다. 그러나 ①은 ②에 이겼기 때문에 ①의 쪽이 약간 강한 것이 아닌가 라는 의견도 생긴다. 그러나 ①은 ③과 같은 약한 팀에게 지고 있기 때문에 강하지 않다는 반론도 발생한다.

우선 AHP에서의 판정은 $\theta = 2$로서 그림 3.2에 대응하는 쌍비교행렬 (3.36)식의 주고유벡터를 구하면

$$u = \begin{pmatrix} 0.298 \\ 0.281 \\ 0.245 \\ 0.176 \end{pmatrix}$$

로 된다. ①의 쪽이 ②보다 약간 높은 값이 나왔음을 알 수 있다. θ의 값에 의해서도 순위는 변하지 않는다.

이와 같은 예가 있기 때문에 AHP 판정법의 쪽이 승패 수만으로 결정되는 단순한 판정으로 좋다라는 보증은 없다. AHP의 고유벡터법은 최소제곱법의 Gauss Markov의 정리와 같은 강력한 정리가 뒷받침하고 있지 않기 때문에 강하다고는 말할 수 없다. 그 원인은 AHP의 쌍비교치에는 데이터 모델이 없다라는 점이다.

3.4.2 불완전정보의 경우

Binary문제에서도 일반적인 경우와 마찬가지로 불완전정보의 경우가 있을 수 있다. 특히 스포츠 게임에서는 승자진출전 게임과 같이 전부 대전하지 않는 경우가 자주 발생한다. 이것에 대한 그래프는 당연히 불완전그래프이다.

불완전정보의 해석법으로는 제 3장의 3.3절에서 논의한 것같이 3종류의 방법이 있다. 즉, Harker법, TS법, LLS법이다. 따라서 이들을 적용하여 보자.

예제 3-10

4인 승자진출전을 생각해 보자. 결과가 그림 3.8의 상단과 같이 되었다고 하자. 이것을 그래프로 표현하면 그림 3.3의 하단과 같은 그래프로 된다.

이에 대한 쌍비교행렬은 ($\theta = 2$로서)

$$A = \begin{array}{c} \\ 1 \\ 2 \\ 3 \\ 4 \end{array} \begin{array}{c} \begin{array}{cccc} 1 & 2 & 3 & 4 \end{array} \\ \begin{pmatrix} 1 & 2 & 2 & \times \\ 0.5 & 1 & \times & \times \\ 0.5 & \times & 1 & 2 \\ \times & \times & 0.5 & 1 \end{pmatrix} \end{array}$$

로 된다.

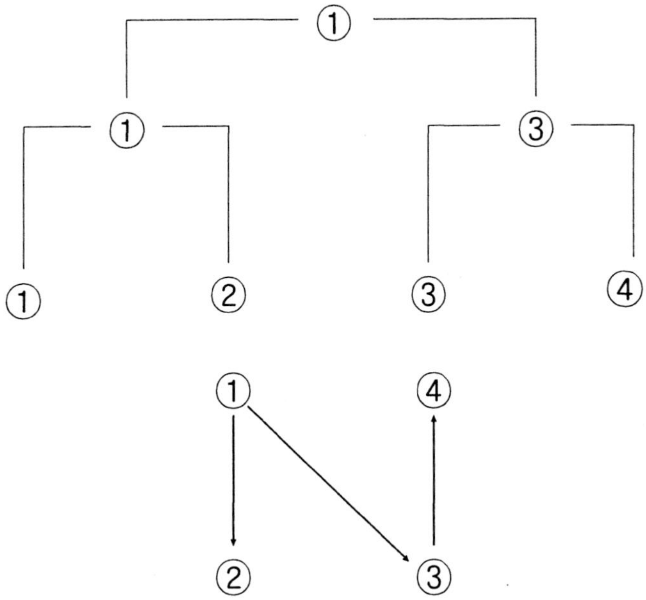

그림 3.3 승자진출전의 그래프

Harker법에 의하면 3.3.2절의 (3.34)식에서

$$A = \begin{pmatrix} 2 & 2 & 2 & 0 \\ 0.5 & 3 & 0 & 0 \\ 0.5 & 0 & 2 & 2 \\ 0 & 0 & 0.5 & 3 \end{pmatrix}$$

의 주고유벡터를 구하는 것이지만 이것을 멱승법으로 구하면

$$\begin{pmatrix} u_1 \\ u_2 \\ u_3 \\ u_4 \end{pmatrix} = \begin{pmatrix} 1.00 \\ 0.50 \\ 0.50 \\ 0.25 \end{pmatrix}, \quad \lambda_{\max} = 4.00$$

로 된다.

TS법에서는 3.3.3절로 부터 우선 u_i의 제 1차근사는

$$\hat{u}_1 = (1 \times 2 \times 2)^{\frac{1}{3}} = 1.5874$$

$$\hat{u}_2 = (0.5 \times 1)^{\frac{1}{2}} = 0.7071$$

$$\hat{u}_3 = (0.5 \times 1 \times 2)^{\frac{1}{3}} = 1.0000$$

$$\hat{u}_4 = (0.5 \times 1)^{\frac{1}{2}} = 0.7071$$

로 되기 때문에

$$\widetilde{A} = \begin{pmatrix} 1 & 2 & 2 & 2.245 \\ 0.5 & 1 & 0.707 & 1 \\ 0.5 & 1.414 & 1 & 2 \\ 0.445 & 1 & 0.5 & 1 \end{pmatrix}$$

로 된다. 이 주고유벡터를 멱승법으로 구하면

$$\begin{pmatrix} u_1 \\ u_2 \\ u_3 \\ u_4 \end{pmatrix} = \begin{pmatrix} 1 \\ 0.442 \\ 0.631 \\ 0.396 \end{pmatrix}, \qquad \lambda_{\max} = 4.04$$

로 된다.

마지막으로 LLS법을 적용하여 보면 3.2.1절의 (3.19)식에 상당하는 식으로 된다.

$$\begin{aligned} \log 2 &= \dot{u}_1 - \dot{u}_2 + \dot{e}_{12} \\ \log 2 &= \dot{u}_1 - \dot{u}_3 + \dot{e}_{13} \\ \log 2 &= -\dot{u}_3 - \dot{u}_4 + \dot{e}_{23} \end{aligned}$$

이에 대해서 $\dot{u}_1 + \dot{u}_2 + \dot{u}_3 + \dot{u}_4 = 0$의 조건하에서 최소제곱법을 적용하면 Lagrange 승수는 0이기 때문에 $\dot{u}_i$를 결정하는 방정식은 결국

$$
\begin{array}{ccccccc}
3\dot{u}_1 & & & +\dot{u}_4 & = & 2\log 2 \\
 & 2\dot{u}_2 & +\dot{u}_3 & +\dot{u}_4 & = & -\log 2 \\
 & \dot{u}_2 & +3\dot{u}_3 & & = & 0 \\
\dot{u}_1 & +\dot{u}_2 & & +2\dot{u}_4 & = & -\log 2
\end{array}
$$

로 되고 이것을 풀면

$$
\begin{aligned}
\dot{u}_1 &= \log 2 \\
\dot{u}_2 &= 0 \\
\dot{u}_3 &= 0 \\
\dot{u}_4 &= -\log 2
\end{aligned}
$$

로 된다. 따라서

$$
\begin{aligned}
u_1 &= 2 \\
u_2 &= 1 \\
u_3 &= 1 \\
u_4 &= \frac{1}{2}
\end{aligned}
$$

를 얻는다.

이상의 결과를 정리하면 표 3.3과 같다 (①을 기준으로 한 비율로 표시하고 있다).

표 3.3 승자진출전 평가의 비교

	Harker	TS	LLS
u_1	1.000	1.000	1.000
u_2	0.500	0.445	0.500
u_3	0.500	0.630	0.500
u_4	0.250	0.445	0.250

$\theta = 2$

이것을 보면 Harker법과 LLS법은 확실히 이상한 결과가 나왔다. 즉 ③은 준우승자인데 ②와 똑같은 평가로 되어 있다. 이것에 대해서 TS법은 거의 타당한 결과로 되어 있다.

또 하나의 예를 들어보자.

예제 3-11

이것은 승자진출전 결과의 우승자와 최하위의 상대와 경기하여 최하위의 상대가 승리한 경기의 예이다(그림 3.4).

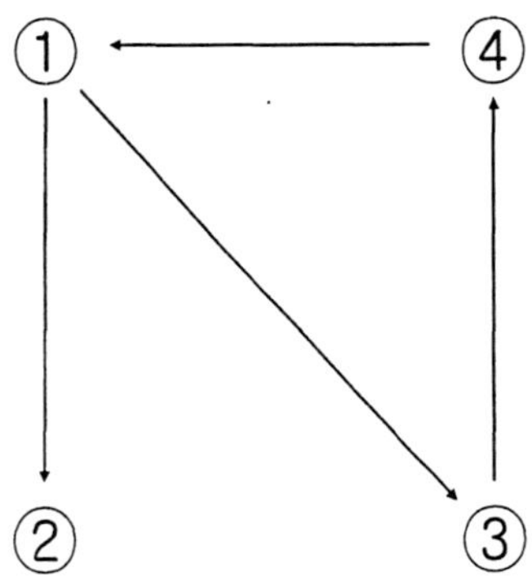

그림 3.4 토너먼트 수정의 그래프

표 3.4 승자진출전 수정평가의 비교

	Harker	TS	LLS
u_1	1.000	1.000	1.000
u_2	0.355	0.537	0.500
u_3	1.080	0.928	1.000
u_4	1.060	0.946	1.000

$\theta = 2$

이것에 대해서도 3종류의 방법을 적용했을 때 표 3.4와 같은 결과가 얻어졌다.

이 예에서도 역시 TS법은 타당하지만 기타의 방법은 이상한 결과이다. 특히 Harker법에서는 1승1패의 ③이나 ④가 2승1패의 ①보다 높게 평가되고 있다.

예제 3-12

조금 더 많은 8인의 승자진출전에 대해서 비교하여 보자. 결과가 그림 3.5과 같았을 때 3조의 방법의 결과는 표 3.5와 같이 된다. 여기에서는 간단히 하기 위하여 순위만을 표시한다.

이것을 보아도 Harker법과 LLS법은 똑같은 결과가 나왔지만 TS법보다 타당성이 결여 되어 있다. 이 순위는 θ의 값과 거의 무관계이다.

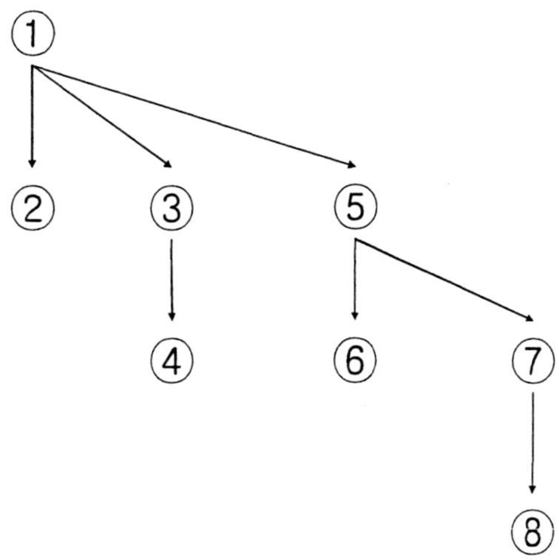

그림 3.5 8인 승자진출전 평가의 비교

표 3.5 8인 승자진출전 평가의 비교

	①	②	③	④	⑤	⑥	⑦	⑧
LLS	1	2	2	5	2	5	5	8
Harker	1	2	2	5	2	5	5	8
TS	1	5	3	8	2	6	4	7

이들의 예는 쉽고 조그마한 예이지만 조금 더 규모가 큰 예에 대해서도 몇 개의 시뮬레이션을 해 본 결과는 일반적으로 시합수가 적은 경우의 시합은 TS법쪽이 다른 방법보다 좋은 결과를 주는 경향이 있다는 사실을 알았다.

제 4 장

AHP의 간이계산법

4.1 AHP의 간이계산법 1

AHP의 계산은 3.1.6절에서 서술한 것과 같이 쌍비교행렬의 최대고유치와 그 고유벡터를 구하는 것이다. 이 결과 각 요인(평가기준・대체안)의 무게벡터와 정합도지수 $C.I.$를 계산할 수 있다. 여기서 간이계산법 1을 설명하기 위해서 예를 들면 5개의 요인이 있는데 이 요인들 사이의 쌍비교가 표 4.1과 같다. 이 5개 요인의 무게벡터와 정합도지수 $C.I.$를 간이계산법 1에 의해서 구해 보자.

표 4.1 5개의 요소사이의 쌍비교

	①	②	③	④	⑤
①	1	3	5	7	9
②	$\frac{1}{3}$	1	3	6	7
③	$\frac{1}{5}$	$\frac{1}{3}$	1	2	3
④	$\frac{1}{7}$	$\frac{1}{6}$	$\frac{1}{2}$	1	3
⑤	$\frac{1}{9}$	$\frac{1}{7}$	$\frac{1}{3}$	$\frac{1}{3}$	1

(단, 1행 2열의 3은 요인①이 요인②에 비해서 약간 중요하다는 의미이다.)

이 때 무게벡터를 구하는 순서는 다음과 같다.

▶ 무게벡터를 구하는 순서

|순서 1|

쌍비교행렬의 각 열의 요소를 합한다. 이 예의 경우

$$\begin{bmatrix} 1 & 3 & 5 & 7 & 9 \\ \frac{1}{3} & 1 & 3 & 6 & 7 \\ \frac{1}{5} & \frac{1}{3} & 1 & 2 & 3 \\ \frac{1}{7} & \frac{1}{6} & \frac{1}{2} & 1 & 3 \\ \frac{1}{9} & \frac{1}{7} & \frac{1}{3} & \frac{1}{3} & 1 \end{bmatrix}$$

열의 합계는 1.787, 4.643, 9.833, 16.333, 23으로 된다.

|순서 2|

쌍비교행렬의 요소를 열의 합계로 나눈다. 예를 들면 제 1열의 각 요소를 1.787로 나누고, 제 2열의 각 요소를 4.643으로 나눈다. 이 예의 경우는 다음 표와 같다. 예를 들면 1행 1열의 0.560은 1÷1.787의 계산결과이다.

$$\begin{bmatrix} 0.560 & 0.646 & 0.508 & 0.429 & 0.391 \\ 0.187 & 0.215 & 0.305 & 0.367 & 0.304 \\ 0.112 & 0.072 & 0.102 & 0.122 & 0.130 \\ 0.080 & 0.036 & 0.051 & 0.061 & 0.130 \\ 0.062 & 0.031 & 0.034 & 0.020 & 0.043 \end{bmatrix}$$

|순서 3|

순서 2에서 구해진 행렬에서 각 행의 요소의 합을 각 행의 요소의 수로 나눈다. 예를 들면 제 1행은

$$\frac{0.560+0.646+0.508+0.429+0.391}{5}=0.507$$

로 된다. 같은 방법으로 나머지 행도 계산하여 정리하면 다음과 같다.

$$\begin{bmatrix} 0.507 \\ 0.276 \\ 0.108 \\ 0.072 \\ 0.038 \end{bmatrix}$$

이 결과가 무게벡터이다. 즉, 첫 번째 요인의 중요도는 0.507이고 두 번째 요인의 중요도는 0.276이 된다.

다음으로 정합도 지수 *C.I.*를 구하는 순서는 다음과 같다.

▶ *C.I.*를 구하는 순서

— |순서 1|

표 4.1의 쌍비교행렬의 각 열에 앞에서 구한 무게벡터의 각 요소를 차례로 곱하고 그의 합을 구한다.

이 예의 경우는 다음과 같다.

$$0.507 \times \begin{bmatrix} 1 \\ \frac{1}{3} \\ \frac{1}{5} \\ \frac{1}{7} \\ \frac{1}{9} \end{bmatrix} + 0.276 \times \begin{bmatrix} 3 \\ 1 \\ \frac{1}{3} \\ \frac{1}{6} \\ \frac{1}{7} \end{bmatrix} + 0.108 \times \begin{bmatrix} 5 \\ 3 \\ 1 \\ \frac{1}{2} \\ \frac{1}{3} \end{bmatrix} + 0.072 \times \begin{bmatrix} 7 \\ 6 \\ 2 \\ 1 \\ \frac{1}{3} \end{bmatrix} + 0.038 \times \begin{bmatrix} 9 \\ 7 \\ 3 \\ 3 \\ 1 \end{bmatrix}$$

$$= \begin{bmatrix} 0.507 \\ 0.169 \\ 0.101 \\ 0.072 \\ 0.056 \end{bmatrix} + \begin{bmatrix} 0.828 \\ 0.276 \\ 0.092 \\ 0.046 \\ 0.039 \end{bmatrix} + \begin{bmatrix} 0.540 \\ 0.324 \\ 0.108 \\ 0.054 \\ 0.036 \end{bmatrix} + \begin{bmatrix} 0.504 \\ 0.432 \\ 0.144 \\ 0.072 \\ 0.024 \end{bmatrix} + \begin{bmatrix} 0.342 \\ 0.266 \\ 0.114 \\ 0.114 \\ 0.038 \end{bmatrix} = \begin{bmatrix} 2.721 \\ 1.467 \\ 0.559 \\ 0.358 \\ 0.193 \end{bmatrix}$$

— |순서 2|

순서 1에서 구한 각 요소의 계산결과를 앞에서 구한 각 요소의 중요도로 나눈다. 이 예의 경우는 다음과 같다.

$$\begin{bmatrix} 1.203/0.236 \\ 0.534/0.102 \\ 0.230/0.044 \\ 2.258/0.443 \\ 0.895/0.175 \end{bmatrix} = \begin{bmatrix} 5.097 \\ 5.235 \\ 5.227 \\ 5.097 \\ 5.114 \end{bmatrix}$$

|순서 3|

순서 2에서 구한 각 요소의 계산결과를 평균한다. 이 결과가 표 4.1의 쌍비교행렬의 최대고유치 $\lambda_{\max}$이다. 이 예의 경우는 다음과 같다.

$$\lambda_{\max} = \frac{5.367 + 5.315 + 5.176 + 4.972 + 5.079}{5} = 5.182$$

|순서 4|

순서3에서 구한 $\lambda_{\max}$로부터 정합도지수 $C.I.$를 계산한다.

이 예의 경우는 다음과 같다.

$$C.I. = \frac{\lambda_{\max} - n}{n-1} = \frac{5.182 - 5}{4} = 0.046 < 0.1$$

따라서, 유효성이 있다.

이상이 간이계산법 1에 의한 무게벡터와 $C.I.$를 구하는 계산순서이다.

4.1.2 간이계산법 1의 예

여기서는 다음 예를 간이계산법 1에 의해서 분석한다.

(1) 제 1단계

취직 시에 기업을 선정하는 선정요인(평가기준)을 파악할 필요가 있다. 취직 상담자의 경험에 의하면 상담자들은 기업의 장래성과 규모, 재직기간중의 급여체계, 근무지, 휴가상황, 그리고 보험 등의 복리후생 상황의 6가지 요인을 생각한다고 한다. 이때 이 6가지 요인은 같은 레벨로 취급하는 것이 타당하다고 생각한다. 이 문제를 그림 4.1과 같은 계층구조로 나타낼 수 있는데 최상층(레벨 1)은 총합목적인 기업선정을 레벨 2는 6개의 선정요인을 그리고 최하층(레벨 3)에는 3개의 대체안(A사, B사, C사)을 놓았다.

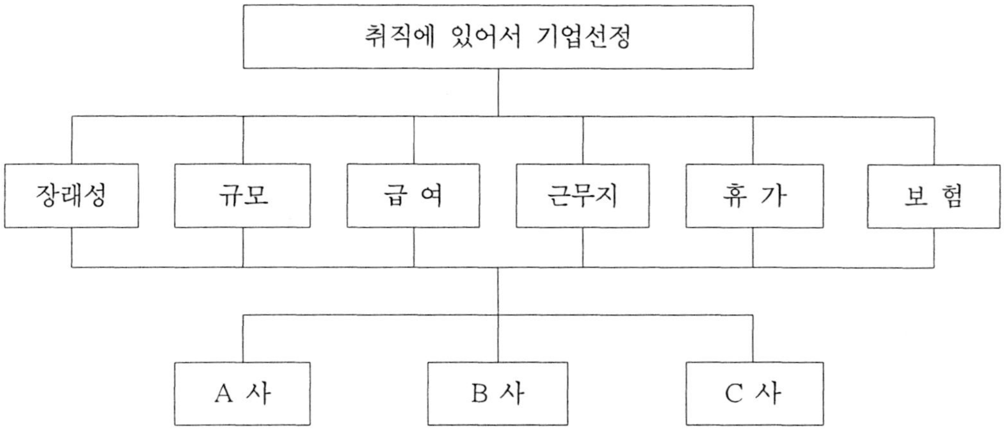

그림 4.1 기업선정의 계층구조

(2) 제 2단계

이제 취직을 희망하는 학생에게 앙케이트를 실시한다. 이것은 그림 4.1과 같은 기업을 선정할 때 레벨 2의 각 요인(평가기준)사이와 레벨 3의 각 요인(대체안) 사이의 쌍비교에 대답하는 것이다.

그 결과 기업선정에 관한 레벨 2의 각 요인의 쌍비교값은 표 4.2와 같다. 이 행렬의 무게벡터와 *C.I.*를 간이계산법 1로 계산한다.

표 4.2 기업선정에 관한 레벨 2의 각 요인의 쌍비교

	장래성	규모	급여	근무지	휴가	보험
장래성	1	2	1	5	5	1
규모	1/2	1	1/3	2	3	1
급여	1	3	1	3	3	1/2
근무지	1/5	1/2	1/3	1	1	1/3
휴가	1/5	1/3	1/3	1	1	1/3
보험	1	1	2	3	3	1

λ_{max} = 6.244 $C.I.$ = 0.049

▶ 무게벡터를 구하는 순서

|순서 1|

쌍비교행렬

$$\begin{bmatrix} 1 & 2 & 1 & 5 & 5 & 1 \\ \frac{1}{2} & 1 & \frac{1}{3} & 2 & 3 & 1 \\ 1 & 3 & 1 & 3 & 3 & \frac{1}{2} \\ \frac{1}{5} & \frac{1}{2} & \frac{1}{3} & 1 & 1 & \frac{1}{3} \\ \frac{1}{5} & \frac{1}{3} & \frac{1}{3} & 1 & 1 & \frac{1}{3} \\ 1 & 1 & 2 & 3 & 3 & 1 \end{bmatrix}$$

의 각 열의 요소를 합한다.

열의 합계 : 3.9, 7.833, 5, 15, 16, 4.166

|순서 2|

쌍비교행렬의 요소를 열의 합계로 나눈다.

$$\begin{bmatrix} 0.256 & 0.255 & 0.200 & 0.333 & 0.313 & 0.240 \\ 0.128 & 0.128 & 0.067 & 0.133 & 0.188 & 0.240 \\ 0.256 & 0.383 & 0.200 & 0.200 & 0.180 & 0.120 \\ 0.051 & 0.064 & 0.067 & 0.067 & 0.063 & 0.080 \\ 0.051 & 0.043 & 0.067 & 0.067 & 0.063 & 0.080 \\ 0.256 & 0.128 & 0.400 & 0.200 & 0.188 & 0.240 \end{bmatrix}$$

|순서 3|

순서 2에서 구한 행렬의 각 행의 요소의 합을 각 행의 요소의 수로 나눈다. 예를 들면 제1행은 다음과 같다.

$$\frac{0.256 + 0.255 + 0.2 + 0.333 + 0.313 + 0.24}{6} = 0.266$$

같은 방법으로 다른 행도 실시하고 그 결과를 W 라 하면,

$$W=\begin{bmatrix}0.266\\0.147\\0.225\\0.065\\0.062\\0.235\end{bmatrix}$$

로 된다.

이것이 6가지의 선정요인의 무게벡터이다. 이 결과로부터 취업 상담자의 기업 선정 요인 중 장래성이 가장 중요한 요인이고 다음으로 보험, 급여, … 인 것을 알 수 있다.

C.I.를 구하는 순서

|순서 1|

$$0.266\times\begin{bmatrix}1\\\frac{1}{2}\\1\\\frac{1}{5}\\\frac{1}{5}\\1\end{bmatrix}+0.147\times\begin{bmatrix}2\\1\\3\\\frac{1}{2}\\\frac{1}{3}\\1\end{bmatrix}+0.225\times\begin{bmatrix}1\\\frac{1}{3}\\1\\\frac{1}{3}\\\frac{1}{3}\\2\end{bmatrix}+0.065\times\begin{bmatrix}5\\2\\3\\1\\1\\3\end{bmatrix}+0.062\times\begin{bmatrix}5\\3\\3\\1\\1\\3\end{bmatrix}+0.235\times\begin{bmatrix}1\\1\\\frac{1}{2}\\\frac{1}{3}\\\frac{1}{3}\\1\end{bmatrix}$$

$$=\begin{bmatrix}0.266\\0.133\\0.266\\0.053\\0.053\\0.266\end{bmatrix}+\begin{bmatrix}0.294\\0.147\\0.441\\0.074\\0.049\\0.147\end{bmatrix}+\begin{bmatrix}0.225\\0.075\\0.225\\0.075\\0.075\\0.450\end{bmatrix}+\begin{bmatrix}0.328\\0.130\\0.195\\0.065\\0.065\\0.195\end{bmatrix}+\begin{bmatrix}0.310\\0.186\\0.186\\0.062\\0.062\\0.186\end{bmatrix}+\begin{bmatrix}0.235\\0.235\\0.118\\0.078\\0.078\\0.235\end{bmatrix}=\begin{bmatrix}1.655\\0.906\\1.431\\0.407\\0.382\\1.479\end{bmatrix}$$

위 계산은 각 열벡터(표 4.2)에 대응하는 중요도를 곱해서 각 행을 더한 것이다.

|순서 2|

$$\begin{bmatrix}1.655/0.266\\0.906/0.147\\1.431/0.225\\0.407/0.065\\0.382/0.062\\1.479/0.235\end{bmatrix}=\begin{bmatrix}6.222\\6.163\\6.360\\6.262\\6.161\\6.294\end{bmatrix}$$

|순서 3|

$$\lambda_{\max} = \frac{6.222 + 6.163 + 6.360 + 6.262 + 6.161 + 6.294}{6} = 6.244$$

|순서 4|

$$C.I. = \frac{\lambda_{\max} - n}{n-1} = \frac{6.624 - 6}{5} = 0.049 < 0.1$$

따라서, 유효성이 있다.

다음에는 레벨3의 각 대체안(3개의 기업 A, B, C)사이의 쌍비교를 레벨 2(선택요인)를 평가기준으로 하여 실시한다. 그 결과는 표 4.3과 같다.

표 4.3 6가지 선정요인에 관한 각 대체안의 쌍비교

장래성	A	B	C
A	1	1/2	2
B	2	1	5
C	1/2	1/5	1

$\lambda_{\max}=3.005$ $C.I.=0.0025$

규모	A	B	C
A	1	3	1/3
B	1/3	1	1/9
C	3	9	1

$\lambda_{\max}=3.0$ $C.I.=0$

급여	A	B	C
A	1	1/5	1/2
B	5	1	3
C	2	1/3	1

$\lambda_{\max}=3.0044$ $C.I.=0.0022$

근무지	A	B	C
A	1	2	1/2
B	1/2	1	1/4
C	2	4	1

$\lambda_{\max}=3.0$ $C.I.=0$

휴가	A	B	C
A	1	3	1/3
B	1/3	1	1/9
C	3	9	1

$\lambda_{\max}=3.0$ $C.I.=0$

보험	A	B	C
A	1	1/2	3
B	2	1	9
C	1/3	1/9	1

$\lambda_{\max}=3.014$ $C.I.=0.007$

먼저 이 6가지의 쌍비교행렬의 무게벡터와 $C.I.$를 간이계산법 1로 구한다. 6가지의 선정요인의 무게벡터는 다음과 같다.

장래성 ; w_1^T = (0.227, 0.595, 0.128)

규　모 ; w_2^T = (0.231, 0.077, 0.692)

급　여 ; w_3^T = (0.122, 0.648, 0.230)

근무지 ; w_4^T = (0.286, 0.143, 0.571)

휴　가 ; w_5^T = (0.231, 0.077, 0.692)

보　험 ; w_6^T = (0.279, 0.640, 0.081)

이 결과로부터 장래성에 있어서는 B사가, 규모에 있어서는 C사가, 급여에 있어서는 B사가 가장 매력도(중요도)가 높다고 할 수 있다.

한편, 이들 6가지의 쌍비교행렬의 각각의 최대고유치 λ_{max}와 정합성의 평가 $C.I.$는 각 행렬의 밑에 표시했다. $C.I.$의 값은 모두 0.1이하이므로 이들 쌍비교행렬은 모두 유효하다.

이상으로 이 예의 6가지 선정요인의 무게벡터 W와 각 대체안의 평가벡터 w_1~w_6의 값이 구해졌다.

(3) 제 3단계

레벨 2, 3의 요소 사이의 무게가 계산되면 이 결과로부터 계층전체의 무게가 계산된다. 즉 총합목적(기업의 선정)에 대한 각 대체안(기업 A, B, C)의 정량적인 선정기준을 만든다.

대체안의 선정기준의 중요도를 X라 하면

$$X = [\ w_1,\ w_2,\ \cdots,\ w_6]\ W$$

로 된다.

이때의 경우는

$$X = \begin{matrix} & \text{장래성} & \text{규모} & \text{급여} & \text{근무지} & \text{휴가} & \text{보험} \\ A \\ B \\ C \end{matrix} \begin{pmatrix} 0.277 & 0.231 & 0.122 & 0.286 & 0.231 & 0.279 \\ 0.595 & 0.077 & 0.648 & 0.143 & 0.077 & 0.640 \\ 0.128 & 0.692 & 0.230 & 0.571 & 0.692 & 0.081 \end{pmatrix} \times \begin{pmatrix} 0.266 \\ 0.147 \\ 0.225 \\ 0.065 \\ 0.062 \\ 0.235 \end{pmatrix} = \begin{matrix} A \\ B \\ C \end{matrix} \begin{pmatrix} 0.234 \\ 0.480 \\ 0.286 \end{pmatrix}$$

로 된다.

따라서 표 4.2 표 4.3과 같은 쌍비교행렬에서 의사결정자(학생)의 각 기업(A, B, C)에 대한 매력도(중요도)는 위식과 같이 B > C > A의 선호순서가 된다.

4.2 AHP에서 간이계산법 2

4.2.1 간이계산법 2의 순서

예를 들면 5개의 요인에 대한 쌍비교행렬이 표 4.4와 같다. 여기서 이 5개 요인의 무게벡터와 정합도지수 *C.I.*를 간이계산법 2로 구한다. 단, *C.I.*를 구하는 순서는 간이계산법 1과 같다.

표 4.4 5개의 요인 사이의 쌍비교

	①	②	③	④	⑤
①	1	2	3	4	5
②	1/2	1	6	4	6
③	1/3	1/6	1	1	2
④	1/4	1/4	1	1	2
⑤	1/5	1/6	1/2	1/2	1

▷ 무게벡터를 구하는 순서

— |순서 1|

쌍비교행렬의 각 행의 요소를 기하평균을 이용하여 구한다. 이 예의 경우는 다음과 같다.

요인 1 ; $\sqrt[5]{1\times2\times3\times4\times5}=2.605$

요인 2 ; $\sqrt[5]{1/2\times1\times6\times4\times6}=2.352$

요인 3 ; $\sqrt[5]{1/3\times1/6\times1\times1\times2}=0.644$

요인 4 ; $\sqrt[5]{1/4\times1/4\times1\times1\times2}=0.660$

요인 5 ; $\sqrt[5]{1/5\times1/6\times1/2\times1/2\times1}=0.384$

— |순서 2|

순서 1에서 구한 각행의 요소의 기하평균값을 합한다.

$$2.605+2.352+0.644+0.660+0.384=6.645$$

— |순서 3|

순서 1에서 구한 각항의 요소의 기하평균값을 순서 2에서 구한 합계로 나눈다. 이 값이 무게벡터이다.

$$\begin{bmatrix}2.605/6.645\\2.352/6.645\\0.644/6.645\\0.660/6.645\\0.384/6.645\end{bmatrix}=\begin{bmatrix}0.392\\0.354\\0.097\\0.099\\0.058\end{bmatrix}$$

이 결과로부터 요인 1의 무게는 0.392, 요인 2의 무게는 0.354로 된다.

▷ C.I.를 구하는 순서

— |순서 1|

표 2.5의 쌍비교행렬의 각 열에 앞에서 구한 무게벡터의 각 요소를 순서대로 곱해서 그 합을 구한다.

$$0.392 \times \begin{bmatrix} 1 \\ \frac{1}{2} \\ \frac{1}{3} \\ \frac{1}{4} \\ \frac{1}{5} \end{bmatrix} + 0.354 \times \begin{bmatrix} 2 \\ 1 \\ \frac{1}{6} \\ \frac{1}{4} \\ \frac{1}{6} \end{bmatrix} + 0.097 \times \begin{bmatrix} 3 \\ 6 \\ 1 \\ 1 \\ \frac{1}{2} \end{bmatrix} + 0.099 \times \begin{bmatrix} 4 \\ 4 \\ 1 \\ 1 \\ \frac{1}{2} \end{bmatrix} + 0.058 \times \begin{bmatrix} 5 \\ 6 \\ 2 \\ 2 \\ 1 \end{bmatrix}$$

$$= \begin{bmatrix} 0.392 \\ 0.196 \\ 0.131 \\ 0.098 \\ 0.078 \end{bmatrix} + \begin{bmatrix} 0.708 \\ 0.354 \\ 0.059 \\ 0.089 \\ 0.059 \end{bmatrix} + \begin{bmatrix} 0.291 \\ 0.582 \\ 0.097 \\ 0.097 \\ 0.049 \end{bmatrix} + \begin{bmatrix} 0.396 \\ 0.396 \\ 0.099 \\ 0.099 \\ 0.050 \end{bmatrix} + \begin{bmatrix} 0.290 \\ 0.348 \\ 0.116 \\ 0.116 \\ 0.058 \end{bmatrix} = \begin{bmatrix} 2.077 \\ 1.876 \\ 0.502 \\ 0.499 \\ 0.294 \end{bmatrix}$$

|순서 2|

순서1에서 구한 각 요소의 계산결과를 앞에서 구한 각 요소의 무게벡터로 나눈다.

$$\begin{bmatrix} 2.077/0.392 \\ 1.876/0.354 \\ 0.502/0.097 \\ 0.499/0.099 \\ 0.294/0.058 \end{bmatrix} = \begin{bmatrix} 5.298 \\ 5.299 \\ 5.175 \\ 5.040 \\ 5.069 \end{bmatrix}$$

|순서 3|

순서 2에서 구한 각 요소의 계산결과를 평균한다. 이 결과가 표 4.4의 쌍비교행렬의 최대고유치 λ_{max}이다.

$$\lambda_{\max} = \frac{5.298 + 5.299 + 5.175 + 5.040 + 5.069}{5} = 5.176$$

|순서 4|

순서 3에서 구한 λ_{max}로부터 정합도 지수 $C.I.$를 구한다.

$$C.I. = \frac{\lambda_{\max} - n}{n-1} = \frac{5.176 - 5}{4} = 0.044 < 0.1$$

따라서, 유효성이 있다.

4.2.2 간이계산법 2의 예

(1) 제 1단계

금년에 우승할 가능성이 있는 프로야구팀은 A, B, C 3팀이다. 이 문제를 AHP를 사용하여 해결하기로 하고 우선 프로야구의 예상순위에 관한 요인을 파악하기로 했다. 야구 평론가와 상담한 결과 5개의 요인으로 팀의 투수력(선발, 마무리, 중간), 팀의 공격력(타력, 도루 등), 팀의 수비력(내・외야의 수비, 조직플레이), 감독의 작전, 팀플레이 이다. 이것을 계층구조로 나타내면 그림 4.2와 같다.

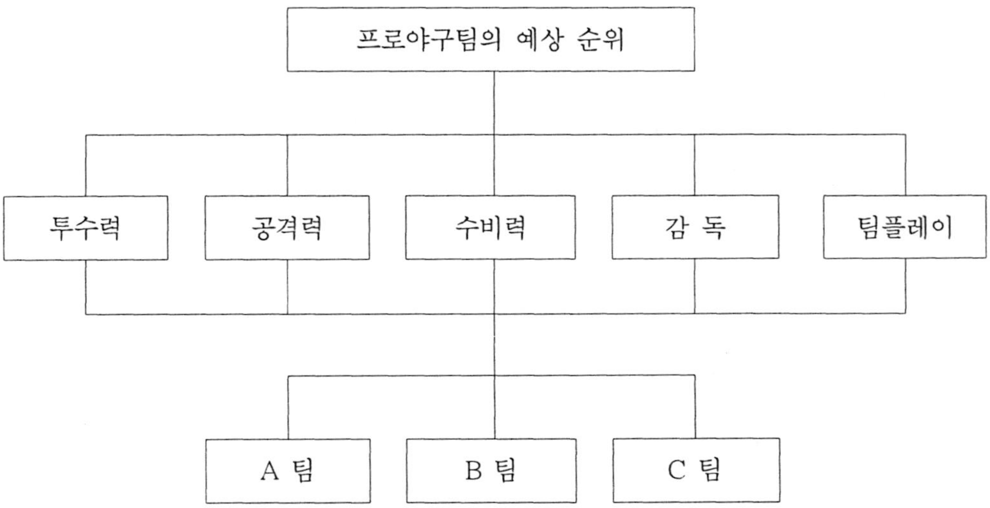

그림 4.2 프로야구팀의 예상순위의 계층구조도

(2) 제 2단계

프로야구의 예상순위를 구할 때 레벨 2의 각 요인(평가기준) 사이와 레벨 3의 각 요인(대체안) 사이의 쌍비교를 위해 질문을 했다. 그 결과 레벨 2의 각 요인(평가기준)의 쌍비교는 표 4.5와 같다. 그리고 이 행렬에 대한 무게벡터와 *C.I.*를 간이계산법 2에 의해서 구한다.

표 4.5 프로야구 예상순위에 관한 레벨 2의 각 요인의 쌍비교

	투수력	공격력	수비력	감독	팀플레이
투수력	1	3	6	1/2	1
공격력	1/3	1	4	1/5	1/2
수비력	1/6	1/4	1	1/7	1/3
감독	2	5	7	1	3
팀플레이	1	2	3	1/3	1

무게벡터를 구하는 순서

|순서 1|

쌍비교행렬의 각 행의 요소를 기하평균을 이용하여 구한다. 이 예의 경우는 다음과 같다.

요인 1 ; $\sqrt[5]{1 \times 3 \times 6 \times 1/2 \times 1} = 1.552$

요인 2 ; $\sqrt[5]{1/3 \times 1 \times 4 \times 1/5 \times 1/2} = 0.668$

요인 3 ; $\sqrt[5]{1/6 \times 1/4 \times 1 \times 1/7 \times 1/3} = 0.288$

요인 4 ; $\sqrt[5]{2 \times 5 \times 7 \times 1 \times 3} = 2.914$

요인 5 ; $\sqrt[5]{1 \times 2 \times 3 \times 1/3 \times 1} = 1.149$

|순서 2|

순서 1에서 구한 각 요소의 기하평균 값을 합한다.

$$1.552 + 0.668 + 0.288 + 2.914 + 1.149 = 6.571$$

|순서 3|

순서 1에서 구한 각 행의 기하평균값을 순서 2에서 구한 합으로 나눈다. 이 값이 무게벡터이다.

$$W=\begin{bmatrix}1.552/6.571\\0.668/6.571\\0.288/6.571\\2.914/6.571\\1.149/6.571\end{bmatrix}=\begin{bmatrix}0.236\\0.102\\0.044\\0.443\\0.175\end{bmatrix}$$

이 결과 감독의 작전이 가장 중요한 요인(0.443)이고, 그 다음이 투수력(0.236), 팀플레이 (0.175), …로 되는 것을 알 수 있다.

▶ C.I.를 구하는 순서

|순서 1|

각 열벡터에 대응하는 중요도를 곱해서 각 행렬을 합계한 것이다.

$$0.236\times\begin{bmatrix}1\\\frac{1}{3}\\\frac{1}{6}\\2\\1\end{bmatrix}+0.102\times\begin{bmatrix}3\\1\\\frac{1}{4}\\5\\2\end{bmatrix}+0.044\times\begin{bmatrix}6\\4\\1\\7\\3\end{bmatrix}+0.443\times\begin{bmatrix}\frac{1}{2}\\\frac{1}{5}\\\frac{1}{7}\\1\\\frac{1}{3}\end{bmatrix}+0.175\times\begin{bmatrix}1\\\frac{1}{2}\\\frac{1}{3}\\3\\1\end{bmatrix}$$

$$=\begin{bmatrix}0.236\\0.079\\0.039\\0.472\\0.236\end{bmatrix}+\begin{bmatrix}0.306\\0.102\\0.026\\0.510\\0.204\end{bmatrix}+\begin{bmatrix}0.264\\0.176\\0.044\\0.308\\0.132\end{bmatrix}+\begin{bmatrix}0.222\\0.089\\0.063\\0.443\\0.148\end{bmatrix}+\begin{bmatrix}0.175\\0.088\\0.058\\0.525\\0.175\end{bmatrix}=\begin{bmatrix}1.203\\0.534\\0.230\\2.258\\0.895\end{bmatrix}$$

|순서 2|

앞에서 구한 결과를 대응하는 중요도로 나눈다.

$$\begin{bmatrix}1.203/0.236\\0.534/0.102\\0.230/0.044\\2.258/0.443\\0.895/0.175\end{bmatrix}=\begin{bmatrix}5.097\\5.235\\5.227\\5.097\\5.114\end{bmatrix}$$

|순서 3|

$$\lambda_{max} = \frac{5.097 + 5.235 + 5.227 + 5.097 + 5.114}{5} = 5.154$$

|순서 4|

$$C.I. = \frac{\lambda_{max} - n}{n-1} = \frac{5.154 - 5}{4} = 0.039 < 0.1$$

따라서, 유효성이 있다고 할 수 있다.

다음에는 각 대체안(A, B, C) 사이의 쌍비교를 레벨 2(각 요인)를 평가기준으로 하여 실시한 결과는 표 4.6과 같다.

표 4.6 레벨 3의 각 대체안 사이의 쌍비교

투수력	A	B	C
A	1	2	5
B	1/2	1	4
C	1/5	1/4	1

λ_{max}=3.025 $C.I.$ =0.0012

공격력	A	B	C
A	1	2	2
B	1/2	1	1
C	1/2	1	1

λ_{max}=3.0 $C.I.$ =0

수비력	A	B	C
A	1	5	3
B	1/5	1	1/3
C	1/3	3	1

λ_{max}=3.038 $C.I.$ =0.019

감 독	A	B	C
A	1	2	9
B	1/2	1	7
C	1/9	1/7	1

λ_{max}=3.022 $C.I.$ =0.011

팀플레이	A	B	C
A	1	1/3	3
B	3	1	5
C	1/3	1/5	1

λ_{max}=3.038 $C.I.$ =0.019

그리고 이들 5개의 쌍비교행렬의 무게벡터와 $C.I.$를 간이계산법 2로 구한다 우선 5개의 무게벡터는 다음과 같다.

투 수 력 ; w_1^T = (0.570, 0.333, 0.097)

공 격 력 ; w_2^T = (0.500, 0.250, 0.250)

수 비 력 ; w_3^T = (0.637, 0.105, 0.258)

감 독 ; w_4^T = (0.597, 0.346, 0.059)

팀플레이 ; w_5^T = (0.258, 0.637, 0.105)

이 결과 투수력에 있어서는 A팀이, 수비력에 있어서도 A팀이, 팀플레이에 있어서는 B팀이, … 가장 매력도(중요도)가 높다고 할 수 있다.

한편, 이들 5개의 쌍비교행렬의 각각의 최대고유치 λ_{max}와 정합성의 평가 $C.I.$는 각 행렬의 밑에 표시하였다.

이상으로 이 예의 5가지 선정요인의 무게벡터 W와 각 대체안의 평가벡터 w_1~w_5의 값이 얻어 졌다.

(3) 제 3단계

레벨 2, 3의 요인사이의 무게가 계산되면 이 결과로부터 계층전체의 무게를 계산한다. 즉 총합목적(프로야구의 예상순위)에 대한 각 대체안(A, B, C)의 정량적인 순위기준을 만든다.

대체안의 순위기준의 무게를 X라 하면

$$X = [w_1,\ w_2,\ w_3,\ w_4,\ w_5] \times W$$

로 된다.

이때의 경우는

$$\begin{array}{cc} & \begin{array}{ccccc} \text{투수력} & \text{공격력} & \text{수비력} & \text{감독} & \text{팀플레이} \end{array} \\ X = \begin{array}{c} \text{A} \\ \text{B} \\ \text{C} \end{array} & \begin{pmatrix} 0.570 & 0.5 & 0.637 & 0.597 & 0.258 \\ 0.333 & 0.25 & 0.105 & 0.346 & 0.637 \\ 0.097 & 0.25 & 0.258 & 0.057 & 0.105 \end{pmatrix} \end{array} \times \begin{pmatrix} 0.236 \\ 0.102 \\ 0.044 \\ 0.443 \\ 0.175 \end{pmatrix} = \begin{array}{c} \text{A} \\ \text{B} \\ \text{C} \end{array} \begin{pmatrix} 0.523 \\ 0.374 \\ 0.103 \end{pmatrix}$$

로 된다.

따라서 이 평론가의 AHP의 예상순위는 A > B > C 로 된다.

제 5 장

AHP의 적용과 계산 예

5.1 금융문제

5.1.1 제 1단계

어떤 금융관계자가 금융상품의 평가에 대하여 상담해 왔다. 이제 각 상품의 내용을 분석해서 여러 가지 평가기준으로부터 각 상품을 평가하는 것이다. 상담자가 제시한 3개의 금융상품 A, B, C에 대해서 평가분석을 하기로 했다. 예를 들면 이 상품은 장래성, 안정성, 투기성, 편리성, 정보성의 5가지 요인을 가지고 있다. 이 문제는 그림 5.1과 같은 계층구조를 가지고 있다. 계층의 최상층(레벨 1)은 종합목적인 금융상품 선택문제를, 레벨 2는 5개의 선택요인을 그리고 최하층(레벨 3)은 3개의 대체안(상품A, B, C)을 놓는다. 이들 요인은 모두 관련이 있으므로 선으로 연결한다.

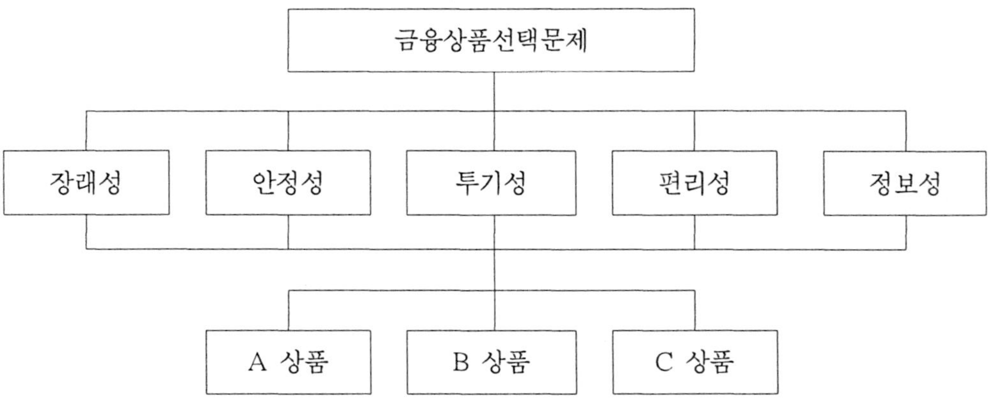

그림 5.1 금융상품 선택문제의 계층구조

5.1.2 제 2단계

그림 5.1의 금융상품을 선택할 때 레벨 2의 각 요인(평가기준)과 레벨 3의 각 요인(대체안) 사이의 쌍비교는 어떻게 되는가? 상담자에게 대답을 받았다. 우선 금융상품 선택에 관한 레벨2의 각 요인(평가기준)의 쌍비교를 한다. 이 결과는 표

5.1과 같다. 이 표에서 1행 2열의 '3'은 '안정성에 비해서 장래성이 조금 중요(3)하다'는 의미이다. 따라서 이 행렬의 최대고유치는

$$\lambda_{max} = 5.039$$

이다. 그리고 정합성의 평가는

$$C.I. = \frac{\lambda_{max} - 1}{n-1} = \frac{5.039-1}{4} = 0.01 < 0.1$$

로 되어 유효성이 있다고 할 수 있다. 더욱이 이 최대고유치에 대하여 정규화한 고유벡터는

$$W^T = (0.438,\ 0.148,\ 0.282,\ 0.082,\ 0.050)$$

로 된다. 이것이 5개의 선정요인의 무게벡터이다. 이것으로부터 이 금융투자가에 있어서 가장 중요한 선정요인은 장래성이고 다음으로 투기성, 안정성인 것을 알 수 있다.

표 5.1 금융상품 선택문제의 레벨 2의 각요인의 쌍비교

	장래성	안정성	투기성	편리성	정보성
장래성	1	3	2	5	7
안정성	$\frac{1}{3}$	1	$\frac{1}{2}$	2	3
투기성	$\frac{1}{2}$	2	1	4	6
편리성	$\frac{1}{5}$	$\frac{1}{2}$	$\frac{1}{4}$	1	2
정보성	$\frac{1}{7}$	$\frac{1}{3}$	$\frac{1}{6}$	$\frac{1}{2}$	1

$\lambda_{max} = 5.039 \quad C.I. = 0.010$

다음으로 레벨 3의 각 대체안(A상품, B상품, C상품)사이의 쌍비교를 레벨 2(선정요인)를 평가기준으로 하여 실시한다. 결국 5개의 선정요인에 대해서 각 대체안의 중요성을 쌍비교 하는 것이다. 그 결과는 표 5.2와 같다. 예를 들면 장래성에 있어서 1행 3열의 '3'은 장래성에 관해서 A상품은 C상품에 비해서 조금 매력(중

요성)이 있다는 의미이다. 즉 각 상품의 실태를 조사해서 비교 검토한 결과가 표 5.2의 숫자이다.

표 5.2 5개의 선택요인에 관한 각 대체안의 쌍비교

장래성	A	B	C
A	1	2	3
B	$\frac{1}{2}$	1	2
C	$\frac{1}{3}$	$\frac{1}{2}$	1

$\lambda_{max}=3.009$ $C.I.=0.005$

안정성	A	B	C
A	1	$\frac{1}{3}$	2
B	3	1	6
C	$\frac{1}{2}$	$\frac{1}{6}$	1

$\lambda_{max}=3.0$ $C.I.=0$

투기성	A	B	C
A	1	2	2
B	$\frac{1}{2}$	1	1
C	$\frac{1}{2}$	1	1

$\lambda_{max}=3.0$ $C.I.=0$

편리성	A	B	C
A	1	1	$\frac{1}{3}$
B	1	1	$\frac{1}{3}$
C	3	3	1

$\lambda_{max}=3.0$ $C.I.=0$

정보성	A	B	C
A	1	2	$\frac{1}{2}$
B	$\frac{1}{2}$	1	$\frac{1}{4}$
C	2	4	1

$\lambda_{max}=3.0$ $C.I.=0$

그리고 이들 5개의 쌍비교행렬의 각각의 최대 고유치 λ_{max}와 정합성의 평가 $C.I.$는 각 행렬의 밑에 표시했다. 5개의 선정요인에 대한 $C.I.$의 값은 모두 0.1이하 이므로 이들 쌍비교행렬은 유효성이 있다. 또 이들 5개의 최대고유치에 대하여 정규화한 벡터는 각각 다음과 같다.

장래성 …… w_1^T = (0.540, 0.297, 0.163)

안정성 …… w_2^T = (0.222, 0.667, 0.111)

투기성 …… $w_3^T = (0.5,\ 0.25,\ 0.25)$

편리성 …… $w_4^T = (0.2,\ 0.2,\ 0.6)$

정보성 …… $w_5^T = (0.286,\ 0.143,\ 0.571)$

위의 결과를 보면 장래성에 관해서는 A상품이, 안정성에 관해서는 B상품이, 정보성에 관해서는 C상품이 가장 매력도(중요도)가 높다고 할 수 있다.

이상과 같이 레벨 2(평가기준)의 레벨 1(총합목적)에 관한 무게 W와 레벨 3(대체안)의 레벨 2의 각 선택요인(평가기준)에 관한 무게 w_1~w_5의 값이 구해졌다.

5.1.3 제 3단계

레벨 2, 3의 요인 사이의 무게를 계산하고 이 결과로부터 계층전체의 무게를 계산한다. 즉 총합목적(금융상품의 선택)에 대한 각 대체안 A, B, C의 정량적인 선택기준을 만든다.

대체안의 선택기준의 무게를 X라 하면

$$X=[w_1,\ w_2,\ \cdots\ w_5]\ W$$

로 된다. 이 예의 경우는

$$X = \begin{matrix} \mathrm{A} \\ \mathrm{B} \\ \mathrm{C} \end{matrix} \begin{pmatrix} 0.540 & 0.222 & 0.5 & 0.2 & 0.286 \\ 0.297 & 0.667 & 0.25 & 0.2 & 0.143 \\ 0.163 & 0.111 & 0.25 & 0.6 & 0.571 \end{pmatrix} \times \begin{pmatrix} 0.438 \\ 0.148 \\ 0.282 \\ 0.082 \\ 0.050 \end{pmatrix} = \begin{matrix} \mathrm{A} \\ \mathrm{B} \\ \mathrm{C} \end{matrix} \begin{pmatrix} 0.441 \\ 0.323 \\ 0.236 \end{pmatrix}$$

로 된다.

따라서 표5.1, 표5.2와 같은 쌍비교행렬과 같이 대답한 의사결정자(금융투자가)의 각 상품(A, B, C)에 대한 매력도(중요도)는 위와 같이 A > B > C의 선호순서로 된다.

5.2 다계층문제

5.2.1 제 1단계

어느날 다른 투자가가 계산예 1과 같은 내용을 상담해 왔다. 이 투자가의 다른 점은 선택요인에 비용(cost)이 추가된 점이다. 즉 선택요인은 비용, 장래성, 안정성, 투기성, 편리성, 정보성의 6가지이다. 단, 이 6가지의 선택요인은 계산예 1과 같이 같은 레벨로 취급되지 않고 계층적(복수레벨)으로 취급되는데 비용의 선택요인은 다른 선택요인과 같은 레벨이 아니라는 것이다. 그래서 이 예에서는 가장 기본적인 요인으로서 비용, 장기적 요인(장래성과 안정성을 묶음), 단기적 요인(투기성, 편리성 및 정보성을 묶음)의 3가지로 한다.

더욱이 이와 같은 내용을 계층구조로 나타내면 그림 5.2와 같게 된다. 계층의 최상층(레벨 1)은 총합목적인 금융상품 선택문제를, 레벨 2와 레벨 3은 선택요인(평가기준)을 그리고 최하층(레벨 4)에는 3개의 상품(A, B, C)을 놓는다.

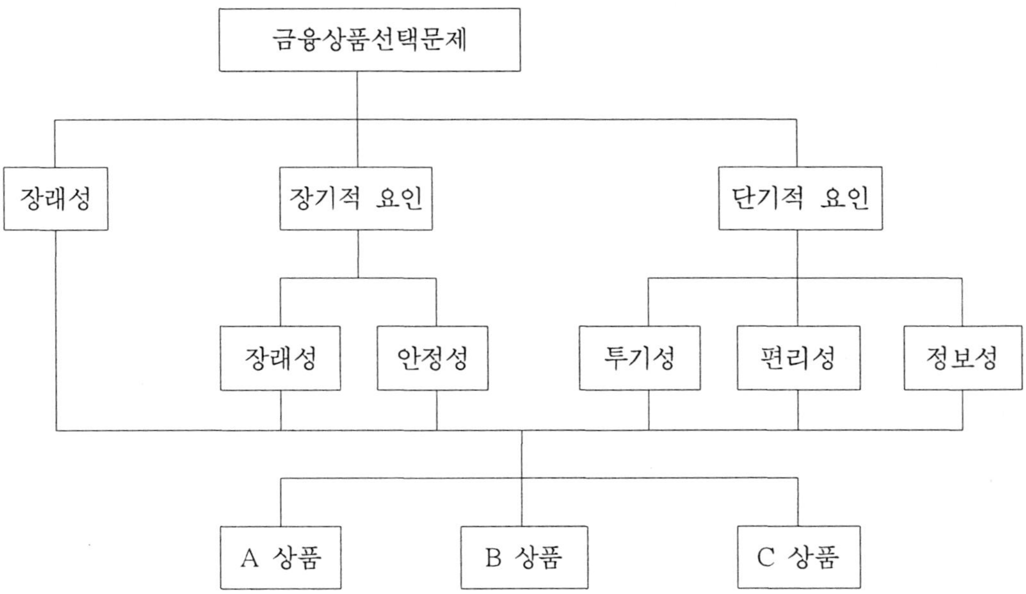

그림 5.2 금융상품 선택문제(계산예 2)에 관한 계층구조

5.2.2 제 2단계

그림 5.2의 금융상품을 선택할 때 레벨 2에서 레벨 4의 각 요인(평가기준· 대체안)사이의 쌍비교는 어떻게 될까? 먼저 금융상품선택에 관한 레벨 2의 각 요인(평가기준)의 쌍비교를 실시한 결과 표 5.3과 같다. 이 행렬의 최대고유치는

$$\lambda_{\max} = 3.0$$

이다. 따라서 정합성의 평가는

$$C.I. = 0$$

이므로 유효성이 있다고 할 수 있다. 더욱이 이 최대고유치에 대하여 정규화한 고유벡터는

$$w_1^T = (0.222,\ 0.667,\ 0.111)$$

로 된다. 이것이 레벨 2의 무게벡터이다. 즉, 레벨 2의 선택요인에서는 장기적 요인이 가장 중요하고 그 다음으로 비용, 단기적 요인의 순서이다.

표 5.3 금융상품 선택에 관한 레벨 2의 각 요인의 쌍비교

	비용	장기적 요인	단기적 요인
비용	1	$\frac{1}{3}$	2
장기적 요인	3	1	6
단기적 요인	$\frac{1}{2}$	$\frac{1}{6}$	1

$\lambda_{\max} = 3.0$ $C.I. = 0$

다음에는 장기적 요인에 관한 레벨 3의 각 요인(장래성 · 안정성)의 쌍비교와 단기적 요인에 관한 레벨 3의 각 요인(투기성 · 편리성 · 정보성)의 쌍비교를 실시한다. 그 결과는 표 5.4와 같다.

표 5.4 레벨 3의 각 요인의 쌍비교

장기적 요인	장래성	안정성
장래성	1	2
안정성	$\frac{1}{2}$	1

$\lambda_{max} = 2.0$

단기적 요인	투기성	편리성	정보성
투기성	1	2	3
편리성	$\frac{1}{2}$	1	2
정보성	$\frac{1}{3}$	$\frac{1}{2}$	1

$\lambda_{max} = 3.009 \quad C.I. = 0.005$

그리고 장기적 요인에 관한 쌍비교행렬의 최대고유치는

$$\lambda_{max} = 2.0$$

이다. 더욱이 이 최대고유치에 대하여 정규화한 고유벡터는

$$w_2^T = (0.667,\ 0.333)$$

이다. 이것이 장기적 요인에 관한 레벨 3의 각 요인의 무게벡터이다.

다음으로 단기적 요인에 관한 쌍비교행렬의 최대고유치는

$$\lambda_{max} = 3.009$$

이다. 더욱이 정합성의 평가는

$$C.I. = 0.005$$

이므로 유효성이 있다고 할 수 있다. 그리고 이 최대고유치에 대하여 정규화한 고유벡터는

$$w_3^T = (0.540,\ 0.297,\ 0.163)$$

이다. 이것이 단기적 요인에 관한 레벨 3의 각 요인의 무게벡터이다.

또 레벨 1에서 본 무게는

$$0.667 \times w_2^T = (0.444,\ 0.222)$$

$$0.111 \times w_3^T = (0.060,\ 0.033,\ 0.018)$$

이다. 이상과 같이 6가지의 평가기준(비용, 장래성, 안정성, 투기성, 편리성, 정보성)의 무게벡터를 W라 하면

$$W^T = (0.222, 0.444, 0.060, 0.033, 0.018)$$

이다. 이 투자가는 금융상품 선택에 있어서 장래성이 가장 중요하고 다음으로는 비용, 안정성이 중요한 것을 알 수 있다.

끝으로 이 6가지의 평가기준에 관한 대체안(금융상품)의 쌍비교를 실시한 결과 표 5.5와 같다.

표 5.5 6가지의 평가기준에 관한 각 대체안의 쌍비교

비용	A	B	C
A	1	$\frac{1}{2}$	$\frac{1}{3}$
B	2	1	1
C	3	1	1

$\lambda_{max} = 3.018$ $C.I. = 0.009$

장래성	A	B	C
A	1	2	3
B	$\frac{1}{2}$	1	2
C	$\frac{1}{3}$	$\frac{1}{2}$	1

$\lambda_{max} = 3.009$ $C.I. = 0.005$

안정성	A	B	C
A	1	9	5
B	$\frac{1}{9}$	1	$\frac{1}{2}$
C	$\frac{1}{5}$	2	1

$\lambda_{max} = 3.001$ $C.I. = 0.001$

투기성	A	B	C
A	1	$\frac{1}{3}$	2
B	3	1	7
C	$\frac{1}{2}$	$\frac{1}{7}$	1

$\lambda_{max} = 3.003$ $C.I. = 0.001$

편리성	A	B	C
A	1	3	5
B	$\frac{1}{3}$	1	2
C	$\frac{1}{5}$	$\frac{1}{2}$	1

$\lambda_{max} = 3.004$ $C.I. = 0.002$

정보성	A	B	C
A	1	$\frac{1}{4}$	$\frac{1}{2}$
B	4	1	2
C	2	$\frac{1}{2}$	1

$\lambda_{max} = 3.0$ $C.I. = 0$

그리고 이 6개의 행렬의 각각의 최대고유치 λ_{max}와 정합성의 평가 $C.I.$의 값은 행렬의 밑에 써 놓았다. 또 이 6개의 최대고유치에 대하여 정규화한 고유벡터는 각각 다음과 같다.

비　용 …… w_1^T = (0.169, 0.387, 0.444)

장래성 …… w_2^T = (0.540, 0.297, 0.163)

안정성 …… w_3^T = (0.761, 0.082, 0.157)

투기성 …… w_4^T = (0.216, 0.682, 0.102)

편리성 …… w_5^T = (0.648, 0.230, 0.122)

정보성 …… w_6^T = (0.143, 0.571, 0.286)

5.2.3 제 3단계

각 레벨의 요소사이의 무게가 계산되면 그 결과로부터 계층전체의 무게를 계산하다. 즉, 총합목적(금융상품선택)에 대한 각 대체안(금융상품)의 안정적인 선택기준을 만든다.

대체안의 선택기준의 무게를 X라 하면

$$X=[w_1,\ w_2,\ \cdots,\ w_6]W$$

로 된다.

이 경우는

	비용	장래	안정	투기	편리	정보
A	0.169	0.540	0.761	0.216	0.648	0.431
B	0.387	0.297	0.082	0.682	0.230	0.571
C	0.444	0.163	0.157	0.102	0.122	0.286

$$X=\begin{matrix}A\\B\\C\end{matrix}\begin{pmatrix}0.169 & 0.540 & 0.761 & 0.216 & 0.648 & 0.431\\ 0.387 & 0.297 & 0.082 & 0.682 & 0.230 & 0.571\\ 0.444 & 0.163 & 0.157 & 0.102 & 0.122 & 0.286\end{pmatrix}\times\begin{pmatrix}0.222\\0.444\\0.222\\0.060\\0.33\\0.018\end{pmatrix}\begin{matrix}A\\=B\\C\end{matrix}\begin{pmatrix}0.483\\0.295\\0.222\end{pmatrix}$$

로 된다.

따라서 표 5.3~표 5.5와 같이 쌍비교행렬로 대답한 의사결정자(투자가)의 각 금융상품에 대한 매력도(중요도)는 위와 같고 선호순서는 A > B > C로 된다.

5.3 시나리오 분석

5.3.1 제 1단계

어느날 친구로부터 여름휴양지로서 어디가 좋은가? 하는 상담을 받았다. 이때 휴양지의 후보로서 바다, 산, 온천이 거론되었는데 3개의 후보지가 모두 일장일단이 있기 때문에 결정하기가 쉽지 않았다. 그래서 나는 AHP를 사용하여 결정하기로 했다. 또 이 문제에 관한 선택요인은 쾌적성(기후등), 비용, 쾌락도(즐거움)라는 것을 알 수 있었다. 따라서 여름휴양지의 선택문제에 있어서의 계층구조는 그림 5.3과 같다. 즉, 계층의 최상층(레벨 1)은 총합목적인 여름휴양지의 선택문제를, 레벨 2는 3개의 선택요인(평가기준)을, 최하층(레벨 3)에는 3개의 대체안을 놓는다. 단, 이 예는 앞의 예(계산예 1,2)와 달리 각각의 선택요인을 중시하는 시나리오 분석을 실시한다.

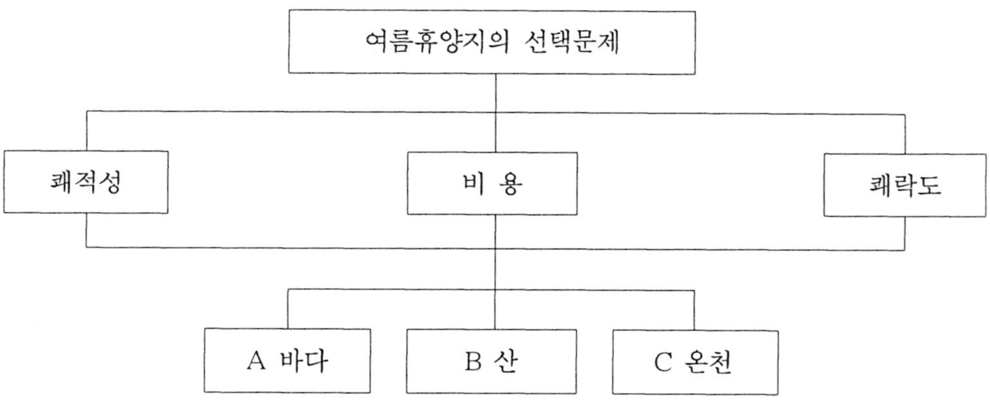

그림 5.3 여름휴양지의 선택문제에 관한 계층구조

5.3.2 제 2단계

다음으로 그림 5.3의 의사결정에서 레벨 2의 각 요인(평가기준)사이와 레벨 3의 각 요인(대체안)사이의 쌍비교를 실시한다. 우선 레벨 2의 각 요인(평가기준)의 쌍비교를 3가지의 시나리오를 근거로 실시한다. 시나리오 1은 쾌적성의 요인을,

시나리오 2는 비용의 요인을, 시나리오 3은 쾌락도의 요인을 중시하는 것이다. 그런데 여기서는 먼저 시나리오 1을 계산하는 것으로 한다. 단, 시나리오 2, 3에 대해서는 나중에 정리하여 소개하기로 한다.

먼저 시나리오 1에 근거한 레벨2의 각 요인의 쌍비교의 결과는 표 5.6과 같다. 이 행렬의 최대고유치는

$$\lambda_{max} = 3.007$$

이다. 그리고 정합성의 평가는

$$C.I. = 0.004$$

이므로 유효성이 있다고 할 수 있다. 더욱이 이 최대고유치에 대하여

표 5.6 레벨 2의 각 요인의 쌍비교

시나리오1	쾌적성	비용	쾌락도
쾌적성	1	3	7
비용	1/3	1	3
쾌락도	1/7	1/3	1

$\lambda_{max} = 3.007$ $C.I. = 0.004$

정규화한 고유벡터는

$$W^T = (0.669,\ 0.243,\ 0.088)$$

이다. 즉, 시나리오 1에 근거한 레벨 2의 각 요인에서는 쾌적성의 요인이 가장 중요하고 그 다음이 비용, 쾌락도의 순서이다.

다음에 이 3가지의 선택요인(평가기준)에 관한 각 대체안의 쌍비교를 실시한다. 이들의 결과는 표 5.7과 같다. 이 3개의 행렬의 각각의 최대고유치 λ_{max}와 정합성의 평가 $C.I.$의 값은 각각의 행렬 밑에 써 놓았다. 이 3개의 행렬의 최대고유치에 대하여 정규화한 고유백터는 각각 다음과 같다.

쾌적성 …… w_1^T = (0.2, 0.2, 0.6)

비　용 …… w_2^T = (0.143, 0.143,0.714)

쾌락도 …… w_3^T = (0.663, 0.278, 0.059)

위의 w_1~w_3가 각 대체안의 각 요인(평가기준)에 관한 평가치(무게)이다.

표 5.7 3개의 선택요인에 관한 각 대체안의 쌍비교

쾌적성	바다	산	온천
바다	1	1	$\frac{1}{3}$
산	1	1	$\frac{1}{3}$
온천	3	3	1

$\lambda_{max} = 3.0$　$C.I. = 0$

비 용	바다	산	온천
바다	1	1	$\frac{1}{5}$
산	1	1	$\frac{1}{5}$
온천	5	5	1

$\lambda_{max} = 3.0$　$C.I. = 0$

쾌락도	바다	산	온천
바다	1	1	9
산	$\frac{1}{3}$	1	6
온천	$\frac{1}{9}$	$\frac{1}{6}$	1

$\lambda_{max} = 3.054$　$C.I. = 0.027$

5.3.3 제 3단계

각 레벨의 요인 사이의 무게가 계산되고 이 결과로부터 계층 전체의 무게를 계산한다. 즉, 총합목적에 대한 각 대체안의 정량적인 선택기준을 만든다.

대체안의 선택기준의 무게를 X라 하면

$$X=[w_1,\ w_2,\ w_3]W$$

이다. 이 경우

$$X = \begin{matrix} \\ A \\ B \\ C \end{matrix} \begin{matrix} \text{쾌적성} & \text{비용} & \text{쾌락도} \\ \end{matrix}$$

$$X = \begin{matrix} A \\ B \\ C \end{matrix} \begin{pmatrix} 0.2 & 0.143 & 0.663 \\ 0.2 & 0.143 & 0.278 \\ 0.2 & 0.714 & 0.059 \end{pmatrix} \times \begin{pmatrix} 0.669 \\ 0.243 \\ 0.088 \end{pmatrix} = \begin{matrix} A \\ B \\ C \end{matrix} \begin{pmatrix} 0.227 \\ 0.193 \\ 0.580 \end{pmatrix}$$

로 된다.

따라서 시나리오에 근거한 각 대체안의 매력도(중요도)는 위와 같고 선호순서는 C > A > B이다. 즉, 이 경우는 온천에 가면 좋은 것으로 된다.

5.3.4 제 4단계

시나리오 2, 3에 근거한 레벨 2의 각 요인의 쌍비교의 결과는 표 5.8과 같다. 단, 시나리오 2는 비용의 요인을 중시하는 것이고, 시나리오 3은 쾌락도의 요인을 중시하는 것이다.

그리고 표 5.8에 표시된 시나리오 2의 행렬의 최대고유치에 대하여 정규화한 고유백터는

$$W^T = (0.088,\ 0.773,\ 0.139)$$

이다.

표 5.8 레벨 2의 각 요인의 쌍비교

시나리오	쾌적성	비용	쾌락도
쾌적성	1	1/7	1/2
비용	7	1	7
쾌락도	2	1/7	1

$\lambda_{max} = 3.054$ $\quad C.I. = 0.027$

시나리오	쾌적성	비용	쾌락도
쾌적성	1	1	1/9
비용	1	1	1/7
쾌락도	9	7	1

$\lambda_{max} = 3.007$ $\quad C.I. = 0.004$

그리고 이 시나리오에 근거하여 시나리오 1과 같은 계산을 하면 대체안의 선택기준 X는

	쾌적성	비용	쾌락도

$$X = \begin{matrix} A \\ B \\ C \end{matrix} \begin{pmatrix} 0.2 & 0.143 & 0.663 \\ 0.2 & 0.143 & 0.278 \\ 0.2 & 0.714 & 0.059 \end{pmatrix} \times \begin{pmatrix} 0.088 \\ 0.773 \\ 0.139 \end{pmatrix} = \begin{matrix} A \\ B \\ C \end{matrix} \begin{pmatrix} 0.220 \\ 0.167 \\ 0.613 \end{pmatrix}$$

로 된다.

따라서 시나리오 2에 근거한 각 대체안의 매력도(효용치)는 위와 같고 선호순서는 C > A > B로 된다.

한편, 표 5.8에 표시된 시나리오 3의 행렬의 최대고유치에 대하여 고유벡터는

$$W^T = (0.096,\ 0.105,\ 0.799)$$

이다.

그리고 이 시나리오에 근거하여 시나리오 1과 같은 계산을 하면 대체안의 선택기준 X는

	쾌적성	비용	쾌락도

$$X = \begin{matrix} A \\ B \\ C \end{matrix} \begin{pmatrix} 0.2 & 0.143 & 0.663 \\ 0.2 & 0.143 & 0.278 \\ 0.2 & 0.714 & 0.059 \end{pmatrix} \times \begin{pmatrix} 0.096 \\ 0.105 \\ 0.799 \end{pmatrix} = \begin{matrix} A \\ B \\ C \end{matrix} \begin{pmatrix} 0.564 \\ 0.256 \\ 0.180 \end{pmatrix}$$

로 된다.

따라서 시나리오 3에 근거한 각 대체안의 매력도(중요도)은 위와 같고 선호순서는 A > B > C로 된다. 즉 이 경우는 바다로 가면 좋은 것이 된다.

이상과 같이 3개의 시나리오를 설정하는 것으로부터 시나리오 1과 2는 온천을, 시나리오 3은 바다를 선정하는 것으로 된다.

5.4 의사결정자가 복수인 경우

5.4.1 제 1단계

어느 날 K시의 시장이 프로야구단의 유치문제를 상담하러 왔다. 이 시의 기획실은 후보구단으로서 A, B, C 3개의 구단을 추천했다. 그러나 구단의 유치를 시장의 독단으로 결정할 수 없고 의회와 시민의 의견과의 합의가 필요하다. 이때 어느 구단을 유치하면 좋은가를 AHP를 사용해서 결정하기로 하였다. 이 경우 앞에서 설명한 예와 다른 것은 의사결정자가 3사람(시민, 의회, 시장)인 것이다. 이것을 고려해 넣었기 때문에 선택요인을 3가지(구단의 인기, 구단의 강함, 구단의 경영력)로 정했다. 그리고 이 문제를 계층구조로 나타내면 그림 5.4와 같다.

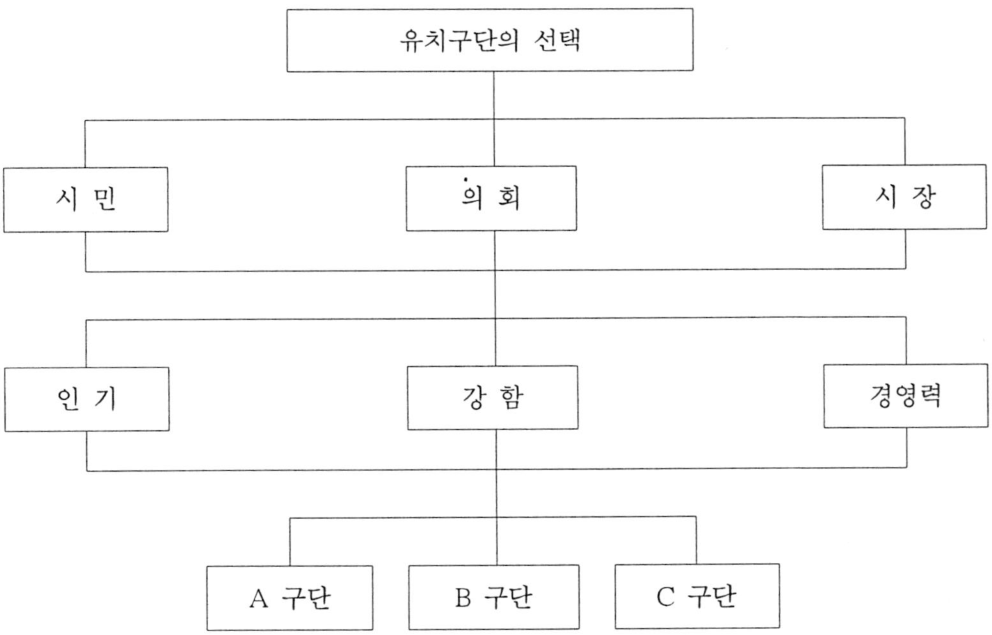

그림 5.4 유치구단의 선택의 계층구조

5.4.2 제 2단계

다음으로 상담자를 통해서 앙케이트를 실시했다. 즉, 그림 5.4에 표시한 선택을 할 때 레벨 2에서 레벨 4의 요소사이의 쌍비교를 실시했다. 우선 유치구단의 선택에 관한 레벨 2의 각 요인(각 의사결정자)의 쌍비교를 실시했다. 그 결과는 표 5.9과 같고 이 행렬의 최대고유치는

$$\lambda_{\max} = 3.080$$

이다. 정합성의 평가는 $C.I. = 0.04$가 되어 유효성이 있다고 할 수 있다.

표 5.9 유치구단의 선택에 관한 레벨 2의 각 요인의 쌍비교

	시민	의회	시장
시민	1	7	1
의회	$\frac{1}{3}$	1	$\frac{1}{3}$
시장	1	3	1

$\lambda_{\max} = 3.080$ $C.I. = 0.04$

더욱이 이 최대고유치에 대하여 정규화한 고유벡터는

$$w_1^T = (0.515,\ 0.097,\ 0.388)$$

이다. 이것이 레벨 2의 무게벡터이다. 즉 3사람의 의사결정자 가운데 시민이 최대의 발언권을 갖고 다음이 시장, 의회의 순서임을 알 수 있다. 다음으로 의사결정자(시민, 의회, 시장) 각각에 대한 레벨 3의 각 요인의 쌍비교를 실시했다. 그 결과는 표 5.10과 같다.

표 5.10 레벨 3의 각 요인의 쌍비교

시민	인기	강함	경영력
인기	1	3	7
강함	$\frac{1}{3}$	1	3
경영력	$\frac{1}{7}$	$\frac{1}{3}$	1

$\lambda_{max} = 3.007$ $C.I. = 0.004$

의회	인기	강함	경영력
인기	1	$\frac{1}{7}$	$\frac{1}{2}$
강함	7	1	7
경영력	2	$\frac{1}{7}$	1

$\lambda_{max} = 3.0$ $C.I. = 0.027$

시장	인기	강함	경영력
인기	1	1	$\frac{1}{9}$
강함	1	1	$\frac{1}{7}$
경영력	9	7	1

$\lambda_{max} = 3.007$ $C.I. = 0.004$

이 3개의 행렬의 각각의 최대고유치 λ_{max}와 정합성의 평가 $C.I.$의 값은 각 행렬의 밑에 표시했다. $C.I.$의 값은 3개의 행렬 모두가 0.1이하이므로 유효성이 있다고 할 수 있다. 더욱이 이 3개의 행렬의 최대고유치에 대하여 정규화한 고유벡터는 각각 다음과 같다.

$$\text{시민} \cdots\cdots \quad w_2^T = (0.669,\ 0.243,\ 0.088)$$

$$\text{의회} \cdots\cdots \quad w_3^T = (0.088,\ 0.773,\ 0.139)$$

$$\text{시장} \cdots\cdots \quad w_4^T = (0.096,\ 0.105,\ 0.799)$$

이들이 의사결정자에 대한 레벨 3의 무게벡터이다. 즉, 시민은 구단의 인기를, 의회는 구단의 강함을, 시장은 구단의 경영력을 중요시하고 있는 것을 알 수 있다.

그리고 이 예와 같이 의사결정자가 복수(이 예에서는 3사람)인 경우, 레벨 3의 각 요인의 최종적인 무게는 의사결정자의 의지에 의존하기 때문에 각 요인의 무게벡터를 W라 하면

$$W = [w_2,\ w_3,\ w_4]w_1$$

이다. 이 예의 경우

$$W = \begin{array}{c} \\ \text{인기} \\ \text{강함} \\ \text{경영력} \end{array} \begin{array}{ccc} \text{시민} & \text{의회} & \text{시장} \\ \left(\begin{array}{cc} 0.669 & 0.088 \\ 0.243 & 0.773 \\ 0.088 & 0.139 \end{array}\right. & & \left.\begin{array}{c} 0.096 \\ 0.105 \\ 0.799 \end{array}\right) \end{array} \times \begin{pmatrix} 0.515 \\ 0.097 \\ 0.388 \end{pmatrix} = \begin{pmatrix} 0.390 \\ 0.241 \\ 0.369 \end{pmatrix}$$

로 된다. 유치구단의 선택문제에 관한 레벨 3의 요인의 무게는 구단의 인기(0.390) > 구단의 경영력(0.369) > 구단의 강함(0.241)의 순서인 것을 알 수 있다.

표 5.11 3개의 선택요인에 관한 각 대체안의 쌍비교

인기	A	B	C
A	1	1	$\frac{1}{3}$
B	1	1	$\frac{1}{3}$
C	3	3	1

$\lambda_{max} = 3.0 \quad C.I. = 0$

강함	A	B	C
A	1	1	$\frac{1}{5}$
B	1	1	$\frac{1}{5}$
C	5	5	1

$\lambda_{max} = 3.0 \quad C.I. = 0$

경영력	A	B	C
A	1	3	9
B	$\frac{1}{3}$	1	6
C	$\frac{1}{9}$	$\frac{1}{6}$	1

$\lambda_{max} = 3.054 \quad C.I. = 0.027$

끝으로 이들 3개의 선택요인에 관한 각 대체안(구단 A, B, C)의 쌍비교를 실시한다(각 구단의 객관적 자료에 근거하여 쌍비교를 실시한다). 그 결과는 표 5.11과 같다. 그리고 이 3개의 행렬의 각각의 최대고유치 λ_{max}와 정합성의 평가 $C.I.$의 값은 각 행렬의 밑에 표시했다. 또 이 3개의 행렬의 최대고유치에 대하여 정규화한 고유벡터는 각각 다음과 같다.

인기 …… w_I^T = (0.2, 0.2, 0.6)

강함 …… w_{II}^T = (0.143, 0.143, 0.714)

경영력 …… w_{III}^T = (0.663, 0.278, 0.059)

이 w_I에서 w_{III}이 레벨 4(각 대체안)의 레벨 3의 각 요인에 관한 무게벡터이다. 즉 구단의 인기와 강함에 관해서는 C구단이, 구단의 경영력에 관해서는 A구단이 각각 매력도(중요도)가 높다는 것을 알 수 있다.

5.4.3 제 3단계

각 레벨의 요소사이의 무게계산이 끝나면 이 결과로부터 계층전체의 무게계산을 한다. 즉 총합목적(유치구단의 선택)에 대한 각 대체안의 정량적인 선택기준을 만든다. 대체안의 선택기준의 무게를 X라 하면

$$X = [w_I,\ w_{II},\ w_{III}]W$$

로 된다.

이 예의 경우

$$W = \begin{pmatrix} & \text{인기} & \text{강함} & \text{경영력} \\ A & 0.2 & 0.143 & 0.663 \\ B & 0.2 & 0.143 & 0.241 \\ C & 0.6 & 0.714 & 0.369 \end{pmatrix} \times \begin{pmatrix} 0.390 \\ 0.241 \\ 0.369 \end{pmatrix} = \begin{pmatrix} 0.357 \\ 0.215 \\ 0.428 \end{pmatrix}$$

이다. 따라서 표 5.9에서 표 5.11과 같은 쌍비교 행렬에서 의사결정자(복수)의 각 구단에 대한 매력도(중요도)는 위식과 같이 C > A > B의 선호순서로 된다. 즉, 시장이 희망한 회사의 경영력이 좋은 A구단은 선택되지 않았다. 그러나 인기와 실력을 겸비한 C구단이 유치되는 것으로 되어 시민도 크게 기뻐할 것이다. 이 구단은 4년 후에는 최고의 위치를 차지하게 되었는데 회사의 후원이 효력을 이루었기 때문이다. 또한 구단 우승의 덕분에 회사의 경영력도 상승되어 경영주도 기뻐하고 있다는 것이다. 여기에서도 AHP의 효력이 증명된 것이다.

5.5 대체안이 복수의 category로 나누어진 경우

5.5.1 제 1단계

어느날 친구로부터 주택을 사고 싶은데 어떻게 선택하면 좋은가하는 상담을 받았다. 주택가격은 대략 1억 5,000만원 정도인 것으로 예측되고 있다. 이런 가격의 물건을 단독주택(A, B, C)과 아파트(D, E, F)의 6건을 조사해 보았다. 문제는 이 6건의 물건중에서 어느 것을 선택하면 좋은가하는 것이다. 그래서 이 문제를 AHP에 의해서 해결하기로 했다. 이것이 종래의 AHP와 다른 것은 대체안이 2개의 category(단독주택, 아파트)로 나뉘어져 있는 것이다. 이것을 고려하여 검토하기로 하는데 우선 선정요인은 근무지까지의 소요시간, 물건내용, 매물의 편리성, 환경의 4가지로 한다. 이것을 계층구조로 나타내면 그림 5.5와 같다.

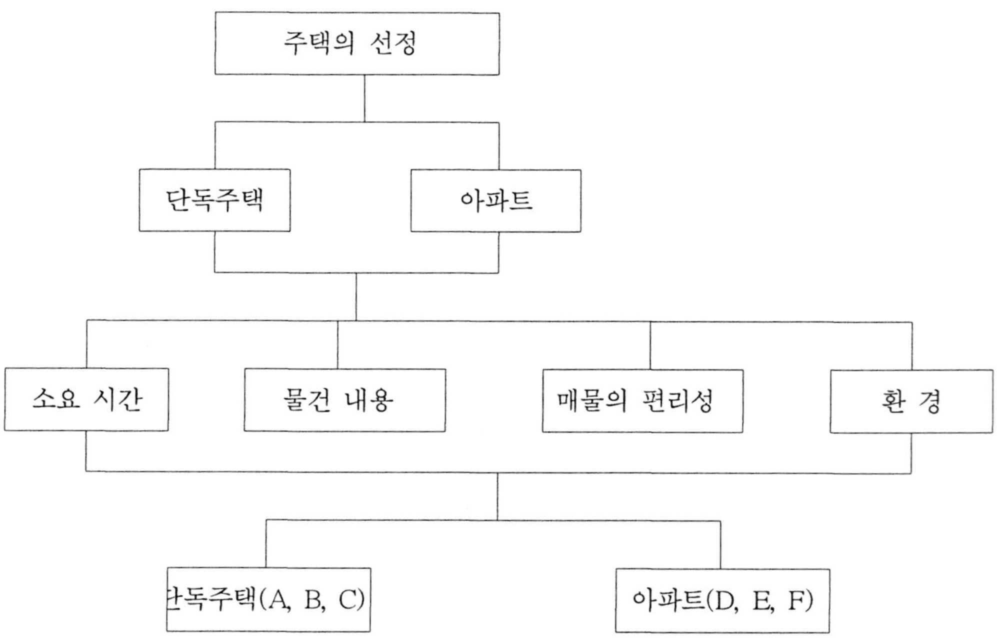

그림 5.5 주택선정의 계층구조

5.5.2 제2단계

먼저 레벨 2의 2개의 category(단독주택, 아파트)의 중요도에 대하여 쌍비교를 실시한다. 이 결과는 표 5.12와 같다. 이 행렬의 고유벡터(무게)는

$$w_1^T \ = (0.6,\ 0.4)$$

이다. 따라서 이 사람은 단독주택을 좋아하는 것을 알 수 있다.

표 5.12 레벨 2의 2개의 category(단독주택, 아파트)의 쌍비교

주택의 선정	단독주택	아파트
단독주택	1	$\frac{3}{2}$
아파트	$\frac{2}{3}$	1

다음에는 단독주택의 물건(A, B, C)를 선정할 때의 각 요인의 중요도에 대하여 쌍비교를 실시한다. 이 결과는 표 5.13과 같다. 이 행렬의 고유벡터(무게)는

$$w_2^T \ = (0.098,\ 0.332,\ 0.102,\ 0.468)$$

이다. 한편 아파트(D, E, F)를 선정할 때의 각 요인의 중요도에 대하여 쌍비교를 실시한다.

이 결과는 표 5.13과 같다. 이 행렬의 고유벡터(무게)는

$$w_3^T \ = (0.383,\ 0.142,\ 0.348,\ 0.127)$$

이다. 이 결과로부터 단독주택을 선정할 때는 환경(46.8%)이, 아파트를 선정할 때는 소요시간(38.3%)이 가장 영향력이 있는 것을 알 수 있다.

다음에는 각 선정요인에 대하여 각 대체안의 평가를 실시한다. 단, 쌍비교는 각 category(단독주택, 아파트)마다 실시한다. 그 결과는 표 5.14, 표 5.15와 같다. 여기서 근무지까지의 소요시간은 실시간을 나타낸다.

표 5.13 단독주택과 아파트의 각 요인의 쌍비교

단독주택	소요시간	물건내용	매물의 편리	환경
소요시간	1	$\frac{1}{3}$	1	$\frac{1}{5}$
물건내용	3	1	5	$\frac{1}{2}$
매물의 편리	1	$\frac{1}{5}$	1	$\frac{1}{3}$
환경	5	2	3	1

$\lambda_{max} = 4.128 \quad C.I. = 0.043$

아파트	소요시간	물건내용	매물의 편리	환경
소요시간	1	3	1	3
물건내용	$\frac{1}{3}$	1	$\frac{1}{2}$	1
매물의 편리	1	2	1	3
환경	$\frac{1}{3}$	1	$\frac{1}{3}$	1

$\lambda_{max} = 4.02 \quad C.I. = 0.07$

표 5.14 단독주택에 관한 평가

소요시간	시간
A	1.5
B	0.5
C	1.0

물건내용	A	B	C
A	1	3	5
B	$\frac{1}{3}$	1	3
C	$\frac{1}{5}$	$\frac{1}{3}$	1

$\lambda_{max} = 3.039 \quad C.I. = 0.019$

매물의 편리	A	B	C
A	1	3	$\frac{1}{5}$
B	$\frac{1}{3}$	1	$\frac{1}{7}$
C	5	7	1

$\lambda_{max} = 3.065 \quad C.I. = 0.032$

환경	A	B	C
A	1	3	$\frac{1}{4}$
B	$\frac{1}{3}$	1	$\frac{1}{5}$
C	4	5	1

$\lambda_{max} = 3.086 \quad C.I. = 0.043$

더욱이 단독주택의 category(A, B, C)의 평가벡터는 각각 다음과 같이 된다. 단, 근무지까지의 소요시간에 관해서는 실시간의 역수를 정규화한다(소요시간이 짧은 만큼 무게는 높게 되므로). 그 밖의 선정요인에 대해서도 쌍비교행렬의 고유벡

터(무게)를 구한다.

소요시간 …… w_4^T = (0.182, 0.545, 0.273)

물건내용 …… w_5^T = (0.637, 0.258, 0.105)

매물의 편리 …… w_6^T = (0.188, 0.081, 0.731)

환경 …… w_7^T = (0.226, 0.101, 0.673)

표 5.15 아파트에 관한 평가

소요시간	시간
A	1.2
B	0.2
C	0.8

물건내용	A	B	C
A	1	4	3
B	$\frac{1}{4}$	1	$\frac{1}{2}$
C	$\frac{1}{3}$	2	1

λ_{max} = .018 $C.I.$ = 0.09

매물의 편리	A	B	C
A	1	3	$\frac{1}{2}$
B	$\frac{1}{3}$	1	$\frac{1}{3}$
C	2	3	1

λ_{max} = 3.054 $C.I.$ = 0.027

환경	A	B	C
A	1	4	2
B	$\frac{1}{4}$	1	$\frac{1}{3}$
C	$\frac{1}{2}$	3	1

λ_{max} = 3.018 $C.I.$ = 0.09

한편, 아파트의 category(D, E, F)의 평가벡터도 단독주택과 같은 방법으로 구하면 다음과 같다.

소요시간 …… w_8^T = (0.118, 0.706, 0.176)

물건내용 …… w_9^T = (0.625, 0.137, 0.238)

매물의 편리 …… w_{10}^T = (0.333, 0.140, 0.527)

환경 …… w_{11}^T = (0.559, 0.121, 0.320)

5.5.3 제 3단계

각 레벨의 무게가 계산되면 그 결과로부터 각 category(단독주택, 아파트)마다 각 대체안(물건)의 종합평가를 실시한다.

단독주택의 각 대체안(물건A, B, C)의 종합평가치를 X라 하면

$$X = [w_4, w_5, w_6, w_7]\ w_2$$

로 된다. 이 예의 경우는

$$X = \begin{matrix} & \text{소요시간} & \text{물건내용} & \text{매물의편리} & \text{환경} \\ \text{A} & 0.182 & 0.673 & 0.188 & 0.226 \\ \text{B} & 0.545 & 0.258 & 0.081 & 0.101 \\ \text{C} & 0.273 & 0.105 & 0.731 & 0.673 \end{matrix} \times \begin{pmatrix} 0.098 \\ 0.332 \\ 0.102 \\ 0.468 \end{pmatrix} = \begin{pmatrix} 0.354 \\ 0.195 \\ 0.451 \end{pmatrix}$$

로 된다.

한편, 아파트의 각 대체안(물건D, E, F)의 종합평가치를 Y라 하면

$$Y = [w_8, w_9, w_{10}, w_{11}]\ w_3$$

로 된다.

이 예의 경우는

$$Y = \begin{matrix} & \text{소요시간} & \text{물건내용} & \text{매물의편리} & \text{환경} \\ \text{D} & 0.118 & 0.625 & 0.333 & 0.559 \\ \text{E} & 0.706 & 0.137 & 0.140 & 0.121 \\ \text{F} & 0.176 & 0.238 & 0.527 & 0.320 \end{matrix} \times \begin{pmatrix} 0.383 \\ 0.142 \\ 0.348 \\ 0.127 \end{pmatrix} = \begin{pmatrix} 0.321 \\ 0.354 \\ 0.325 \end{pmatrix}$$

로 된다.

끝으로 2개의 category(단독주택, 아파트)의 무게 w_1을 X, Y에 곱한다. 이 결과 단독주택의 각 대체안(A, B, C)과 아파트의 각 대체안(D, E, F)의 종합평가치를 비교할 수 있다. 즉

$$0.6\times X=0.6\times\begin{pmatrix}0.354\\0.195\\0.451\end{pmatrix}=\begin{matrix}A\\B\\C\end{matrix}\begin{pmatrix}0.212\\0.117\\0.271\end{pmatrix},\quad 0.4\times Y=0.4\times\begin{pmatrix}0.321\\0.354\\0.325\end{pmatrix}=\begin{matrix}D\\E\\F\end{matrix}\begin{pmatrix}0.128\\0.142\\0.130\end{pmatrix}$$

이다.

따라서 6개의 물건의 최종적인 선호순서는 C > A > E > F > D > B로 된다.

5.6 AHP의 사용법의 검토

5.6.1 정합성

제 3장에서 정합성의 척도 *C.I.* 를 정의하였다. 그리고 쌍비교행렬의 각 요소의 무게를 계산했을 때 그 행렬의 정합성이 나쁜 경우(정합성의 척도 *C.I.* 가 0.1~0.15 이상인 경우)에는 쌍비교행렬의 값을 재검토해야만 한다. 그러나 어느 쌍비교의 값이 정합성에 맞지 않는가를 발견하는 것은 쉬운 일이 아니다. 그래서 이러한 경우 쌍비교의 어느 값을 고치면 좋은가를 다음 예를 가지고 설명한다. 쌍비교행렬 P의 각 항목의 웨이트 w_1, w_2, w_3, w_4, w_5, w_6와 *C.I.* 는 아래와 같다.

$$P=\begin{matrix} \\ 1\\2\\3\\4\\5\\6\end{matrix}\begin{matrix}1&2&3&4&5&6\\ 1&3&\frac{1}{3}&4&6&7\\ \frac{1}{3}&1&\frac{1}{5}&5&5&6\\ 3&5&1&3&2&3\\ \frac{1}{4}&\frac{1}{5}&\frac{1}{3}&1&1&2\\ \frac{1}{6}&\frac{1}{5}&\frac{1}{2}&1&1&2\\ \frac{1}{7}&\frac{1}{6}&\frac{1}{3}&\frac{1}{2}&\frac{1}{2}&1\end{matrix}\qquad\begin{matrix}\text{웨이트}\\0.275\\0.182\\0.367\\0.064\\0.069\\0.043\end{matrix}$$

$C.I. = 0.198$

$C.I.$ 의 값이 커서 판단의 정합성이 나쁜것이다. 그래서 다음과 같이 검토한다.

① 계산된 웨이트 w_1, w_2, w_3, w_4, w_5, w_6를 가지고 w_i/w_j를 $(i,\ j)$성분으로 하는 행렬 W를 만든다.

$$
W = \begin{array}{c} \\ 1 \\ 2 \\ 3 \\ 4 \\ 5 \\ 6 \end{array}
\begin{array}{c} \begin{array}{cccccc} 1 & 2 & 3 & 4 & 5 & 6 \end{array} \\
\begin{pmatrix}
1 & 1.551 & \boxed{0.749} & 4.297 & 3.986 & 6.395 \\
 & 1 & \boxed{0.496} & 2.844 & 2.638 & 4.233 \\
 & & 1 & 5.734 & \boxed{5.319} & \boxed{8.535} \\
 & & & 1 & 0.928 & 1.488 \\
 & & & & 1 & 1.605 \\
 & & & & & 1
\end{pmatrix} \end{array}
$$

② 행렬 P와 W의 각 성분을 비교하여 차이가 큰 것(예를 들면 □ 내)에 주목하여 쌍비교를 수정한다. 그 결과 행렬 P'를 얻는다.

단, 차이가 큰 것이란 비교하는 요소(P와 W)의 값이 2배 이상 차이 나는 것을 의미한다.

$C.I.$ 의 값이 0.1 이하이므로 유효성이 있다고 할 수 있다. 따라서 P'는 정합성이 좋은 것이다.

$$
P' = \begin{array}{c} \\ 1 \\ 2 \\ 3 \\ 4 \\ 5 \\ 6 \end{array}
\begin{array}{c} \begin{array}{cccccc} 1 & 2 & 3 & 4 & 5 & 6 \end{array} \\
\begin{pmatrix}
1 & 3 & \frac{1}{2} & 4 & 6 & 7 \\
 & 1 & \frac{1}{3} & 5 & 5 & 6 \\
 & & 1 & 3 & 4 & 7 \\
 & & & 1 & 1 & 2 \\
 & & & & 1 & 2 \\
 & & & & & 1
\end{pmatrix} \end{array}
\begin{array}{c} \text{웨이트} \\
\begin{pmatrix} 0.300 \\ 0.195 \\ 0.346 \\ 0.066 \\ 0.058 \\ 0.035 \end{pmatrix} \end{array}
$$

$C.I. = 0.075$

5.6.2 불완전 쌍비교행렬

AHP를 실제의 문제에 적용할 때 쌍비교행렬의 요소의 값 모두에 대답할 수 없는 것도 있다. 어떤 질문에 대해서는 통과하지 않으면 안되는 경우, 혹은 대답하고 싶어도 비교할 데이터가 없는 경우가 있다. 이와 같은 불완전한 역수행렬에도 고유치법을 적용할 수 있는 방법을 Harker는 제안하고 있다. 여기서는 역수행렬의 몇 개인가의 요소를 알 수 없는 경우에도 직접적인 근사를 고려할 수 있는 고유치법 즉, Harker의 방법을 소개한다. 예를 들면 5개의 요소가 불완전한 쌍비교행렬에서 추정하고 싶은 웨이트를 $W = (w_1, w_2, w_3, w_4, w_5)$로 한다. 그런데 요소사이의 쌍비교에 있어서 $a_{13} = 3$, $a_{15} = 5$, $a_{24} = 2$, $a_{25} = 3$, $a_{35} = 4$의 값만이 얻어졌다고 한다. 이때 대각요소를 1로하고 역수관계

$$a_{ji} = \frac{1}{a_{ij}}$$

을 가정하면 아래와 같은 불완전 역수행렬 P가 얻어진다.

$$P = \begin{pmatrix} 1 & \square & 3 & \square & 5 \\ \square & 1 & \square & 2 & 3 \\ \frac{1}{3} & \square & 1 & \square & 4 \\ \square & \frac{1}{2} & \square & 1 & \square \\ \frac{1}{5} & \frac{1}{3} & \frac{1}{4} & \square & 1 \end{pmatrix}$$

단, $\square$ 의 요소는 알 수 없는 곳을 나타낸다.

다음에

$$a_{ij} = \frac{w_i}{w_j}$$

이므로 $\square$ 의 곳을 w_i/w_j로 채우면 형식적으로 고유치의 문제는

$$
\begin{pmatrix}
1 & \dfrac{w_1}{w_2} & 3 & \dfrac{w_1}{w_4} & 5 \\
\dfrac{w_2}{w_1} & 1 & \dfrac{w_2}{w_3} & 2 & 3 \\
\dfrac{1}{3} & \dfrac{w_3}{w_2} & 1 & \dfrac{w_3}{w_4} & 4 \\
\dfrac{w_4}{w_1} & \dfrac{1}{2} & \dfrac{w_4}{w_3} & 1 & \dfrac{w_4}{w_5} \\
\dfrac{1}{5} & \dfrac{1}{3} & \dfrac{1}{4} & \dfrac{w_4}{w_5} & 1
\end{pmatrix}
\times
\begin{pmatrix} w_1 \\ w_2 \\ w_3 \\ w_4 \\ w_5 \end{pmatrix}
= \lambda
\begin{pmatrix} w_1 \\ w_2 \\ w_3 \\ w_4 \\ w_5 \end{pmatrix}
$$

로 쓸 수 있다. 이것으로 부터

$$
\begin{array}{lllllll}
3w_1 & & + 3w_3 & & 5w_5 & = \lambda w_1 \\
 & 3w_2 & & + 2w_4 & + 3w_5 & = \lambda w_2 \\
\dfrac{1}{3w_1} & & + 3w_3 & & + 4w_5 & = \lambda w_3 \\
 & \dfrac{1}{2w_2} & & + 4w_4 & & = \lambda w_4 \\
\dfrac{1}{5w_1} & + \dfrac{1}{3w_2} & + \dfrac{1}{4w_3} & & + 2w_5 & = \lambda w_5
\end{array}
$$

를 구할 수 있다. 그리고 위 식을 행렬로 표시하면

$$
\begin{pmatrix}
3 & 0 & 3 & 0 & 5 \\
0 & 3 & 0 & 2 & 3 \\
1/3 & 0 & 3 & 0 & 4 \\
0 & 1/2 & 0 & 4 & 0 \\
1/5 & 1/3 & 1/4 & 0 & 2
\end{pmatrix}
\times
\begin{pmatrix} w_1 \\ w_2 \\ w_3 \\ w_4 \\ w_5 \end{pmatrix}
= \lambda
\begin{pmatrix} w_1 \\ w_2 \\ w_3 \\ w_4 \\ w_5 \end{pmatrix}
$$

로 된다. 즉 P와 같은 불완전 역수행렬의 웨이트는 위 식에 표시한 고유치문제를 풀면 얻어지는 것을 알 수 있다. 그리고 위 식에 나타난 역수행렬은 P의 □의 요소를 0으로 놓고 그의 제 i 행 대각요소가 P의 i 행에 있는 □의 갯수에 1을 더한 행렬이다. 이상과 같은 방법이 Harker가 제안한 방법이다. 이 방법으로부터

$\tilde{w}$의 추정치 w'를 구할 수 있다. 그리고 위식과 같은 고유치문제는 근사적으로

$$\tilde{\lambda}_{\max} = 5.0$$

$$\tilde{w} = (0.462,\ 0.181,\ 0.205,\ 0.086,\ 0.067)$$

로 계산할 수 있다(고유치, 고유벡터를 근사적으로 구하는 수치해법인 멱승법은 3장에서 설명).

5.6.3 Group에 의한 의사결정

AHP를 group단위로 사용하는 경우도 있다. 예를 들면 몇 사람이 합의점을 도모하여 의사결정을 하는 경우이다. 이와 같은 경우는 각 사람이 각각 AHP를 실행하여 결과를 도출하고 검토한 후에 결론을 내리는 것도 하나의 방법이다. 쌍비교의 값을 group로 하여 결정하는 것도 필요하다. 이와 같은 경우는 각 member의 입장이나 가치관이 다르기 때문에 각 member 사이의 쌍비교 값이 다른 것이 자주 일어난다. 이 때 그것을 하나의 수치로 바꾸면 좋지만 의견이 일치하지 않으면 다음과 같이 대응한다.

예를 들면 A, B, C 3개의 성씨로 된 group에서 어떤 문제에 대해서 쌍비교를 실시한 결과가 다음과 같이 1군데(□내)에 대하여 값이 틀려서 하나의 수치로 통합될 수 없었다.

$$A=\begin{bmatrix}1&3&3&\boxed{3}&5\\ &1&1&2&3\\ &&1&2&4\\ &&&1&3\\ &&&&1\end{bmatrix}\quad B=\begin{bmatrix}1&3&3&\boxed{4}&5\\ &1&1&2&3\\ &&1&2&4\\ &&&1&3\\ &&&&1\end{bmatrix}\quad C=\begin{bmatrix}1&3&3&\boxed{5}&5\\ &1&1&2&3\\ &&1&2&4\\ &&&1&3\\ &&&&1\end{bmatrix}$$

이와 같은 경우는 3개의 성씨의 값의 기하평균을 대체값으로 하여 사용한다. 즉,

$$\sqrt[3]{3\times4\times5} = \sqrt[3]{60} = 3.915$$

이다.

이렇게 하면 쌍비교행렬에 있어서 대칭인 위치의 수치의 역수관계가 성립하므로 형편이 좋은 것이다. 즉,

$$\sqrt[3]{\frac{1}{3} \times \frac{1}{4} \times \frac{1}{5}} = \sqrt[3]{\frac{1}{60}} = \frac{1}{3.915}$$

이다.

만약, 산술평균을 취하면 이와 같은 역수관계는 성립하지 않는다. 이 예에서는

$$\frac{1}{3}(3+4+5) = 4$$

이고, $\frac{1}{4} = 0.25$ 인데

$$\frac{1}{3}\left(\frac{1}{3} + \frac{1}{4} + \frac{1}{5}\right) = 0.261$$

로 되어 대칭인 위치의 수치의 역수관계가 성립하지 않는다.

제 6 장

대체안의 선호순서에 관한 검토

▷ 1. Belton과 Gear의 반례
▷ 2. 복사(Copy) 대체안의 예
▷ 3. 복사(Copy) 대체안의 경우 계산법
▷ 4. 선호순서 역전의 예

6.1 Belton과 Gear의 반례

예를 들면 어떤 회사의 차기 사장후보로 A, B, C 세 사람이 거론되었다고 하자. 그리고 평가기준으로서 a(선견성), b(결단력), c(지도력)의 3요소가 선택되었다. 그래서 이 문제를 AHP로 분석하기 위한 계층구조로 나타내면 그림 6.1과 같다.

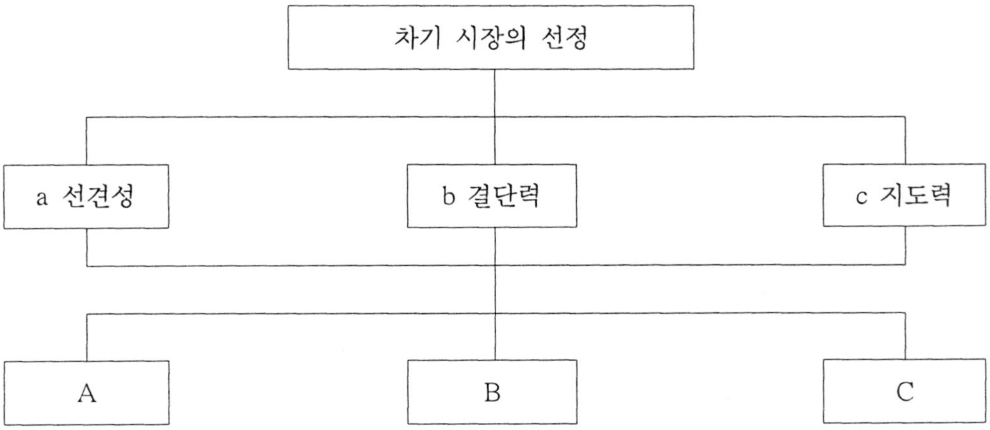

그림 6.1 차기 시장의 선정에 관한 계층구조

그래서 레벨 2의 3개의 평가기준(a, b, c)이 상대적으로 어떤 것이 차기시장의 선정에 영향이 있는가를 경험과 육감으로 판단한다. 이 때 이들 3개의 평가기준 가운데 2개씩을 비교하여 표 6.1과 같이 정리한다. 이 경우 모두 같은 정도로 중요하므로 '1'이라고 쓴다. 이 행렬의 최대고유치($\lambda_{max} = 3.0$)에 대한 고유벡터 W는

$$W^T = (\frac{1}{3},\ \frac{1}{3},\ \frac{1}{3})$$

이다.

표 6.1 평가기준에 관한 쌍비교

	a	b	c
a	1	1	1
b	1	1	1
c	1	1	1

다음으로 레벨 3에 표시한 3사람의 후보자를 3개의 평가기준에 근거하여 각각 쌍비교를 실시한다. 그 결과는 표 6.2와 같다. 이들 3가지의 쌍비교행렬의 각각의 최대고유치(어느 것이나 $\lambda_{max} = 3.0$)에 대한 고유벡터는

$$w_a^T = (1/11,\ 9/11,\ 1/11)$$

$$w_b^T = (9/11,\ 1/11,\ 1/11)$$

$$w_c^T = (8/18,\ 9/18,\ 1/18)$$

이다.

표 6.2 차기 시장후보 선정의 3개의 평가기준의 쌍비교

a (선견성)	A	B	C
A	1	$\frac{1}{9}$	1
B	9	1	9
C	1	$\frac{1}{9}$	1

b (결단력)	A	B	C
A	1	9	9
B	$\frac{1}{9}$	1	1
C	$\frac{1}{9}$	1	1

c (지도력)	A	B	C
A	1	$\frac{8}{9}$	8
B	$\frac{9}{8}$	1	9
C	$\frac{1}{8}$	$\frac{1}{9}$	1

그런데 대체안의 선택기준의 무게를 X라 하면

$$X = [w_a,\ w_b,\ w_c]\ W$$

이다.

이 예의 경우

$$X = \begin{matrix} \\ A \\ B \\ C \end{matrix} \begin{matrix} \begin{matrix} a & \quad b & \quad c \end{matrix} \\ \begin{pmatrix} 1/11 & 9/11 & 8/18 \\ 9/11 & 1/11 & 9/18 \\ 1/11 & 1/11 & 1/18 \end{pmatrix} \end{matrix} \times \begin{pmatrix} 1/3 \\ 1/3 \\ 1/3 \end{pmatrix} = \begin{matrix} A \\ B \\ C \end{matrix} \begin{pmatrix} 0.45 \\ 0.47 \\ 0.08 \end{pmatrix}$$

이다. 따라서 각 대체안의 선호순서는 B > A > C로 된다. 단, 표 6.1과 표 6.2에 나타낸 쌍비교행렬은 모두 일관성이 있다.

그런데 여기에 새로이 D씨도 후보자의 한사람으로 거론되었다. 그래서 D씨를 포함한 4사람에 의한 평가를 하기로 한다. 단, 3개의 평가기준의 무게 W 및 각 평가기준에 관한 3사람(A, B, C)의 쌍비교의 값은 변하지 않는다고 한다. 그 결과 3개의 평가기준에 관한 4사람의 쌍비교행렬은 표 6.3과 같이 된다. 그러나 새로이 대체안이 늘어나도 일관성이 보존되는 것이다. 더욱이 이들 3개의 행렬의 각각의 최대고유치($\lambda_{max} = 4$)에 대한 고유벡터는 다음과 같이 된다.

$$w_a^T = (1/20,\ 9/20,\ 1/20,\ 9/20)$$

$$w_b^T = (9/12,\ 1/12,\ 1/12,\ 1/12)$$

$$w_c^T = (8/27,\ 9/27,\ 1/27,\ 9/27)$$

표 6.3 시장후보 4사람의 쌍비교

a (선견성)	A	B	C	D
A	1	$\frac{1}{9}$	1	$\frac{1}{9}$
B	9	1	9	1
C	1	$\frac{1}{9}$	1	$\frac{1}{9}$
D	9	1	9	1

b (결단력)	A	B	C	D
A	1	9	9	9
B	$\frac{1}{9}$	1	1	1
C	$\frac{1}{9}$	1	1	1
D	$\frac{1}{9}$	1	1	1

c (지도력)	A	B	C	D
A	1	$\frac{8}{9}$	8	$\frac{8}{9}$
B	$\frac{9}{8}$	1	9	1
C	$\frac{1}{8}$	$\frac{1}{9}$	1	$\frac{1}{9}$
D	$\frac{8}{9}$	1	9	1

따라서 각 대체안의 무게를 X라 하면 이 경우

$$X = \begin{matrix} \\ A \\ B \\ C \\ D \end{matrix} \begin{matrix} a & b & c \\ \left(\begin{matrix} 1/20 & 9/12 & 8/27 \\ 9/20 & 1/12 & 9/27 \\ 1/20 & 1/12 & 1/27 \\ 9/20 & 1/12 & 9/27 \end{matrix} \right) \end{matrix} \times \begin{pmatrix} 1/3 \\ 1/3 \\ 1/3 \end{pmatrix} = \begin{pmatrix} 0.37 \\ 0.29 \\ 0.06 \\ 0.29 \end{pmatrix}$$

이다. 즉, 각 대체안의 선호순서는 A > B = D > C로 된다.

그러나 이 결과는 실로 모순된 것으로 넘치는데 그것은 새로이 D씨를 추가한 것으로부터 지금까지의 3사람 가운데 A, B 두 사람의 평가가 역전했기 때문이다. 그러나 A, B, C 3사람의 평가에 관한 쌍비교행렬의 값은 D씨가 추가되어도 변하지 않는 것이다.

실은 이 순위역전현상은 Belton과 Gear에 의해서 지적된 것인데 AHP의 제창자 Saaty는 이런 종류의 역전을 받아들이는 것으로 반론하고 있다. 왜냐하면 추가된 대체안(이 예에서는 D씨)이 지금까지의 대체안과 같으면 그 대체안의 평가치(무게)가 떨어지는 것이 분명해지기 때문이다. 표 6.3을 보면 D씨는 B씨와 똑같은 것을 알 수 있다. 가령 같은 평가기준이 아니어도 각각의 평가기준에 대해서 같은 평가를 받는 인물이다. 이와 같이 대체안이 추가되는 만큼 해당하는 대체안의 무게가 떨어지는 것을 다음 절에서 설명하겠다.

6.2 복사(Copy) 대체안의 예

어느 기업이 판매사원의 평가에 AHP를 사용해서 실시했다. 평가기준은 능력과 인격의 2가지이고 대체안은 M, N 두사람으로 한다(그림 6.2 참조). 또, 능력과 인격의 무게는

$$w^T = (0.7,\ 0.3)$$

이다. 다음에 2개의 평가기준에 관한 대체안의 쌍비교는 표 6.4와 같다.

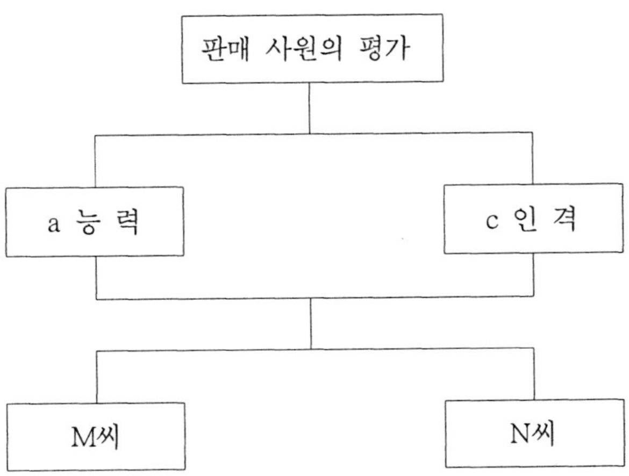

그림 6.2 판매사원의 평가의 계층구조

표 6.4 각 평가기준에 관한 쌍비교

능력	M	N
M	1	2
N	1/2	1

인격	M	N
M	1	1/3
N	3	1

이 2가지의 쌍비교행렬의 고유벡터(무게)는

$$w_a^T = (0.667,\ 0.333)$$

$$w_b^T = (0.25,\ 0.75)$$

이다. 따라서 M씨와 N씨의 종합평가치는

$$X = \begin{matrix} \\ M \\ N \end{matrix} \begin{matrix} \quad a \qquad\quad b \\ \begin{pmatrix} 0.667 & 0.25 \\ 0.333 & 0.75 \end{pmatrix} \end{matrix} = \begin{pmatrix} 0.542 \\ 0.458 \end{pmatrix}$$

로 되고 선호순서는 M > N이다.

그리고 지금 새로 M씨의 복사로 M′씨가 대체안으로 추가되었다고 하자. 물론 지금까지의 대체안(M, N) 사이의 쌍비교는 변하지 않는 것으로 한다. 또 M′씨는 M씨의 복사이므로 M씨와 같은 평가로 될 것이다. 따라서 2개의 평가기준에 관한 각 대체안(M, N, M′)의 쌍비교는 표 6.5와 같다. 그리고 이 2개의 쌍비교행렬의 고유벡터(무게)는

$$w_a^T = (0.4,\ 0.2,\ 0.4)$$

$$w_b^T = (0.2,\ 0.6,\ 0.2)$$

이다.

표 6.5 2개의 평가기준에 관한 쌍비교

능력	M	N	M′
M	1	2	1
N	1/2	1	1/2
M′	1	2	1

인격	M	N	M′
M	1	1/3	1
N	3	1	3
M′	1	1/3	1

따라서 M씨, N씨, M′씨의 총합평가치는

$$X = \begin{matrix} M \\ N \\ M' \end{matrix} \overset{\begin{matrix} a & & b \end{matrix}}{\begin{pmatrix} 0.4 & 0.2 \\ 0.2 & 0.6 \\ 0.4 & 0.2 \end{pmatrix}} \begin{pmatrix} 0.7 \\ \\ 0.3 \end{pmatrix} = \begin{pmatrix} 0.34 \\ 0.32 \\ 0.34 \end{pmatrix}$$

로 되고 선호순서는 M = M′ > N이 된다. 단, M ≒ N이다.

또 새로 M씨의 복사 M″씨가 대체안으로 추가 되었다고 하자. 물론, 지금까지의 대체안(M, N, M′)사이의 쌍비교는 변하지 않는 것으로 한다. 또 M″씨는 M씨의 복사이므로 M씨와 같은 평가로 될 것이다. 따라서 2개의 평가기준에 관한 각 대체안(M, N, M′, M″)의 쌍비교는 표 6.6과 같다. 그리고 이 2개의 쌍비교행렬의 고유벡터(무게)는

$$w_a^T = (0.286,\ 0.143,\ 0.286,\ 0.286)$$

$$w_b^T = (0.167, 0.5,\ 0.167,\ 0.167)$$

이다. 따라서 M씨, N씨, M′씨, M″씨의 총합평가치는

표 6.6 2개의 평가기준에 관한 쌍비교

능력	M	N	M′	M″
M	1	2	1	1
N	1/2	1	1/2	1/2
M′	1	2	1	1
M″	1	2	1	1

인격	M	N	M′	M″
M	1	1/3	1	1
N	3	1	3	3
M′	1	1/3	1	1
M″	1	1/3	1	1

$$X = \begin{matrix} M \\ N \\ M' \\ M'' \end{matrix} \overset{\begin{matrix} a & & b \end{matrix}}{\begin{pmatrix} 0.286 & 0.167 \\ 0.143 & 0.5 \\ 0.286 & 0.167 \\ 0.286 & 0.167 \end{pmatrix}} = \begin{pmatrix} 0.7 \\ \\ \\ 0.3 \end{pmatrix} = \begin{pmatrix} 0.25 \\ 0.25 \\ 0.25 \\ 0.25 \end{pmatrix}$$

로 되고 선호순서는 M = M′ = M″ = N 로 된다.

또 새로 M씨의 복사 M‴씨가 대체안으로서 추가된 것으로 한다. 물론 지금까지의 대체안 (M, N, M′, M″)사이의 쌍비교는 변하지 않는 것으로 한다. 또 M‴씨는 M씨의 복사이므로 M씨와 같은 평가로 될 것이다. 따라서 2개의 평가기준에 관한 각 대체안 (M, N, M′, M″, M‴)의 쌍비교는 표 5.7과 같다. 그리고 이 2개의 쌍비교행렬의 고유벡터(무게)는

$$w_a^T = (0.222,\ 0.111,\ 0.222,\ 0.222,\ 0.222)$$

$$w_b^T = (0.143,\ 0.428,\ 0.143,\ 0.143,\ 0.143)$$

이다.

표 6.7 2개의 평가기준에 관한 쌍비교

능력	M	N	M′	M″	M‴
M	1	2	1	1	1
N	1/2	1	1/2	1/2	1/2
M′	1	2	1	1	1
M″	1	2	1	1	1
M‴	1	2	1	1	1

인격	M	N	M′	M″	M‴
M	1	1/3	1	1	1
N	3	1	3	3	3
M′	1	1/3	1	1	1
M″	1	1/3	1	1	1
M‴	1	1/3	1	1	1

따라서 M씨, N씨, M′씨, M″씨, M‴씨의 총합평가치는

$$X = \begin{matrix} \\ M \\ N \\ M' \\ M'' \\ M''' \end{matrix} \begin{matrix} \begin{matrix} a & & b \end{matrix} \\ \begin{pmatrix} 0.222 & 0.143 \\ 0.111 & 0.428 \\ 0.222 & 0.143 \\ 0.222 & 0.143 \\ 0.222 & 0.143 \end{pmatrix} \end{matrix} \begin{pmatrix} 0.7 \\ \\ \\ 0.3 \end{pmatrix} = \begin{pmatrix} 0.198 \\ 0.207 \\ 0.198 \\ 0.198 \\ 0.198 \end{pmatrix}$$

로 되고 선호순서는 N > M = M′ = M″ = M‴로 된다.

이상의 결과로부터 복사 대체안(M′, M″, M‴)이 추가되는 만큼 해당하는 대체안(M)의 총합평가치가 떨어지는 것을 알 수 있다.

6.3 복사(Copy) 대체안의 경우의 계산법

6.1절에서 소개한 Belton과 Gear의 반례에 관련해서 Saaty의 반론 및 Belton과 Gear의 재반론이 있다. 그러나 AHP에서 복사 대체안이 섞여 있는 경우 6.2절에 나타낸 것과 같이 해당하는 대체안이 과소평가되는 것은 분명하다.

그래서 본 절에서는 이와 같은 순위역전이 일어나는 이유를 고찰하고 복사 대체안이 섞여 있는 경우의 계산법을 소개한다. 먼저 Belton과 Gear의 반례에서 D가 추가된 후에는 A, B, C에 대한 쌍비교의 값이 변하지 않음에도 불구하고 A와 B 사이에 순위의 역전현상이 발견되었다. 그래서 평가기준 a, b, c에 관한 각 대체안의 평가의 변화(D가 추가되기 전과 후)를 보면 B의 쪽이 A보다도 평가가 높은 평가기준 a, c에 관한 평가가 반쯤 떨어지는 것을 알 수 있다(표 6.8 참조). 결국 평가기준 사이의 무게와 평가기준에 대한 각 대체안의 평가를 근거로 총합평가치를 산출할 때 D가 추가된 후에 평가기준 사이의 무게가 변하지 않는 한 a, c의 영향도가 상대적으로 감소하기 때문에 A와 B의 순위에 역전이 일어나는 것이다.

즉, 각 평가기준에 대한 각 대체안의 평가치(무게)가 정규화되어 있으므로 새로이 대체안이 추가된 경우에는 척도가 변하고 이 예에서 보여진 것과 같은 현상이 일어나는 것이다. 따라서 복사 대체안 D가 추가되기 전과 같은 평가기준 사이의 무게를 사용하는 한 정규화는 총합평가치가 산출되어진 후에 실시하는 것이 필요하다.

그래서 이와 같은 경우에 각 대체안의 총합평가치를 구하는 계산법을 소개한다. 단, 각 평가기준은 $C_i(i = 1, 2, \cdots, n)$, C_i의 무게를 v_i, 각 대체안은 $A_j(j = 1, 2, \cdots, m)$, C_i에 관한 A_j의 평가치(무게)를 w_{ij}로 한다.

표 6.8 A, B에 관한 무게의 변화

	A			B		
	a	b	c	a	b	c
D가 추가되기 전	1/11	9/11	8/18	9/11	1/11	9/18
D가 추가된 후	1/20	9/12	8/27	9/20	1/12	9/27

(1) 어떤 대체안 A_{m+1}이 추가되었다고 한다.

이 때 v_i가 변하지 않는 것은 당연한 데 w_{ij}도 그대로 채용한다. 그리고 C_i에 관한 A_{m+1}의 평가치(무게)를 새로이 $w_{i,\,m+1}$로 하여 평가한다. 만약 A_{m+1}이 A_j^*의 복사이면 $w_{i,\,m+1} = w_{ij}^*$로 된다.

(2) $\sum_{i=1}^{n} v_i w_{ij} = \epsilon_j \ (j = 1, 2, \cdots, m+1)$

$$\sum_{j=1}^{m+1} v_i w_{ij} = f_i \ (i = 1, 2, \cdots, n)$$

위의 두식을 계산한다. ϵ_j는 대체안 A_j의 총합평가치이고, f_i는 평가기준 i의 무제이다.

(3) $\sum_{i=1}^{n} f_i = F \ (= \sum_{j=1}^{m+1} \epsilon_j)$

를 계산한다. 그리고 정규화하기 위하여

$$\frac{\epsilon_j}{F} = w_j$$

를 계산한다. 이 w_j가 대체안 j의 정규화된 총합평가치이다.

이상의 계산법을 Belton과 Gear의 예에 적용해 보면 표 6.9와 같다.

즉, $A(w_1) = 0.3070$, $B(w_2) = 0.3196$, $C(w_3) = 0.0538$, $D(w_4) = 0.3196$이고 선호순서는 B = D > A > C로 되고 순위역전은 일어나지 않는다. 그러나 이 결과는 대체안 D가 추가되기 전의 대체안(A, B, C)사이의 총합평가치의 비도 변하지 않는 것을 알 수 있다.

더욱이 6.2절에 표시한 복사 대체안의 예(M, N, M′, M′′, M′′′)에도 적용해 보면 표 6.10과 같이 된다.

표 6.9 수정계산

	a	b	c	w_j
A	$\frac{1}{3}\times\frac{1}{11}$	$\frac{1}{3}\times\frac{9}{11}$	$\frac{1}{3}\times\frac{8}{18}$	$(\frac{1}{33}+\frac{9}{33}+\frac{8}{54})/1.4697=0.3070$
B	$\frac{1}{3}\times\frac{9}{11}$	$\frac{1}{3}\times\frac{1}{11}$	$\frac{1}{3}\times\frac{9}{18}$	0.3196
C	$\frac{1}{3}\times\frac{1}{11}$	$\frac{1}{3}\times\frac{1}{11}$	$\frac{1}{3}\times\frac{1}{18}$	0.0538
D	$\frac{1}{3}\times\frac{9}{11}$	$\frac{1}{3}\times\frac{1}{11}$	$\frac{1}{3}\times\frac{9}{18}$	0.3196
fi	0.6061	0.3636	0.5	F = 1.4697

표 6.10 수정계산

	a	b	w_j
M	$0.7\times\frac{2}{3}$	$0.3\times\frac{1}{4}$	$(0.7\times\frac{2}{3}+0.3\times\frac{1}{4})/2.625=0.20635$
N	$0.7\times\frac{1}{3}$	$0.3\times\frac{3}{4}$	0.17460
M′	$0.7\times\frac{2}{3}$	$0.3\times\frac{1}{4}$	0.20635
M′′	$0.7\times\frac{2}{3}$	$0.3\times\frac{1}{4}$	0.20635
M′′′	$0.7\times\frac{2}{3}$	$0.3\times\frac{1}{4}$	0.20635
f_i	2.1	0.525	F=2.625

즉, M(w_1) = 0.20635, N(w_2) = 0.17460, M′(w_{31}) = 0.20635, M′′(w_4) = 0.20635, M′′′(w_5) = 0.20635이고 선호순서는 M = M′ = M′′ =M′′′ > N로 되며 순위역전은 일어나지 않는다. 그러나 이 결과는 대체안(M′, M′′, M′′′)이 추가되기 전의 대체안(M, N)사이의 총합평가치의 비도 변하지 않는 것을 알 수 있다.

6.4 선호순서 역전의 예

6.1절, 6.2절에서 복사 대체안에 의한 선호순서 역전의 예를 소개하였다. 그래서 본 절에서는 복사가 아닌 대체안의 추가에 의해서 선호순서가 역전하는 경우를 Saaty의 예 (1)을 사용하여 설명한다. 더욱이 복사 대체안의 추가에 의한 선호순서 역전이 타당성을 갖는 경우에 대해서 Saaty의 예 (2)를 사용하여 설명한다.

6.4.1 투자문제

재산관리에서 투자는 중요한 의사결정이다. 그래서 투자문제를 총합목적으로 하는 계층구조는 그림 6.3과 같이 나타낸다. 즉 평가기준은 이익률과 안전성이고 대체안은 주·채권 등의 투자대상 A, B로 한다. 또 이익률과 안전성의 무게는

$$w^T = (0.5,\ 0.5)$$

로 한다. 다음에 각 평가기준에 관한 각 대체안의 쌍비교는 표 6.11에 표시한 것과 같다.

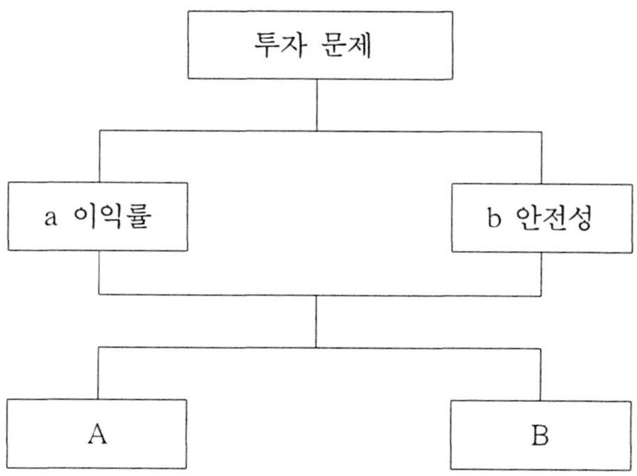

그림 6.3 투자문제의 계층구조

즉, 이익률에 관해서는 B보다 A쪽이 높고(A > B), 안전성에 관해서는 A보다도 B쪽이 높은 것이다(A < B). 그리고 이 2개의 쌍비교행렬의 고유벡터 (무게)는

$$w_a^T = (0.75,\ 0.25)$$

$$w_b^T = (0.33,\ 0.67)$$

이다. 따라서 A, B의 종합평가치는

$$X = \begin{matrix} \\ A \\ B \end{matrix} \begin{matrix} a & b \\ \left(\begin{matrix} 0.75 & 0.33 \\ 0.25 & 0.67 \end{matrix} \right. & \left. \right) \end{matrix} \times \begin{pmatrix} 0.5 \\ 0.5 \end{pmatrix} = \begin{pmatrix} 0.54 \\ 0.46 \end{pmatrix}$$

로 되고 선호순서는 A > B로 된다.

표 6.11 각 평가기준에 관한 쌍비교

이익률	A	B
A	1	3
B	$\frac{1}{3}$	1

안전성	A	B
A	1	$\frac{1}{2}$
B	2	1

그래서 지금 새로운 대체안 C가 추가되었다고 한다. 그리고 각 평가기준에 관한 각 대체안(A, B, C)의 쌍비교는 표 6.12와 같다. 이 2개의 쌍비교행렬의 고유벡터 (무게)는

$$w_a^T = (0.3,\ 0.1,\ 0.6)$$

$$w_b^T = (0.31,\ 0.62,\ 0.08)$$

이다. 즉, 이익률에 관해서는 A보다도 C쪽이 좋고 (C > A > B), 안전성에 관해서는 C보다도 A쪽이 좋은 것이다(B > A > C).

표 6.12 각 평가기준에 관한 쌍비교

이익률	A	B	C
A	1	3	$\frac{1}{2}$
B	$\frac{1}{3}$	1	$\frac{1}{6}$
C	2	6	1

안전성	A	B	C
A	1	$\frac{1}{2}$	4
B	2	1	8
C	$\frac{1}{4}$	$\frac{1}{8}$	1

따라서 A, B, C의 총합평가치는

$$X = \begin{matrix} \\ A \\ B \\ C \end{matrix} \begin{matrix} a & b \\ \left(\begin{matrix} 0.3 \\ 0.1 \\ 0.6 \end{matrix}\right. & \left.\begin{matrix} 0.31 \\ 0.62 \\ 0.08 \end{matrix}\right) \end{matrix} \times \begin{pmatrix} 0.5 \\ \\ 0.5 \end{pmatrix} = \begin{pmatrix} 0.30 \\ 0.36 \\ 0.34 \end{pmatrix}$$

로 된다. 즉 각 대체안의 선호순서는 B > C > A로 되어 A와 B가 역전된다. 그러나 추가된 대체안 C는 대체안 A, B의 복사가 아니다. 이것으로부터 복사가 아니어도 대체안의 추가에 의해서 선호순서가 역전하는 경우가 있는 것을 알 수 있다. 그리고 이와 같은 경우에도 6.3절의 계산법을 적용해보면 표 6.13과 같이 된다. 즉 A(w_1) = 0.302, B(w_2) = 0.256, C(w_3) = 0.442이고 선호순서는 C > A > B로 되어 순위역전이 일어나지 않는다. 그러나 이 결과는 대체안 C가 추가되기 전의 대체안(A, B)의 총합평가치의 비도 바뀌지 않는 것을 알 수 있다.

표 6.13 수정계산

	a	b	w_j
A	$\frac{1}{2} \times \frac{3}{4}$	$\frac{1}{2} \times \frac{1}{3}$	$(\frac{1}{2} \times \frac{3}{4} + \frac{1}{2} \times \frac{1}{3})/1.792 = 0.302$
B	$\frac{1}{2} \times \frac{1}{4}$	$\frac{1}{2} \times \frac{2}{3}$	0.256
C	$\frac{1}{2} \times \frac{6}{4}$	$\frac{1}{2} \times \frac{1}{12}$	0.442
f_i	1.25	0.542	F = 1.792

6.4.2 양복선택의 예

Saaty는 복사 대체안의 추가에 의한 선호순서 역전이 타당성을 갖는 예로서 다음과 같은 양복의 선택문제(여기서는 다른 예를 소개한다)를 제안하고 있다. 우선, 문제의 계층구조는 그림 6.4와 같다. 즉 평가기준은 디자인과 희소가치이고 대체안은 양복 A, B로 한다. 또 각 평가기준의 무게는

$$w^T = (0.4,\ 0.6)$$

로 한다. 다음에 평가기준에 관한 각 대체안의 쌍비교는 표 6.14와 같다. 그리고 이 2개의 쌍비교행렬의 고유벡터(무게)는

$$w_a^T = (0.75,\ 0.25)$$

$$w_b^T = (0.5,\ 0.5)$$

로 된다. 즉 디자인에 관해서는 양복 A의 쪽이 양복 B쪽보다 좋고, 희소가치에 관해서는 양복 A와 B가 같다. 따라서 양복 A와 B의 총합평가치는

$$X = \begin{matrix} \\ A \\ B \end{matrix} \begin{matrix} \quad a \qquad\quad b \\ \begin{pmatrix} 0.75 & 0.5 \\ 0.25 & 0.5 \end{pmatrix} \end{matrix} \times \begin{pmatrix} 0.4 \\ 0.6 \end{pmatrix} = \begin{pmatrix} 0.6 \\ 0.4 \end{pmatrix}$$

로 되고 선호순서는 양복 A > 양복 B로 된다.

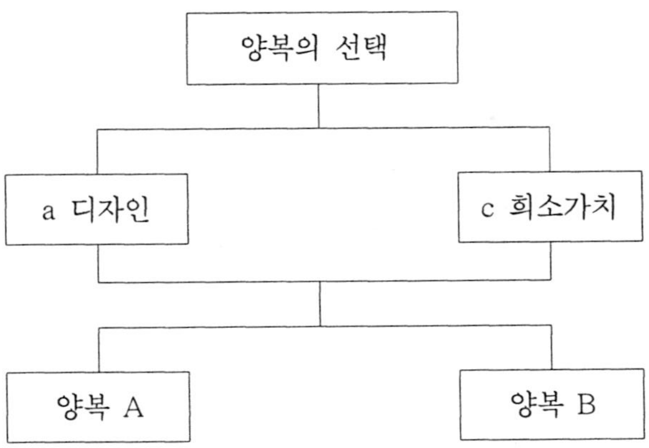

그림 6.4 양복선택의 계층구조

표 6.14 각 평가기준에 관한 쌍비교

디자인	A	B
A	1	3
B	$\frac{1}{3}$	1

희소가치	A	B
A	1	1
B	1	1

그리고 새로운 양복 C(양복A와 같은 것)를 추가하기로 하자. 즉, 이 양복점에서 물품을 잘 둘러보면 양복 A와 매우 유사한 양복 C를 발견하게 되는 것이다. 그리고 평가기준에 관한 각 양복(A, B, C)의 쌍비교를 다시하면 표 6.15와 같다. 또, 이 2개의 쌍비교행렬의 고유벡터(무게)는

$$w_a^T = (0.42,\ 0.16,\ 0.42)$$

$$w_b^T = (0.125,\ 0.75,\ 0.125)$$

표 6.15 각 평가기준에 관한 쌍비교

디자인	A	B	C
A	1	3	1
B	$\frac{1}{3}$	1	$\frac{1}{3}$
C	1	3	1

희소가치	A	B	C
A	1	$\frac{1}{6}$	1
B	6	1	6
C	1	$\frac{1}{6}$	1

로 된다. 즉, 디자인에 관해서는 양복 C는 양복 A와 같은 평가로 된다(A = C > B). 한편, 희소가치에 관해서는 양복 A와 C가 매우 유사하기 때문에 양복 B의 평가가 높다. 따라서 양복 A, B, C의 총합평가는

$$X = \begin{matrix} \\ A \\ B \\ C \end{matrix} \begin{matrix} \begin{matrix} a & \quad b \end{matrix} \\ \begin{pmatrix} 0.42 & 0.125 \\ 0.16 & 0.75 \\ 0.42 & 0.125 \end{pmatrix} \end{matrix} \times \begin{pmatrix} 0.4 \\ \\ 0.6 \end{pmatrix} = \begin{pmatrix} 0.238 \\ 0.514 \\ 0.238 \end{pmatrix}$$

로 된다. 즉 선호순서는 양복 B > 양복 A = 양복 C로 되어 A, B가 역전하고 있는 것을 알 수 있다. 그리고 이 예에 6.3절의 계산법을 적용해보면 표 6.16과 같이 된다. 즉, A(w_1)=0.27835, B(w_2)=0.4433, C(w_3)=0.27835이고 선호순서는 양복 B > 양복 A = 양복 C로 되어 순위역전은 그대로이다. 결국, 이 예에서 순위역전은 양복 A, C가 매우 유사하므로 양복 B의 희소가치가 높아졌기 때문에 일어났다고 생각된다. 따라서, 이 경우 선호순서 역전은 타당성이 있다고 생각된다.

표 6.16 수정계산

	a	b	w_j
A	$0.4\times\frac{3}{4}$	$0.6\times\frac{1}{7}$	$(0.4\times\frac{3}{4}+0.6\times\frac{1}{7})/1.3857=0.27835$
B	$0.4\times\frac{1}{4}$	$0.6\times\frac{6}{7}$	0.4433
C	$0.4\times\frac{3}{4}$	$0.6\times\frac{1}{7}$	0.27835
f_i	0.7	0.6857	F = 1.3857

제 7 장

절대평가법

7.1 절대평가법이란?

종래의 AHP에서는 평가기준에 관한 각 대체안의 평가는 각 대체안 사이의 쌍비교를 실시했다. Saaty는 이 방법을 상대평가법(Relative Measurement법)이라 한다. 그런데 이 방법에서는 다음과 같은 문제점이 있다.

① 대체안이 추가되었을 때 다시 한번 쌍비교를 해야만 한다.

② 제 6장에서 설명한 것과 같이 대체안이 추가되었을 때 대체안의 순위가 역전되는 경우가 있다.

③ 대체안의 수가 많아지면 쌍비교의 수가 매우 많아지게 되어 한사람의 관측자로서는 한번에 처리(쌍비교)하는 것이 곤란해진다. 더구나 정합성 C.I.가 나빠지는 것이 사실이다.

그래서 Saaty는 이와 같은 불합리(①, ②, ③)을 해소하기 위한 절대평가법(Absolute Measurement법)을 제창했다. 이 방법은 평가기준에 대한 각 대체안의 평가를 쌍비교(Relative Measurement)가 아닌 절대평가(Absolute Measurement)를 실시하는 것이다. 즉, 이 방법은 각 평가기준 사이의 쌍비교 만이 필요하고, 각 평가기준에 관한 대체안의 쌍비교는 필요치 않다. 이와 같은 절대평가법의 특징은 문제점(①, ②, ③)을 극복한 것이다. 이 수법의 순서를 아래의 예에서 설명하기로 한다.

2002년 대구 지하철 화재나 폭발사건에서 알 수 있듯이 도시방재와 치안에 대한 위기관리(Crisis Management)는 대단히 중요한 문제이다. 특히 지역방재대책으로서 어느 지역에서부터 복구작업을 시작할 것인가를 결정하는 것은 신속한 서비스를 시행하는 것으로서도 중요한 조건이다. 그래서 도시기능으로서의 몇 개의 평가기준을 취하고 대상이 되는 각 지역의 피해상황을 객관적으로 평가하여 지역방재대책의 우선순위를 정하는 것으로 한다. 말하자면 위기관리를 위한 의사결정 문제이다. 그래서 이 문제를 절대평가법에 의해 분석하기로 한다.

7.1.1 제 1단계

이 문제에 관한 계층구조는 그림 7.1과 같다. 즉, 레벨 1에 총합목적인 '지역방재대책 우선순위'를, 레벨 2에 5개의 평가기준(주거기능, lifeline기능, 정보 · 통신기능, 의료기능, 교통운수기능)을, 그리고 레벨 3에 6개의 대체안(지역 A, B, C, D, E, F)를 각각 놓는다.

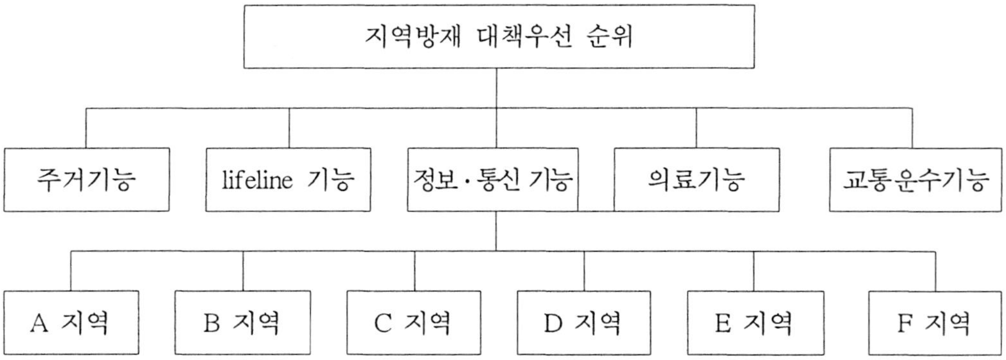

그림 7.1 지역방재대책 우선순위의 계층구조

그리고 5개의 평가기준 사이의 쌍비교를 실시한다. 그 결과는 표 7.1과 같다(단, 쌍비교에 사용하는 숫자의 의미는 종래의 AHP와 같다). 이 쌍비교행렬의 최대고유치는

$$\lambda_{\max} = 5.380$$

이다. 더욱이 정합성의 평가는

$$C.I. = 0.095$$

이므로 유효성이 있다고 할 수 있다. 그리고 이 행렬의 최대고유치에 대한 고유벡터(무게)는

$$w^T = (0.504,\ 0.171,\ 0.096,\ 0.059,\ 0.170)$$

이다. 즉 '지역방재대책 순위'에 관해서 '주거기능'이 가장 중요한 평가기준이 되고 50%의 높은 영향력이 있는 것을 알 수 있다. 다음으로 'lifeline기능', '교통운수기능'의 평가기준이 이어지고 각각 약 17%의 영향력이 있는 것을 알 수 있다.

표 7.1 각 평가기준의 쌍비교

	주거기능	lifeline기능	정보 · 통신기능	의료기능	교통운수기능
주거기능	1	5	5	9	2
lifeline기능	$\frac{1}{5}$	1	2	2	2
정보 · 통신기능	$\frac{1}{5}$	$\frac{1}{2}$	1	3	$\frac{1}{3}$
의료기능	$\frac{1}{9}$	$\frac{1}{2}$	$\frac{1}{3}$	1	$\frac{1}{2}$
교통운수기능	$\frac{1}{2}$	$\frac{1}{2}$	3	2	1

7.1.2 제 2단계

종래의 방법에서는 각 평가기준에 관해서 각 대체안의 쌍비교를 실시한다. 그러나 절대평가법에서는 각 평가기준에 관해서 절대적 평가수준을 설정한다. 단, 개개의 평가기준에 따라서 평가수준이 달라도 좋은 것이다. 이 예의 경우는 표 7.2와 같이 가정한다. 예를 들면 주거기능의 평가기준에서는 피해가 '매우 크다', '크다', '보통이다', '작다'라와 같이 4단계로 평가한다. 그리고 평가기준에 관해서 어느 정도로 피해가 큰가? 작은가? 를 정량적으로 계산한다. 그것을 위해서는 평가기준마다에 평가수준 사이의 쌍비교를 실시한다. 즉 '주거기능'에 관해서 말하면 피해가 '매우 크다'는 '크다' 등에 비교해서 어느 정도 큰가? 등을 쌍비교 한다. 그 결과는 표 7.3과 같다. 예를 들면 'lifeline기능'의 행렬의 1행 3열의 '5'는 'lifeline기능'의 피해에 관해서 '크다'는 '작다'에 비교해서 '상당히 피해가 크다'라는 의미이다. 또 '의료기능'의 행렬의 2행 3열의 '3'은 '의료기능'의 피해에 관해서 '크다'는 '보통이다'에 비교해서 '약간 피해가 크다'라는 의미이다(단, 이 숫자의 의미는 종래의 AHP와 같은 의미이다).

그런데 표 7.3에 표시한 5개의 행렬의 각각의 최대고유치 λ_{max}와 정합성의 평가 $C.I.$는 각각 행렬의 밑에 표시했다. 더욱이 이 5개의 행렬의 최대고유치에 대하여 정규화한 고유백터

표 7.2 각 평가기준의 평가기준(피해의 정도)

주거기능	lifeline 기능	정보·통신 기능	의료기능	교통·운수 기능
				대단히 크다
매우크다			매우크다	매우 크다
크다	크다	크다	크다	크다
보통이다	보통이다	보통이다	보통이다	보통이다
작다	작다	작다	작다	작다

(무게)는 각각 다음과 같다.

주거기능 …… $w_1^T = (0.513,\ 0.275,\ 0.138,\ 0.074)$

lifeline기능 …… $w_2^T = (0.648,\ 0.230,\ 0.122)$

정보·통신기능 …… $w_3^T = (0.582,\ 0.309,\ 0.109)$

의료기능 …… $w_4^T = (0.527,\ 0.300,\ 0.110,\ 0.063$

교통운수기능 …… $w_5^T = (0.471,\ 0.268,\ 0.142,\ 0.075,\ 0.044)$

다음에 각 대체안(A, B, C, …, F)의 평가를 5개의 평가기준마다에 표 7.2에 표시한 평가기준에 따라서 실시한다. 그 결과는 표 7.4와 같다. 예를 들면 대체안 A 지역은 주거기능의 피해에 관해서는 '매우크다', lifeline기능의 피해에 관해서는 '크다', 정보·통신기능의 피해에 관해서는 '보통이다', 의료기능의 피해에 관해서는 '작다', 교통운수기능의 피해에 관해서는 '크다'로 된다.

그래서 어떤 평가기준 i에 있어서 대체안 j의 평가치 a_{ij}를 평가기준 i에 있어서 최대평가치 $a_{i\max}$으로 나눈값을 S_{ij}로 한다. 이 S_{ij}를 평가기준 i에 있어서 대체안 j의 새로운 평가치로 한다. 즉,

$$S_{ij} = \frac{a_{ij}}{a_{i\max}}$$

로 된다. 예를 들면 '주거기능'에 관한 대체안 B지역의 평가는 '크다'이다. 따라서 백터 w_1의 제 2성분(0.275)이 a_{12}로 되고 이 평가기준에 관한 최대평가치 $a_{1\max}$

이 제 1성분(0.513)으로 된다. 결국,

$$S_{12} = \frac{a_{12}}{a_{1\ max}} = 0.536$$

으로 된다. 또 '교통운수기능'에 관한 대체안 E지역의 평가는 '보통이다'이다.

표 7.3 각 평가 기준의 쌍비교

주거기능	매우 크다	크다	보통이다	작다
매우 크다	1	2	4	6
크다	$\frac{1}{2}$	1	2	4
보통이다	$\frac{1}{4}$	$\frac{1}{2}$	1	2
작다	$\frac{1}{6}$	$\frac{1}{4}$	$\frac{1}{2}$	1

$\lambda_{max} = 4.009 \quad C.I. = 0.003$

lifeline 기능	크다	보통이다	작다
크다	1	3	5
보통이다	$\frac{1}{3}$	1	2
작다	$\frac{1}{5}$	$\frac{1}{2}$	1

$\lambda_{max} = 3.004 \quad C.I. = 0.002$

의료기능	매우 크다	크다	보통이다	작다
매우 크다	1	2	5	7
크다	$\frac{1}{2}$	1	3	5
보통이다	$\frac{1}{5}$	$\frac{1}{3}$	1	2
작다	$\frac{1}{7}$	$\frac{1}{5}$	$\frac{1}{2}$	1

$\lambda_{max} = 4.021 \quad C.I. = 0.007$

정보·통신기능	크다	보통이다	작다
크다	1	2	5
보통이다	$\frac{1}{2}$	1	3
작다	$\frac{1}{5}$	$\frac{1}{3}$	1

$\lambda_{max} = 3.004 \quad C.I. = 0.002$

교통운수기능	대단히 크다	매우 크다	크다	보통이다	작다
대단히 크다	1	2	4	6	8
매우 크다	$\frac{1}{2}$	1	2	4	6
크다	$\frac{1}{4}$	$\frac{1}{2}$	1	2	4
보통이다	$\frac{1}{6}$	$\frac{1}{4}$	$\frac{1}{2}$	1	2
작다	$\frac{1}{8}$	$\frac{1}{6}$	$\frac{1}{4}$	$\frac{1}{2}$	1

$\lambda_{max} = 5.044 \quad C.I. = 0.011$

표 7.4 각 지역의 피해의 평가

	주거기능	lifeline 기능	정보 · 통신기능	의료기능	교통운수기능
A	매우크다	크다	보통이다	작다	크다
B	크다	작다	보통이다	작다	크다
C	작다	크다	크다	크다	작다
D	크다	크다	보통이다	보통이다	크다
E	크다	크다	보통이다	보통이다	보통이다
F	보통이다	보통이다	작다	보통이다	대단히 크다

따라서 백터 w_5의 제 4성분(0.075)가 a_{55}로 되고 이 평가기준에 관한 최대평가치 $a_{5\max}$가 제 1성분(0.471)으로 된다. 결국

$$S_{55} = \frac{a_{55}}{a_{5\max}} = 0.159$$

로 된다. 이와 같이 하여 평가행렬 S_{ij}가 결정된다.

7.1.3 제 3단계

이상의 결과로부터 레벨 2의 각 평가기준과 각 평가기준에 관한 평가수준 사이의 무게가 계산되었다. 그리고 평가행렬 S_{ij}가 결정되었다.

이 결과로부터 각 대체안(A, B, C, …, F)의 총합평가치는 다음 식으로부터 계산할 수 있다.

$$E_j = S_{ij}\,W$$

단, E_j 각 대체안(A, B, C, …, F)의 총합평가치이고 S_{ij}와 W는 각각 제 2단계에서 설명한 평가행렬(S_{ij})과 평가기준 사이의 무게백터(W)이다. 이와 같이 하면 각 평가기준마다 모두 최고의 평가를 얻은 대체안(지역)의 총합평가치는 1.0으로 된다.

더욱이, 이 예에 있어서 각 대체안(A, B, C, …, F)의 총합평가치는 다음식과 같이 된다.

이 경우 E_j(총합평가치)는 피해의 정도를 나타내는 지표이고 숫자가 크게 되면 피해의 정도도 크다는 것을 의미한다.

$$E = \begin{array}{c} \\ A \\ B \\ C \\ D \\ E \\ F \end{array} \begin{array}{ccccc} \text{주거} & \text{lifeline} & \text{정보·통신} & \text{의료} & \text{교통·운수} \\ \end{array}$$

$$E = \begin{pmatrix} 0.513/0.513 & 0.648/0.648 & 0.309/0.582 & 0.063/0.527 & 0.142/0.471 \\ 0.275/0.513 & 0.122/0.648 & 0.309/0.582 & 0.063/0.527 & 0.142/0.471 \\ 0.074/0.513 & 0.648/0.648 & 0.582/0.582 & 0.300/0.527 & 0.044/0.471 \\ 0.275/0.513 & 0.648/0.648 & 0.309/0.582 & 0.110/0.527 & 0.142/0.471 \\ 0.275/0.513 & 0.648/0.648 & 0.309/0.582 & 0.110/0.527 & 0.075/0.471 \\ 0.138/0.513 & 0.230/0.648 & 0.109/0.582 & 0.110/0.527 & 0.471/0.471 \end{pmatrix} \times \begin{pmatrix} 0.504 \\ 0.171 \\ 0.096 \\ 0.059 \\ 0.170 \end{pmatrix}$$

(행: A, B, C, D, E, F / 열: 주거, lifeline, 정보·통신, 의료, 교통·운수)

이 결과

$$E^T = (0.785,\ 0.441,\ 0.390,\ 0.556,\ 0.532,\ 0.396)$$

로 된다. 즉 이 예의 경우, 지역방재 대책의 우선순위는 A지역 > D지역 > E지역 > B지역 > F지역 > C지역으로 되는 것을 알 수 있다. 그리고 이러한 일련의 분석이 위기관리에 있어서 우선순위와 중요도(Priority and Relative Value)의 사고방식이다.

7.2 절대평가법의 계산 예

7.2.1 제 1단계

어느 날 어떤 기업이 해외에 사업을 전개하고 싶은데 어떤 나라에 투자하면 좋은가? 라는 상담을 받았다. 대상국은 아시아의 모든 나라를 중심으로 하는 발전도상국이다. 대체안으로서 싱가포르, 말레이시아, …, 여기서는 구체적인 나라이름을 열거하지 않고 A, B, C, D, E, F의 6개국이 거론되었다고 하자. 문제는 이들 6개국으로의 경제투자의 우선순위를 결정하는 것이다, 그래서 AHP 가운데 절대평가법을 사용해서 결정하기로 했다.

우선 평가기준을 생각했는데 다음의 6가지로 결정했다. '정치의 안정성', '경제의 정세', '세제', '투자보증', '인프라 정비', '금융제도'이다.

단, 이 6가지의 평가기준은 앞 절의 예와 같이 동시적(같은 레벨)으로 취급하지 않고 계층적(복수의 레벨)으로 취급하는 것으로 한다. 이것은 투자국의 우선순위를 결정할 때에 각각의 평가기준을 전체로서 동시에 고려하여 결정하는 것이 아니고 가장 기본적인 평가기준으로부터 순서에 따라 단계적으로 고려하여 결정한다고 생각하기 때문이다. 이 예의 경우는 가장 기본적인 평가기준으로서 '정치경제정세'(정치의 안정성과 경제정서를 합하여), '투자정책'(세제와 투자보증을 합하여), '인프라', '금융제도'의 4가지로 한다.

더욱이 이와 같은 내용을 그림으로 표시하면 그림 7.2와 같은 계층구조로 된다. 즉, 레벨 1에 총합목적인 '투자국의 우선순위의 결정'을, 레벨 2에서 레벨 3은 평가기준을, 그리고 최하층(레벨 4)에는 대체안(국가 A, B, C, D, E, F)를 각각 놓는다.

다음에 '투자국의 우선순위의 결정'에 관한 레벨 2의 평가기준의 쌍비교를 실시한다.

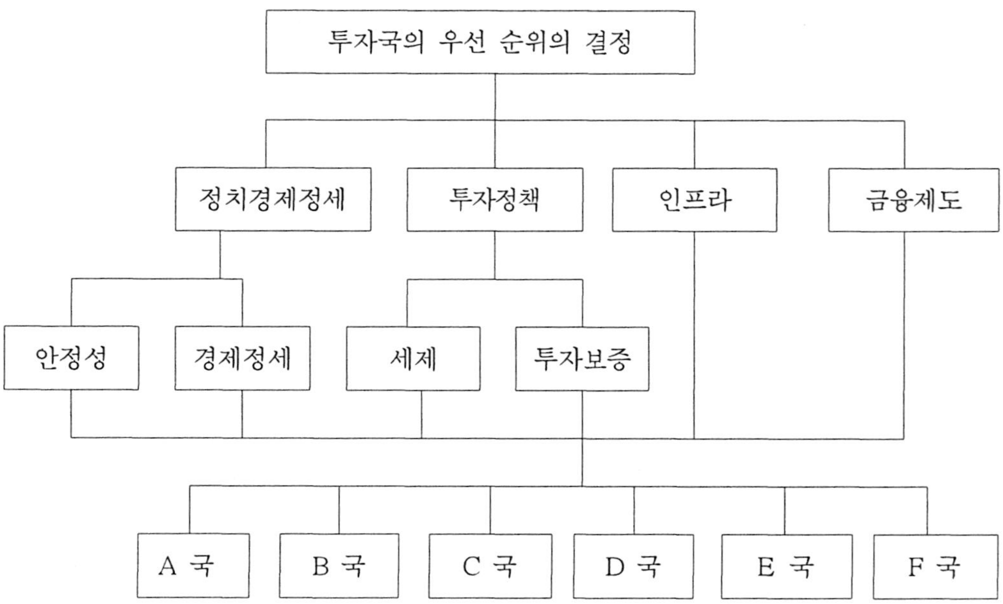

그림 7.2 투자국의 우선순위의 결정

그 결과는 표 7.5와 같다. 이 표에 나타난 쌍비교행렬의 최대고유치는

$$\lambda_{\max} = 4.027$$

이다. 더욱이 정합성의 평가는

$$C.I. = 0.009$$

로 되어 유효성이 있다고 할 수 있다. 그리고 이 행렬의 최대고유치에 대하여 정규화한 고유백터 (무게)는

$$w_I^T = (0.114,\ 0.109,\ 0.268,\ 0.509)$$

로 된다. 이것이 레벨 2의 무게백터이다. 즉 레벨 2의 평가기준 가운데에서는 금융제도(0.509)와 인프라 정비(0.268)가 중요하다는 것을 알 수 있다.

표 7.5 레벨 2의 각 요인의 쌍비교

	정치경제정세	투자정책	인프라	금융제도
정치경제정세	1	1	$\frac{1}{2}$	$\frac{1}{5}$
투자정책	1	1	$\frac{1}{3}$	$\frac{1}{4}$
인프라	2	3	1	$\frac{1}{2}$
금융제도	5	4	2	1

다음에 정치경제정세에 관한 레벨 3의 각 평가기준(정치의 안정성, 경제정세)의 쌍비교와 투자정책에 관한 레벨 3의 각 평가기준(세제, 투자보증)의 쌍비교를 각각 실시한다. 그 결과는 표 7.6과 같다.

표 7.6 레벨 3의 각 요인의 쌍비교

정치경제정세	정치의 안정성	경제정세
정치의 안정성	1	$\frac{1}{2}$
경제정세	2	1

투자정책	세제	투자보증
세제	1	$\frac{1}{3}$
투자보증	3	1

더욱이 정치경제정세에 관한 행렬의 최대고유치는

$$\lambda_{\max} = 2.0$$

이고 이 최대고유치에 대하여 정규화한 고유벡터(무게)는

$$w_{II^T} = (0.333,\ 0.667)$$

로 된다. 이것이 기능성에 관한 레벨 3의 각 평가기준의 무게백터이다.

다음에는 투자정책에 관한 행렬의 최대고유치는

$$\lambda_{\max} = 2.0$$

으로 되고 이 최대고유치에 대하여 정규화한 고유벡터(무게)는

$$w_{III^T} = (0.25,\ 0.75)$$

로 된다. 이것이 투자정책에 관한 레벨 3의 각 평가기준의 무게백터이다.

또 레벨 1에서 본 무게는

$$0.114 \cdot w_{II^T} = (0.038,\ 0.076)$$

$$0.109 \cdot w_{III^T} = (0.027,\ 0.082)$$

로 된다.

이상으로부터 6가지의 평가기준(정치의 안정성, 경제정세, 세제, 투자보증, 인프라정비, 금융제도)의 무게벡터를 W라 하면

$$W^T = (0.038,\ 0.076,\ 0.027,\ 0.268,\ 0.509)$$

로 된다. 즉 '투자국의 우선순위 결정'에 관해서 '금융제도'가 가장 중요한 평가기

준으로 약 51%의 영향력이 있는 것을 알 수 있다. 다음으로는 '인프라정비', '투자보증', '경제정세' …의 평가기준으로 이어지고 각각 약 27%, 8%, …의 영향력이 있는 것을 알 수 있다.

7.2.2 제 2단계

다음으로는 평가기준에 관해서 절대적 평가수준을 설정한다. 이 예의 경우는 표 7.7과 같이 된다. 예를 들면 '정치의 안정성'의 평가기준은 "좋다, 보통이다, 나쁘다"의 3단계로 평가하고 '경제정세', '세제', '인프라', '금융제도'의 평가기준은 "매우 좋다, 좋다, 보통이다, 나쁘다"의 4단계로 평가하고 '투자보증'은 "매우 좋다, 좋다, 보통이다, 나쁘다, 매우 나쁘다"의 5단계로 평가한다.

표 7.7 각 평가기준의 평가수준

정치의 안정성	경제정세	세제	투자보증	인프라	금융제도
	매우 좋다	매우 좋다	매우 좋다	매우 좋다	매우 좋다
좋다	좋다	좋다	좋다	좋다	좋다
보통이다	보통이다	보통이다	보통이다	보통이다	보통이다
나쁘다	나쁘다	나쁘다	나쁘다	나쁘다	나쁘다
			매우 나쁘다		

다음에는 평가기준에 관해서 어느 정도로 좋은가? 나쁜가?를 정량적으로 계산한다. 그것을 위해서 6가지의 평가기준에 따른 각 평가수준 사이의 쌍비교를 실시한다. 그 결과는 표 7.8과 같다. 단, 경제정세, 세제, 인프라, 금융제도에 관한 평가수준 사이의 쌍비교는 같다고 한다. 또 표 7.8에 표시한 3개의 행렬의 각각의 최대고유치 λ_{max}와 정합성의 평가 $C.I.$의 값은 각 행렬의 밑에 써 놓았다. 더욱이 3개의 행렬의 최대고유치에 대하여 정규화한 고유벡터(무게)는 각각 다음과 같다.

안정성 …… $w_1^T = (0.625,\ 0.238,\ 0.137)$

경제정세 …… $w_2^T = (0.507,\ 0.264,\ 0.143,\ 0.086)$

세 제 …… $w_3^T = w_2^T$

투자보증 …… $w_4^T = (0.507,\ 0.221,\ 0.137,\ 0.082,\ 0.053)$

인프라 …… $w_5^T = w_2^T$

금융제도 …… $w_6^T = w_2^T$

표 7.8 평가기준에 따른 평가수준 사이의 쌍비교

보증	매우 좋다	좋다	보통이다	나쁘다	매우 나쁘다
매우 좋다	1	3	4	6	7
좋다	$\frac{1}{3}$	1	2	3	4
보통이다	$\frac{1}{4}$	$\frac{1}{2}$	1	2	3
나쁘다	$\frac{1}{6}$	$\frac{1}{3}$	$\frac{1}{2}$	1	2
매우 나쁘다	$\frac{1}{7}$	$\frac{1}{4}$	$\frac{1}{3}$	$\frac{1}{2}$	1

$\lambda_{max} = 5.072 \quad C.I. = 0.018$

경제정세 · 세제 · 인프라 · 금융제도	매우 좋다	좋다	보통이다	나쁘다
매우 좋다	1	2	4	5
좋다	$\frac{1}{2}$	1	2	3
보통이다	$\frac{1}{4}$	$\frac{1}{2}$	1	2
나쁘다	$\frac{1}{5}$	$\frac{1}{3}$	$\frac{1}{2}$	1

$\lambda_{max} = 4.012 \quad C.I. = 0.007$

정치의 안정성	좋다	보통이다	나쁘다
좋다	1	3	4
보통이다	$\frac{1}{3}$	1	2
나쁘다	$\frac{1}{4}$	$\frac{1}{2}$	1

$\lambda_{max} = 3.018 \quad C.I. = 0.009$

다음에는 각 대체안(A, B, … F)의 평가를 6가지의 평가기준의 각각에 표 7.7에 표시한 평가수준에 따라서 실시한다. 그 결과는 표 7.9와 같다.

표 7.9 각국의 평가

	안정성	경제정세	세제	투자보증	인프라	금융
A	좋다	매우 좋다	보통이다	매우 나쁘다	좋다	매우 좋다
B	좋다	좋다	보통이다	나쁘다	매우 좋다	좋다
C	나쁘다	나쁘다	좋다	매우 좋다	보통이다	보통이다
D	보통이다	보통이다	매우 좋다	좋다	나쁘다	나쁘다
E	나쁘다	나쁘다	나쁘다	보통이다	나쁘다	나쁘다
F	좋다	보통이다	좋다	보통이다	보통이다	좋다

그리고 평가행렬 S_{ij}(평가기준 i에 관한 대체안 j의 평가치)를 앞 절에서 사용했던 식

$$S_{ij} = \frac{a_{ij}(\text{평가기준 } i \text{에 있어서 대체안 } j\text{의 평가치})}{a_{i\max}(\text{평가기준 } i \text{에 있어서 최대평가치})}$$

으로부터 계산한다. 그 결과는 표 7.10과 같다.

표7.10 평가행렬 S_{ij}

	안정성	경제정세	세 제	투자보증	인프라	금 융
A국	$\frac{0.625}{0.625}$	$\frac{0.507}{0.507}$	$\frac{0.143}{0.507}$	$\frac{0.053}{0.507}$	$\frac{0.264}{0.507}$	$\frac{0.507}{0.507}$
B국	$\frac{0.625}{0.625}$	$\frac{0.264}{0.507}$	$\frac{0.143}{0.507}$	$\frac{0.082}{0.507}$	$\frac{0.507}{0.507}$	$\frac{0.264}{0.507}$
C국	$\frac{0.137}{0.625}$	$\frac{0.086}{0.507}$	$\frac{0.264}{0.507}$	$\frac{0.507}{0.507}$	$\frac{0.143}{0.507}$	$\frac{0.143}{0.507}$
D국	$\frac{0.238}{0.625}$	$\frac{0.143}{0.507}$	$\frac{0.507}{0.507}$	$\frac{0.221}{0.507}$	$\frac{0.086}{0.507}$	$\frac{0.086}{0.507}$
E국	$\frac{0.137}{0.625}$	$\frac{0.086}{0.507}$	$\frac{0.086}{0.507}$	$\frac{0.137}{0.625}$	$\frac{0.086}{0.507}$	$\frac{0.086}{0.507}$
F국	$\frac{0.625}{0.625}$	$\frac{0.143}{0.507}$	$\frac{0.264}{0.507}$	$\frac{0.137}{0.625}$	$\frac{0.143}{0.507}$	$\frac{0.264}{0.507}$

7.2.3 제 3단계

이상의 결과로부터 6가지의 평가기준과 평가기준에 관한 평가수준 사이의 무게가 계산되었다. 그리고 평가행렬 S_{ij}가 결정되었다. 따라서 각 대체안(A, B,…,F)의 총합평가치는 다음 식으로부터 구할 수 있다.

$$E_j = S_{ij} \cdot W$$

본 절에 있어서 각 대체안의 총합평가치는

$$E^T = (0.779,\ 0.631,\ 0.336,\ 0.230,\ 0.180,\ 0.436)$$

로 된다. 즉, 이 분석의 결과로부터 투자국의 우선순위는 A국 > B국 > F국 > C국 > D국 > E국으로 되는 것을 알 수 있다.

제 8 장

내부종속법

8.1 내부종속법이란?

종래의 AHP(상대평가법 : Relative Measurement 및 절대평가법 : Absolute Measurement법)는 분석할 때에 다음과 같은 독립조건을 가정한다. (그림 8.1(1))

① 같은 레벨에 있는 평가기준 사이(또는 대체안 사이)는 서로 독립이다.

② 각 레벨은 서로 독립이다.

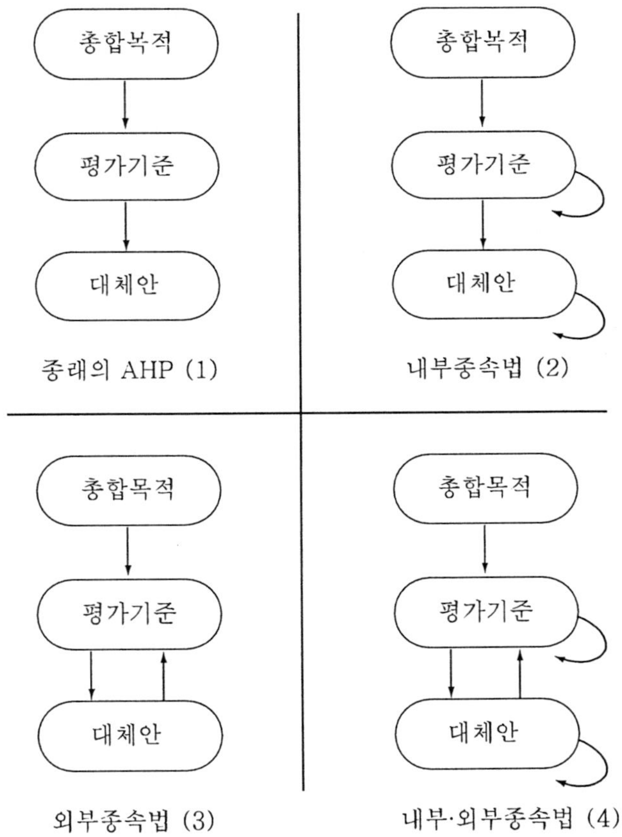

그림 8.1 AHP의 형

그런데 이들 가정이 무너지는 경우는 다음과 같은 수법으로 대응해야만 한다.

① 같은 레벨에 있는 평가기준 사이(또는 대체안 사이)에 종속성(서로영향)이 있는 경우… 내부종속법(Inner Dependence 법) (그림 8.1(2))

② 각 레벨 사이에 종속하고 있는 경우 … 외부종속법(Outer Dependence 법) (그림 8.1(3))

③ ①, ②가 동시에 일어날 수 있는 경우… 내부 · 외부종속법(Inner-Outer Dependence 법)(그림 8.1(4))

그래서 본 장에서는 ①내부종속법을 해설하고 ②외부종속법과 ③내부 · 외부종속법에 대해서는 제 9장에서 취급하기로 한다.

그런데 내부종속법에는 평가기준 사이에만 종속성이 있는 경우, 각 대체안 사이에만 종속성이 있는 경우, 각 평가기준 사이와 각 대체안 사이가 함께 종속이 있는 경우가 생각되어진다. 그리고 다음 절에서는 같은 문제에 대하여 종래의 AHP(종속성이 없는 경우)와 앞에서 서술한 3종류의 내부종속법을 사용하여 분석한 결과를 비교 검토하기로 한다.

8.2 내부종속법의 계산 예

8.2.1 종래의 AHP

총리의 임기를 마친 M씨는 차기의 총리는 정책력, 실행력, 카리스마성을 갖춘 인물을 추천하기로 했다. 그래서 M씨는 차기의 총리를 선정하는데 AHP를 사용하기로 하고 우선 평가기준을 정책력, 실행력, 카리스마성으로 했다. 대체안은 A씨, B씨, C씨의 3인이다. 따라서 계층구조는 그림 8.2와 같다.

그런데 먼저 각 평가기준(정책력, 실행력, 카리스마성) 사이와 각 대체안(A씨, B씨, C씨) 사이가 독립인 경우를 생각한다(종래의 AHP). 그래서 차기총리의 선정에 관한 각 평가기준 사이의 쌍비교를 실시한다(표 8.1참조). 이 결과 각 평가기준의 무게는 다음과 같다.

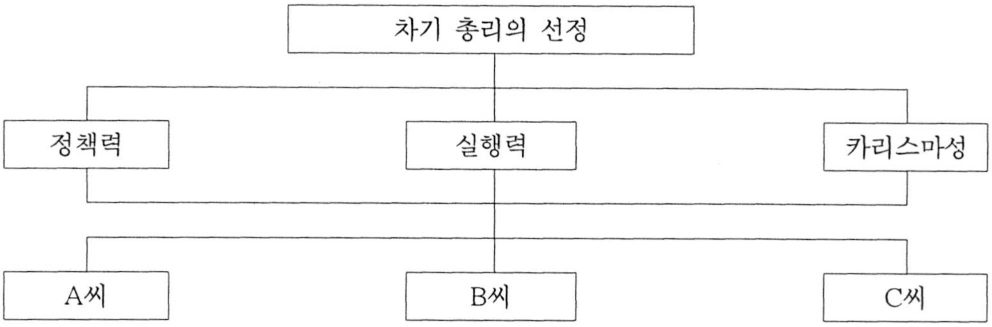

그림 8.2 차기총리의 선정에 관한 계층구조

$$w_1^T = (0.637,\ 0.258,\ 0.105)$$

즉, 차기총리의 선정에 가장 영향을 주는 평가기준은 정책력으로 약 64%의 영향력을 가지고 있고, 이어서 실행력, 카리스마성인 것을 알 수 있다.

표 8.1 각 평가기준 사이의 쌍비교

	정책력	실행력	카리스마성
정책력	1	3	5
실행력	$\frac{1}{3}$	1	3
카리스마성	$\frac{1}{5}$	$\frac{1}{3}$	1

$\lambda_{max} = 3.039 \quad C.I. = 0.019$

다음에는 각 평가기준에 관한 각 대체안(A씨, B씨, C씨) 사이의 평가의 쌍비교를 실시한다(표 8.2참조).

표 8.2 3사람 사이의 쌍비교

정책력	A	B	C
A	1	3	5
B	$\frac{1}{3}$	1	2
C	$\frac{1}{5}$	$\frac{1}{2}$	1

$\lambda_{max} = 3.004$
$C.I. = 0.002$

실행력	A	B	C
A	1	3	7
B	$\frac{1}{3}$	1	3
C	$\frac{1}{7}$	$\frac{1}{3}$	1

$\lambda_{max} = 3.007$
$C.I. = 0.004$

카리스마성	A	B	C
A	1	5	$\frac{1}{2}$
B	$\frac{1}{5}$	1	$\frac{1}{7}$
C	2	7	1

$\lambda_{max} = 3.014$
$C.I. = 0.007$

이 결과 각 평가기준에 따라 각 대체안의 평가백터는 다음과 같다.

정책력 …… w_{21}^T = (0.648, 0.230, 0.122)

실행력 …… w_{22}^T = (0.669, 0.243, 0.088)

카리스마성… w_{23}^T = (0.333, 0.075, 0.592)

따라서 차기총리의 선정에 관한 3사람 (A씨, B씨, C씨)의 총합평가치는 다음과 같다.

$$W=(w_{21},\ w_{22},\ w_{23})w_1 = \begin{matrix} \\ A \\ B \\ C \end{matrix} \begin{matrix} \text{정책력} & \text{실행력} & \text{카리스마성} \\ \left[\begin{matrix} 0.648 & 0.669 & 0.333 \\ 0.230 & 0.243 & 0.075 \\ 0.122 & 0.088 & 0.592 \end{matrix}\right] \end{matrix} \times \begin{bmatrix} 0.637 \\ 0.258 \\ 0.105 \end{bmatrix} = \begin{matrix} A \\ B \\ C \end{matrix} \begin{bmatrix} 0.6204 \\ 0.2170 \\ 0.1626 \end{bmatrix}$$

즉, 차기총리의 선정에 관한 선후순서는 A(0.6204)>B(0.2170)>C(0.1626)가 되는 것을 알 수 있다.

8.2.2 각 평가기준 사이에 종속성이 있는 경우

다음에는 각 평가기준 사이가 독립이 아니고 서로 종속인 경우를 생각한다. 즉, 각 평가기준인 정책력, 실행력, 카리스마성이 서로 영향을 주고 있는 경우이다. 이 경우는 종래의 AHP를 사용할 수 없다. 그래서 내부종속법(평가기준 사이가 종속)에 의한 AHP를 구사하기로 한다. 이 수법은 같은 레벨의 각 평가기준 사이에 종속성이 있을 때 그 상호관계의 행렬을 사용해서 분석하는 것이다. 앞의 예를 내부종속법에 의해서 분석한다.

평가기준 사이가 독립인 경우는

$w_1^T = \ = (0.637,\ 0.258,\ 0.105)$

가 3사람의 평가기준(정책력, 실행력, 카리스마성)의 무게였다. 그러나 이 예에서는 이 3개의 평가기준 사이에 종속관계가 있다. 그 모양은 그림 8.3과 같다.

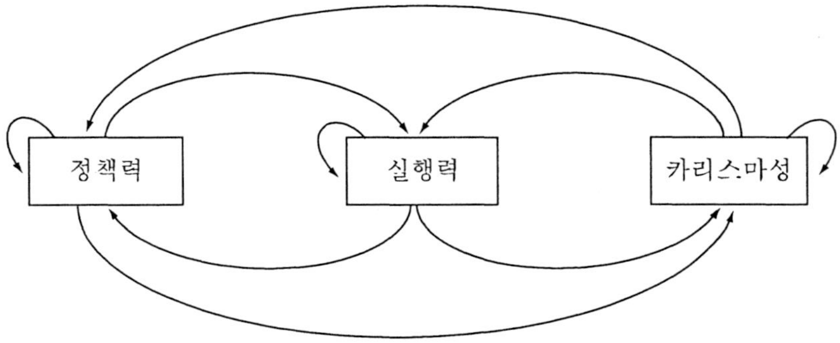

그림 8.3 평가기준 사이의 종속관계도

예를 들면 정책력의 평가기준은 정책력 뿐만 아니라 실행력, 카리스마성에서도 영향을 받는 것을 알 수 있다. 그리고 이들 영향력의 관계를 쌍비교한 결과는 표 8.3과 같다. 이 3개의 쌍비교행렬의 고유백터(무게)를 구하고 이 3개의 평가기준 사이의 종속관계를 정리하면 표 8.4와 같이 된다(종속행렬).

표 8.3 종속관계의 쌍비교

	정책력	실행력	카리스마성
정책력	1	5	7
실행력	$\frac{1}{5}$	1	2
카리스마성	$\frac{1}{7}$	$\frac{1}{2}$	1

$\lambda_{max} = 3.014 \quad C.I. = 0.007$

	정책력	실행력	카리스마성
정책력	1	$\frac{1}{3}$	2
실행력	3	1	5
카리스마성	$\frac{1}{2}$	$\frac{1}{5}$	1

$\lambda_{max} = 3.004 \quad C.I. = 0.002$

	정책력	실행력	카리스마성
정책력	1	2	$\frac{1}{2}$
실행력	$\frac{1}{2}$	1	$\frac{1}{4}$
카리스마성	2	4	1

$\lambda_{max} = 3.0 \quad C.I. = 0$

표 8.4 종속행렬

w_3	정책력	실행력	카리스마성
정책력	0.740	0.230	0.286
실행력	0.166	0.648	0.143
카리스마성	0.094	0.122	0.571

위의 결과로부터 종속행렬 w_3과 백터 w_1(각 평가기준이 독립이라고 가정했을 때의 평가기준의 무게)으로부터 진짜 각 평가기준의 무게(각 평가기준의 종속성을 고려한 무게) W_C는 다음 식으로 구해지는 것을 알 수 있다.

$$W_C = w_3 \cdot w_1 = \begin{bmatrix} 0.740 & 0.230 & 0.286 \\ 0.166 & 0.648 & 0.143 \\ 0.094 & 0.122 & 0.571 \end{bmatrix} \times \begin{bmatrix} 0.637 \\ 0.258 \\ 0.105 \end{bmatrix} = \begin{bmatrix} 0.561 \\ 0.288 \\ 0.151 \end{bmatrix}$$

이 결과 차기총리의 선정에 가장 영향을 주는 평가기준은 정책력으로 약 56%의 영향력을 가지며, 이어서 실행력, 카리스마성인 것을 알 수 있다. 그리고 각 평가기준에 관한 각 대체안(A씨, B씨, C씨)의 평가의 쌍비교는 표 8.2와 동일하다.

따라서 차기총리의 선정에 관한 3사람(A, B, C)의 총합평가치 W'(각 평가기준 사이의 종속성을 고려한 경우)는 다음과 같다.

$$W' = (w_{21}, w_{22}, w_{23}) \cdot W_C = \begin{matrix} & \text{정책력} & \text{실행력} & \text{카리스마성} \\ \text{A} & 0.648 & 0.669 & 0.333 \\ \text{B} & 0.230 & 0.243 & 0.075 \\ \text{C} & 0.122 & 0.088 & 0.592 \end{matrix} \times \begin{bmatrix} 0.561 \\ 0.288 \\ 0.151 \end{bmatrix} = \begin{matrix} \text{A} \\ \text{B} \\ \text{C} \end{matrix} \begin{bmatrix} 0.607 \\ 0.210 \\ 0.183 \end{bmatrix}$$

즉, 차기총리의 선정에 관한 선호순서는 A(0.607) > B(0.210) > C(0.183)인 것을 알 수 있다.

8.2.3 각 대체안 사이에 종속성이 있는 경우

이제 각 대체안 사이가 독립이 아니고 서로 종속하고 있는 경우를 생각한다. 이 경우는 종래의 AHP는 사용할 수 없다. 그래서 내부종속법(각 대체안 사이가 종속)에 의한 AHP를 구사하기로 한다.

그런데 각 대체안이 종속하고 있다는 것은 다음과 같은 질문의 내용을 의미한다. 즉, 「예를 들면 A씨의 정책력은 A씨 자신뿐만 아니라 B씨와 C씨에게도 영향을 준다고 생각한다. 이 때 A씨의 정책력에 주는 영향력은 A, B, C 3사람에게 각각 어느 정도인가?」라는 내용을 고려하는 것이다. 그리고 같은 형태의 비교를 B씨의 정책력과 C씨의 정책력에 대해서도 실시한다. 그러한 쌍비교는 표 8.5와 같다.

표 8.5 3사람의 정책력에 관한 쌍비교

(1)

정책력×A씨	A	B	C
A	1	5	9
B	$\frac{1}{5}$	1	5
C	$\frac{1}{9}$	$\frac{1}{5}$	1

(2)

정책력×B씨	A	B	C
A	1	$\frac{1}{5}$	2
B	4	1	7
C	$\frac{1}{2}$	$\frac{1}{7}$	1

(3)

정책력×C씨	A	B	C
A	1	1	$\frac{1}{3}$
B	1	1	$\frac{1}{3}$
C	3	3	1

예를 들면 표 8.5(1)의 1행 2열의 '5'는 「A씨의 정책력에 주는 영향력은 B씨보다도 A씨 자신의 쪽이 상당히 크다(5)」라는 의미이다. 그리고 이 3개의 쌍비교행렬의 고유백터(무게)는 각각 다음과 같이 된다.

정책력 × A씨 (A씨의 정책력)

$$w_{41(1)}^T = (0.753,\ 0.207,\ 0.058)$$

정책력 × B씨 (B씨의 정책력)

$$w_{41(2)}^T = (0.0187,\ 0.715,\ 0.098)$$

정책력 × C씨 (C씨의 정책력)

$$w_{41(3)}^T = (0.2,\ 0.2,\ 0.6)$$

이것으로부터 정책력에 관한 각 대체안(A, B, C) 사이의 영향도행렬 w_{41}은 다음과 같이 구해지는 것을 알 수 있다.

$$w_{41} = \left(w_{41(1)},\ w_{41(2)},\ w_{41(3)}\right) = \begin{bmatrix} 0.735 & 0.187 & 0.2 \\ 0.207 & 0.715 & 0.2 \\ 0.058 & 0.098 & 0.6 \end{bmatrix}$$

그런데 앞에서 서술한 것과 같은 질문을 다른 평가기준에 대해서도 시행하는 것이다. 즉,

각 평가기준 × 각 대체안 에 대해서 각 대체안이 가진 영향도를 조사한다. 이것은 계층구조를 그림 8.4와 같이 나타내는 것에 해당한다.

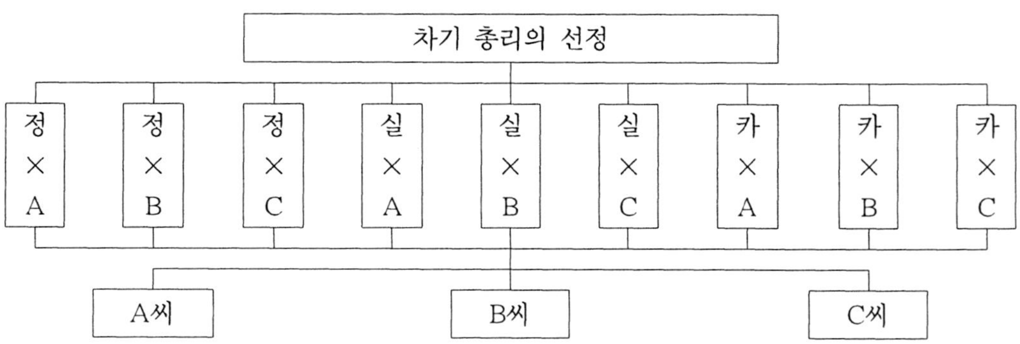

그림 8.4 계층구조

이것으로부터 실행력에 관한 각 대체안 사이의 영향도행렬 w_{42}는 w_{41}과 같은 형태로 구할 수 있다(,단 표 8.5와 같은 쌍비교행렬은 생략한다).

$$w_{42} = (w_{42(1)},\ w_{42(2)},\ w_{42(3)}) = \begin{bmatrix} 0.714 & 0.143 & 0.143 \\ 0.143 & 0.714 & 0.143 \\ 0.143 & 0.143 & 0.714 \end{bmatrix}$$

또, 카리스마성에 관한 각 대체안 사이의 영향도행렬 w_{43}도 w_{41}, w_{42}와 같은 형태로 구할 수 있다(단, 표 8.5와 같은 쌍비교행렬은 생략한다).

$$w_{43} = (w_{43(1)},\ w_{43(2)},\ w_{43(3)}) = \begin{bmatrix} 0.8 & 0.2 & 0.1 \\ 0.1 & 0.7 & 0.2 \\ 0.1 & 0.1 & 0.7 \end{bmatrix}$$

다음에는 이들 결과를 근거로 하여 각 평가기준에 관한 각 대체안의 무게(평가치)를 구한다. 우선 정책력(w_{A1})에 관해서는 다음과 같다.

$$w_{A1} = w_{41} \cdot w_{21} = \begin{bmatrix} 0.753 & 0.187 & 0.2 \\ 0.207 & 0.715 & 0.2 \\ 0.058 & 0.098 & 0.6 \end{bmatrix} \times \begin{bmatrix} 0.648 \\ 0.230 \\ 0.122 \end{bmatrix} = \begin{bmatrix} 0.544 \\ 0.323 \\ 0.133 \end{bmatrix}$$

실행력(w_{A2})에 관해서는 다음과 같다.

$$w_{A2} = w_{42} \cdot w_{22} = \begin{bmatrix} 0.714 & 0.143 & 0.143 \\ 0.143 & 0.714 & 0.143 \\ 0.143 & 0.143 & 0.714 \end{bmatrix} \times \begin{bmatrix} 0.669 \\ 0.243 \\ 0.088 \end{bmatrix} = \begin{bmatrix} 0.525 \\ 0.282 \\ 0.193 \end{bmatrix}$$

카리스마성(w_{A3})에 관해서는 다음과 같다.

$$w_{A3} = w_{43} \cdot w_{23} = \begin{bmatrix} 0.8 & 0.2 & 0.1 \\ 0.1 & 0.7 & 0.2 \\ 0.1 & 0.1 & 0.7 \end{bmatrix} \times \begin{bmatrix} 0.333 \\ 0.075 \\ 0.592 \end{bmatrix} = \begin{bmatrix} 0.341 \\ 0.204 \\ 0.455 \end{bmatrix}$$

단, w_{21}, w_{22}, w_{23}은 각 평가기준에 따른 각 대체안의 평가백터(각 대체안 사이가 독립인경우)이다. 더욱이,

$$w_A = (w_{A1},\ w_{A2},\ w_{A3})$$

로 하면 차기총리의 선정에 관한 3사람(A, B, C)의 총합평가치 W''(각 대체안 사이의 종속성을 고려한 경우)는 아래와 같다.

$$W'' = w_A \cdot w_1 = \begin{matrix} & \text{정책력} & \text{실행력} & \text{카리스마성} \\ \text{A} \\ \text{B} \\ \text{C} \end{matrix} \begin{bmatrix} 0.544 & 0.525 & 0.341 \\ 0.323 & 0.282 & 0.204 \\ 0.133 & 0.193 & 0.455 \end{bmatrix} \times \begin{bmatrix} 0.637 \\ 0.258 \\ 0.105 \end{bmatrix} = \begin{matrix} \text{A} \\ \text{B} \\ \text{C} \end{matrix} \begin{bmatrix} 0.518 \\ 0.300 \\ 0.182 \end{bmatrix}$$

즉, 차기총리의 선정에 관한 선호순서는 A(0.5181) > B(0.300) > C(0.182)인 것을 알 수 있다. 단, w_1은 각 평가기준(독립인 경우)사이의 무게이다.

8.2.4 각 평가기준 사이와 각 대체안 사이가 모두 종속성이 있는 경우

이제 각 평가기준 사이와 각 대체안 사이가 모두 종속하고 있는 경우를 생각한다. 이 경우 각 평가기준 사이가 종속하고 있는 경우의 각 평가기준의 무게벡터

$$w_C = w_3 \cdot w_1$$

와 각 대체안 사이가 종속하고 있는 경우의 각 대체안의 평가행렬

$$w_A = (w_{A1},\ w_{A2},\ w_{A3})$$

을 사용하여 총합평가치를 구한다.

따라서 차기총리의 선정에 관한 3사람(A, B, C)의 총합평가치 W''' 각 평가기준 사이와 각 대체안 사이의 종속성을 모두 고려한 경우)는 다음과 같이 된다.

$$W''' = \begin{matrix} \\ A \\ B \\ C \end{matrix} \begin{matrix} \text{정책력} & \text{실행력} & \text{카리스마성} \\ \left[\begin{matrix} 0.544 \\ 0.323 \\ 0.133 \end{matrix}\right. & \begin{matrix} 0.525 \\ 0.282 \\ 0.193 \end{matrix} & \left.\begin{matrix} 0.341 \\ 0.204 \\ 0.455 \end{matrix}\right] \end{matrix} \times \begin{bmatrix} 0.561 \\ 0.288 \\ 0.151 \end{bmatrix} = \begin{matrix} A \\ B \\ C \end{matrix} \begin{bmatrix} 0.508 \\ 0.293 \\ 0.199 \end{bmatrix}$$

즉, 차기총리의 선정에 관한 선호순서는 A(0.508) > B(0.293) > C(0.199)인 것을 알 수 있다.

8.3 내부종속법과 절대평가법을 조합한 예

본 절에서는 내부종속법(각 평가기준이 종속하고 있는 경우)과 절대평가법을 조합한 예를 소개한다.

대학 입학생의 감소로 대학의 구조조정의 시대가 도래했다. 또 「21세기의 대학상과 금후의 개혁방침-경쟁적 환경속에서 개성을 발휘하는 대학」이 특히 주목을 받고 있는데 이는 가르치는 측의 자질의 개선을 의미한다. “FD/Faculty Development”이다. 강의가 변하면 대학은 변하는가? FD가 대학에 있어서 중요한 문제인 것은 틀림없다. 어쨌든 21세기에 생존하는 대학 · 학부는 외부로부터의 평가에 응하지 않으면 안 된다.

그래서 본 절은 대학의 평가를 취급하는 것으로 한다. 그 때 평가기준으로는 「강의의 수준」, 「취업 상태」, 「연구의 수준」, 「시설」, 「학교생활」의 5가지로 한다. 그러나 이 5가지의 평가기준은 독립이 아니고 서로 종속하고 있는 것을 알 수 있다. 그래서 대학의 평가의 예를 내부종속법(각 평가기준에 종속성이 있는 경우)과 절대평가법(많은 대학을 동시에 평가하고 싶기 때문에)을 조합한 수법으로 분석한다.

8.3.1 제 1단계

대학의 평가에 관한 계층구조를 그림 8.5와 같이 나타낸다. 레벨 1에 총합목적인 「대학의 평가」를, 레벨 2에 5가지의 평가기준을, 레벨 3에 6개의 대학(A, B, C, D, E, F)을 각각 놓는다.

그리고 대학의 평가에 관한 5가지의 평가기준의 쌍비교를 실시한다(표 8.6참조). 이 결과 각 평가기준의 무게는 다음과 같다.

$$w_1^T = (0.438,\ 0.148,\ 0.208,\ 0.082,\ 0.050)$$

즉, 대학의 평가에 관해서 「강의의 수준」(0.438)이 가장 중요한 평가기준이고 다음으로 「연구의 수준」(0.282), 「취업상태」(0.148)… 의 순서임을 알 수 있다. 그러나 이것은 5가지의 평가기준이 독립이라고 가정한 경우이다.

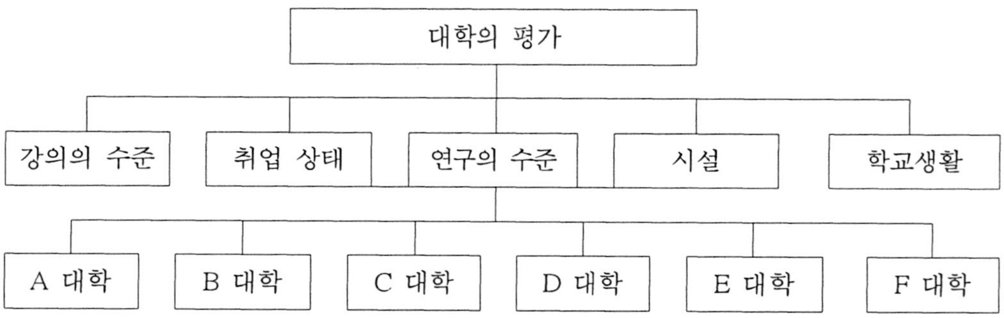

그림 8.5 대학의 평가에 관한 계층구조

표 8.6 각 평가기준 사이의 쌍비교

	강의수준	취업상태	연구수준	시설	학교생활
강의수준	1	3	2	5	7
취업상태	$\frac{1}{3}$	1	$\frac{1}{2}$	2	3
연구수준	$\frac{1}{2}$	2	1	4	6
시설	$\frac{1}{5}$	$\frac{1}{2}$	$\frac{1}{4}$	1	2
학교생활	$\frac{1}{7}$	$\frac{1}{3}$	$\frac{1}{6}$	$\frac{1}{2}$	1

$\lambda_{max} = 5.039 \quad C.I. = 0.010$

8.3.2 제 2단계

본 절에서는 앞에서 서술한 5가지 평가기준에 종속관계가 있는 것으로 그림 8.6과 같다. 예를 들면 「취업상태」 뿐만 아니라 「강의수준」, 「연구수준」, 「학교생활」로부터 영향을 받고 있는 것을 알 수 있다.

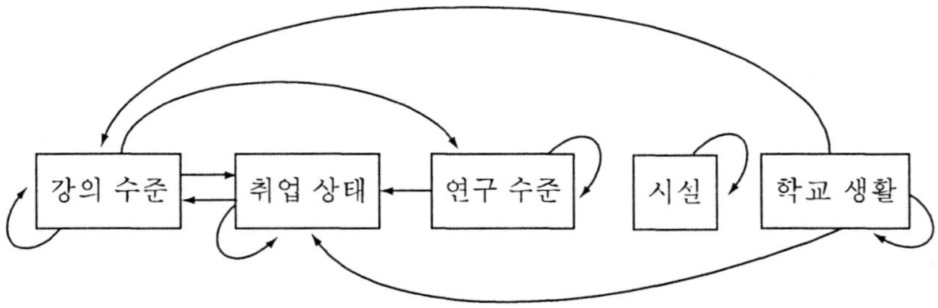

그림 8.6 종속관계도

그리고 이들의 영향력을 쌍비교한 결과는 표 8.7과 같다.

이 3개의 행렬의 고유백터를 구하고 5가지의 평가기준 사이의 종속관계를 정리하면 표 8.8과 같다.

표 8.7 종속관계의 쌍비교

강의수준	강의	취업	학교
강의	1	5	7
취업	$\frac{1}{5}$	1	2
학교	$\frac{1}{7}$	$\frac{1}{2}$	1

$C.I. = 0.007$

취업상태	강의	취업	연구	학교
강의	1	$\frac{1}{6}$	2	$\frac{1}{2}$
취업	6	1	9	3
연구	$\frac{1}{2}$	$\frac{1}{9}$	1	$\frac{1}{4}$
학교	2	$\frac{1}{3}$	4	1

$C.I. = 0.003$

연구수준	강의	연구
강의	1	$\frac{1}{5}$
연구	5	1

표 8.8 종속행렬(w_2)

w_2	강의	취업	연구	시설	학교
강의	0.739	0.109	0.167	0	0
취업	0.167	0.613	0	0	0
연구	0	0.059	0.833	0	0
시설	0	0	0	1	0
학교	0.094	0.219	0	0	1

이상의 결과로부터 종속관계를 나타내는 행렬 w_2와 백터 w_1으로부터 진짜 각 평가기준의 무게(각 평가기준의 종속성을 고려한 무게) W_c는 다음 식으로부터 구할 수 있다.

단, 시설과 학교생활에 관해서는 다음 평가기준으로부터의 영향이 없으므로 표 8.8에 나타난 결과로 된다.

$$W_C = w_2 \cdot w_1 = \begin{bmatrix} 0.739 & 0.109 & 0.167 & 0 & 0 \\ 0.167 & 0.613 & 0 & 0 & 0 \\ 0 & 0.059 & 0.833 & 0 & 0 \\ 0 & 0 & 0 & 1 & 0 \\ 0.094 & 0.219 & 0 & 0 & 1 \end{bmatrix} \times \begin{bmatrix} 0.438 \\ 0.148 \\ 0.282 \\ 0.082 \\ 0.050 \end{bmatrix} = \begin{bmatrix} 0.387 \\ 0.164 \\ 0.244 \\ 0.082 \\ 0.124 \end{bmatrix}$$

이 결과 대학의 평가에 관해서 「강의수준」은 약 39%의 영향력이 있다는 것을 알 수 있고, 다음으로 「연구수준」(0.244), 「취업상태」(0.164)… 순서이다.

8.3.3 제 3단계

다음에는 각 평가기준에 관해서 절대적 평가수준을 마련한다. 이 예의 경우는 표 8.9와 같이 설정한다. 예를 들면 「강의수준」의 평가기준은 '매우좋다', '좋다', '보통이다', '나쁘다'의 4단계로 평가한다.

표 8.9 평가수준

강의수준	취업상태	연구수준	시설	학교생활
매우좋다	매우좋다			
좋다	좋다	좋다	좋다	좋다
보통이다	보통이다	보통이다	보통이다	보통이다
나쁘다	나쁘다	나쁘다	나쁘다	나쁘다

그리고 각 평가기준에 관해서 어느 정도 좋은가? 나쁜가?를 정량적으로 계산한다. 그를 위해 5가지 평가기준에 따라 각 평가수준 사이의 쌍비교를 실시한다. 그 결과는 표 8.10과 같다. 단, 강의수준, 취업상태 그리고 연구수준, 시설, 학교생활에 관한 평가수준 사이의 쌍비교는 각각 같다고 한다.

표 8.10 평가수준 사이의 쌍비교

강의수준 · 취업상태	매우좋다	좋다	보통이다	나쁘다
매우좋다	1	3	5	7
좋다	$\frac{1}{3}$	1	3	5
보통이다	$\frac{1}{5}$	$\frac{1}{3}$	1	3
나쁘다	$\frac{1}{7}$	$\frac{1}{5}$	$\frac{1}{3}$	1

$C.I. = 0.004$

연구수준 · 시설 · 학교생활	좋다	보통이다	나쁘다
좋다	1	4	6
보통이다	$\frac{1}{4}$	1	2
나쁘다	$\frac{1}{6}$	$\frac{1}{2}$	1

$C.I. = 0.005$

더욱이 이 2개의 행렬의 최대고유치에 대하여 정규화한 고유벡터(무게)는 각각 다음과 같다.

강의수준 …… w_I^T=(0.565,0.262,0.118,0.055)

취업상태 …… $w_{II}^T = w_1^T$

연구수준 …… w_{III}^T=(0.701,0.193,0.106)

시설 ······ $w_{IV}^T = w_{III}^T$

학교생활 ······ $w_V^T = w_{III}^T$

다음에는 각 대체안(A, B, C, D, E, F)의 평가를 5가지의 평가기준의 각각에 표 8.9에 표시한 평가수준에 따라서 실시한다. 그 결과는 표 8.11과 같다. 그리고 평가행렬 S_{ij}(평가기준 i 에 관한 대체안 j의 평가치)를 제 7장에서 설명한 절대평가법으로 계산한다.

표 8.11 각 대학의 평가 데이터

대학 \ 평가기준	강의수준	취업상태	연구상태	시설	학교생활
A	나쁘다	보통이다	보통이다	좋다	좋다
B	좋다	매우 좋다	좋다	좋다	보통이다
C	보통이다	좋다	보통이다	보통이다	좋다
D	매우 좋다	좋다	좋다	보통이다	보통이다
E	보통이다	나쁘다	보통이다	나쁘다	좋다
F	나쁘다	보통이다	나쁘다	좋다	나쁘다

8.3.4 제 4단계

이상의 결과로부터 5가지의 평가기준 사이와 각 평가기준에 관한 평가수준 사이의 무게가 계산되었다. 그리고 평가행렬 S_{ij}가 결정되었다. 따라서 각 대학 (A, B, C, D, E, F)의 종합평가치는 다음 식으로 구할 수 있다.

$$E_j^T = S_{ij} \cdot W_C \quad \begin{matrix} & \text{강의} & \text{취업} & \text{연구} & \text{시설} & \text{학교} \\ \begin{matrix} A \\ B \\ C \\ D \\ E \\ F \end{matrix} & \multicolumn{5}{l}{\begin{pmatrix} 0.055/0.565 & 0.118/0.565 & 0.193/0.701 & 0.701/0.701 & 0.701/0.701 \\ 0.262/0.565 & 0.565/0.565 & 0.701/0.701 & 0.701/0.701 & 0.193/0.701 \\ 0.118/0.565 & 0.262/0.565 & 0.193/0.701 & 0.193/0.701 & 0.701/0.701 \\ 0.565/0.565 & 0.262/0.565 & 0.701/0.701 & 0.193/0.701 & 0.193/0.701 \\ 0.118/0.565 & 0.055/0.565 & 0.193/0.701 & 0.106/0.701 & 0.701/0.701 \\ 0.262/0.565 & 0.118/0.565 & 0.106/0.701 & 0.701/0.701 & 0.106/0.701 \end{pmatrix}} \end{matrix} \times \begin{pmatrix} 0.387 \\ 0.164 \\ 0.244 \\ 0.082 \\ 0.124 \end{pmatrix}$$

이 결과,

$$E_j^T = (0.345,\ 0.704,\ 0.371,\ 0.764,\ 0.300,\ 0.351)$$

로 된다. 즉, 이 분석의 결과로부터 각 대학의 총합평가의 선호순서는 D > B > C > F > A > E로 된다.

제 9 장

외부종속법

9.1 외부종속법이란?

제 8장에서는 「같은 레벨에 있는 평가기준 사이(또는 대체안 사이)에 종속성이 있는 경우」 즉, 내부종속법에 의한 AHP에 대하여 소개하였다. 본 장에서는 「각 레벨사이에 종속하고 있는 경우」, 즉, 외부종속법(Outer Dependence 법)과 「내부종속법과 외부종속법이 동시에 일어나는 경우」, 즉, 내부-외부종속법(Inner -Outer Dependence법)에 의한 AHP에 대하여 소개한다.

더욱이 외부종속법의 사고방식의 특징은 각 평가기준의 무게가 총합목적으로부터 일의적으로 결정되는 것이 아니고 각 대체안 각각에 따라 결정되어 그것들이 서로 달라도 좋은점이 있다. 실제로 사회현상 등을 분석할 때 각 평가기준의 무게는 각 대체안에 공통인 것은 아니고 각 대체안 각각에 따라 다른 경우도 많이 있다고 생각된다. 그래서 외부종속법의 계산수법을 「기업의 체력측정」을 예로서 소개한다.

어떤 사람이 자기 자금의 투자를 위해서 기업선정에 대하여 상담을 신청했다. 후보기업은 A기업(유통업), B기업(생산), C기업(IT산업)으로 어느 기업이나 우량기업인데 기업의 체력측정은 객관적으로 실시하여 투자하기에 가장 좋은 기업을 선정하고 싶은 것이다.

그래서 이 분석을 AHP로 하기로 했다. 그런데 기업의 체력측정을 실시하기 위한 평가기준으로서는 「기업의 수익력」(매상고를 영업비용으로 나눈 값에 비례한다), 「기업의 활력」(총자본 회전율에 비례한다), 「기업의 성장력」(자기자본의 증감에 비례한다)의 3가지가 선정되었다. 그러나 잘 생각해 보면 이 3가지의 평가기준의 무게는 3개의 기업에 공통인 것은 아니고(종래의 AHP에서는 평가기준의 무게는 모든 대체안에 공통이었다) A, B, C의 3개의 기업을 각각 평가할 때에는 다르다는 것을 알았다. 그래서 외부종속법에 의한 AHP를 구사하기로 한다. 이 수법은 다른 레벨 사이에 종속성이 있을 때 그 관계를 동시에 표현하는 초행렬(Super Matrix)을 사용하여 분석하는 것으로 외부종속법(다른 레벨사이의 종속성, 그러므로 외부라는 말을 사용하고 있다)이라 한다. 그래서 이 예를 외부종속법으로 분석하기로 한다.

9.1.1 제 1단계

기업의 체력측정에 관한 계층구조를 그림 9.1에 나타냈다. 그리고 3가지의 평가기준 사이의 쌍비교를 실시한다. 그런데 앞에서 서술한 것과 같이 종래의 AHP에서는 이 쌍비교를 하나의 행렬로 표현하였다(각 대체안에 공통이었으므로). 그러나 이 예에서는 3개의 평가기준의 쌍비교를 실시한다. 그 결과는 표 9.1과 같다. 그리고 이러한 계산결과로부터 A기업을 평가할 때의 각 평가기준의 무게 w_1은

$$w_1^T = (0.648,\ 0.230,\ 0.122)$$

로 되고 B기업과 C기업을 평가할 때의 각 평가기준의 무게 w_2와 w_3는 각각

$$w_2^T = (0.25,\ 0.5,\ 0.25)$$

$$w_3^T = (0.286,\ 0.143,\ 0.571)$$

로 된다.

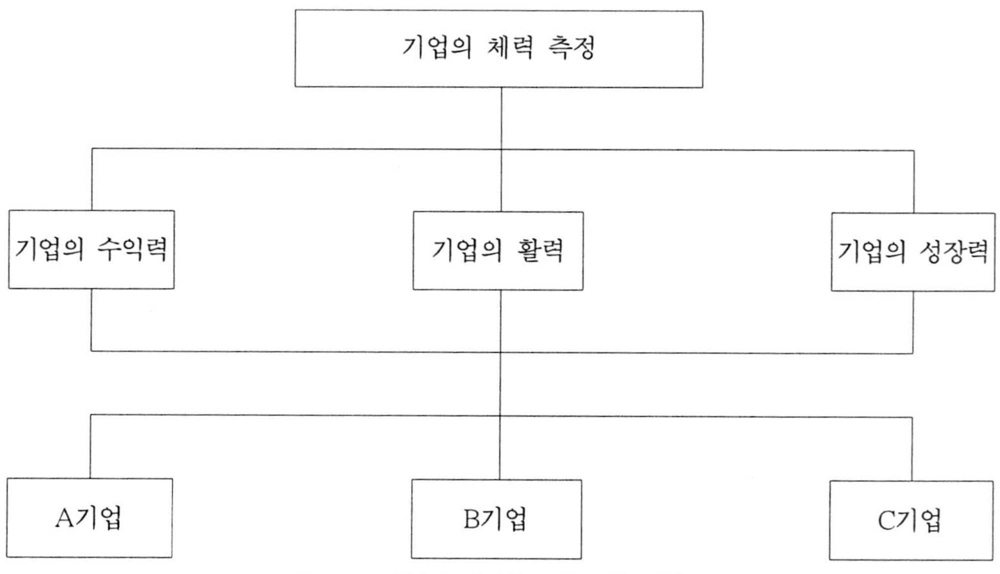

그림 9.1 기업의 체력측정에 관한 계층구조

표 9.1 3가지의 평가기준의 쌍비교

A기업	수익력	활력	성장력
수익력	1	3	5
활력	$\frac{1}{3}$	1	2
성장력	$\frac{1}{5}$	$\frac{1}{2}$	1

$\lambda_{max} = 3.004 \quad C.I. = 0.002$

B기업	수익력	활력	성장력
수익력	1	$\frac{1}{2}$	1
활력	2	1	2
성장력	1	$\frac{1}{2}$	1

$\lambda_{max} = 3.0 \quad C.I. = 0$

C기업	수익력	활력	성장력
수익력	1	2	$\frac{1}{2}$
활력	$\frac{1}{2}$	1	$\frac{1}{4}$
성장력	2	4	1

$\lambda_{max} = 3.0 \quad C.I. = 0$

이것으로부터 A기업을 평가할 때는 「수익력」(0.648)에 중점을, B기업을 평가할 때는 「활력」(0.5)에 중점을, C기업을 평가할 때는 「성장력」(0.571)에 중점을 두는 것을 알 수 있다.

9.1.2 제 2단계

다음에는 각 평가기준에 관해서 3기업의 쌍비교평가를 실시한다. 이것은 종래의 AHP와 같다. 이 결과는 표 9.2와 같다. 이 3개의 행렬의 고유벡터(무게)를 계산하면 아래와 같다. 우선 「기업의 수익력」 에 관한 3기업의 평가벡터 w_4는

$$w_4^T = (0.637,\ 0.105, 0.258)$$

이고, 「기업의 활력」과 「기업의 성장력」에 관한 3기업의 평가벡터 w_5와 w_6는 각각

$$w_5^T = (0.276,\ 0.595,\ 0.129)$$

$$w_6^T = (0.109,\ 0.309,\ 0.582)$$

로 된다. 이것으로부터 「기업의 수익력」은 A기업이, 「기업의 활력」은 B기업이, 「기업의 성장력」은 C기업이 좋은 것을 알 수 있다.

표 9.2 3기업의 쌍비교

수익력	A	B	C
A	1	5	3
B	$\frac{1}{5}$	1	$\frac{1}{3}$
C	$\frac{1}{3}$	3	1

$\lambda_{max}=3.039$ $C.I.=0.019$

활력	A	B	C
A	1	$\frac{1}{2}$	2
B	2	1	5
C	$\frac{1}{2}$	$\frac{1}{5}$	1

$\lambda_{max}=3.006$ $C.I.=0.003$

성장력	A	B	C
A	1	$\frac{1}{3}$	$\frac{1}{5}$
B	3	1	$\frac{1}{2}$
C	5	2	1

$\lambda_{max}=3.004$ $C.I.=0.002$

9.1.3 제 3단계

레벨 2, 3의 무게가 계산되면 이 결과로부터 계층 전체의 무게(총합평가치 E)를 계산할 수 있다.

그런데 레벨 2의 각 평가기준 사이의 무게는 3종류(3기업의 각각)인데 B기업에 관한 무게(w_2)를 공통의 척도로 가정하면 E는 다음과 같이 된다.

$$E=(w_4,\ w_5,\ w_6)\cdot w_2$$

$$\begin{array}{cc} & \begin{array}{ccc}\text{수익력} & \text{활력} & \text{성장력}\end{array} \\ = \begin{array}{c}A\\B\\C\end{array} & \begin{pmatrix} 0.637 & 0.276 & 0.109 \\ 0.105 & 0.595 & 0.309 \\ 0.258 & 0.129 & 0.582 \end{pmatrix} \times \begin{pmatrix} 0.250 \\ 0.500 \\ 0.250 \end{pmatrix} = \begin{array}{c}A\\B\\C\end{array} \begin{pmatrix} 0.325 \\ 0.401 \\ 0.274 \end{pmatrix} \end{array}$$

이 결과로부터 종래의 AHP의 계산에서는 B기업이 투자대상으로서 가장 적합한 기업이다. 또 이 계산(종래의 AHP)은 다음에 표시한 초행렬을 사용하여 실행하는 것도 가능하다. 초행렬(Super Matrix)이란 각 평가기준과 각 대체안의 관계를 하나의 행렬로 표현한 것이다,

$$
W = \begin{array}{c} \\ \text{평가기준} \\ \text{대체안} \end{array} \begin{array}{c} \begin{array}{cc} \text{평가기준} & \text{대체안} \end{array} \\ \begin{pmatrix} 0 & w_C \\ w_A & 0 \end{pmatrix} \end{array}
$$

그리고 위 식의 W는 재귀성(Markov성)이 있고, 이 추이확률행렬(행렬의 열의 요소를 합하면 1.0이 된다)은 다음과 같은 극한확률행렬(각열의 값이 같다) W^*에 수렴하는 것을 나타내고 있다.

$$
\lim_{k\to\infty} W^{2k+1} = W^* \text{(}W\text{의 무한대 곱이 } w^*\text{에 수렴한다.)}
$$

이 결과로부터 W^{2k+1}(k는 정수)가 W와 같은 형태의 행렬인 것을 알 수 있다. 단,

$$
W^* = \begin{array}{c} \\ \text{평가기준} \\ \text{대체안} \end{array} \begin{array}{c} \begin{array}{cc} \text{평가기준} & \text{대체안} \end{array} \\ \begin{pmatrix} 0 & w_C^* \\ w_A^* & 0 \end{pmatrix} \end{array} \text{(}w_A\text{는 } w_A^*\text{에, } w_C\text{는 } w_C^*\text{에 수렴한다)}
$$

로 된다. 그리고 w_A^*는 총합평가행렬이고 w_C^*는 각 평가기준의 무게행렬이다. 그리고 이 예의 경우에는 B기업에 관한 평가기준의 무게(w_2)를 공통의 척도로 하고 있기 때문에

$$
w_C = (w_2,\ w_2,\ w_2) = \begin{pmatrix} 0.25 & 0.25 & 0.25 \\ 0.5 & 0.5 & 0.5 \\ 0.25 & 0.25 & 0.25 \end{pmatrix}
$$

로 된다. 한편,

$$
w_A = (w_4,\ w_5,\ w_6) = \begin{pmatrix} 0.637 & 0.276 & 0.109 \\ 0.105 & 0.595 & 0.309 \\ 0.258 & 0.129 & 0.582 \end{pmatrix}
$$

로 된다. 따라서 이 예의 경우는 각 평가기준과 각 대체안의 관계를 하나의 행렬

로 표현한 초행렬은 다음과 같이 된다.

단, $w_C \cdot w_A$의 위치는 앞서 서술한 W(초행렬)의 식에서의 위치와 같게 된다.

$W=$

	수익력	활력	성장력	A	B	C
수익력	0	0	0	0.25	0.25	0.25
활력	0	0	0	0.5	0.5	0.5
성장력	0	0	0	0.25	0.25	0.25
A	0.637	0.276	0.109	0	0	0
B	0.105	0.595	0.309	0	0	0
C	0.258	0.129	0.582	0	0	0

따라서

$$\lim_{k\to\infty} W^{2k+1} = W^*$$

을 구하면

$W^* =$

	수익력	활력	성장력	A	B	C
수익력	0	0	0	0.25	0.25	0.25
활력	0	0	0	0.5	0.5	0.5
성장력	0	0	0	0.25	0.25	0.25
A	0.325	0.325	0.325	0	0	0
B	0.401	0.401	0.401	0	0	0
C	0.274	0.274	0.274	0	0	0

로 된다. 따라서 종래의 AHP의 사고방식(각 평가기준 사이의 무게가 각 대체안에 공통)을 토대로 초행렬을 사용해서 계산한 결과는 B기업(0.401) > A기업(0.325) > C기업(0.274)의 선호순서로 된다. 이것은 종래의 AHP의 계산법에 의한 결과 E와 같다.

다음에는 3개의 대체안 각각의 평가기준의 무게(w_1, w_2, w_3)를 고려하면 (외부종속법의 사고방식)

$$W_C = (w_1,\ w_2,\ w_3)$$

$$= \begin{pmatrix} 0.648 & 0.250 & 0.286 \\ 0.230 & 0.500 & 0.143 \\ 0.122 & 0.250 & 0.571 \end{pmatrix}$$

로 된다. 한편,

$$w_A = (w_4,\ w_5,\ w_6)$$

$$= \begin{pmatrix} 0.637 & 0.276 & 0.109 \\ 0.105 & 0.595 & 0.309 \\ 0.258 & 0.129 & 0.582 \end{pmatrix}$$

이다. 따라서 외부종속법의 경우에 초행렬은 다음과 같이 된다.

$W=$

	수익력	활력	성장력	A	B	C
수익력	0	0	0	0.648	0.25	0.286
활력	0	0	0	0.230	0.5	0.143
성장력	0	0	0	0.122	0.25	0.571
A	0.637	0.276	0.109	0	0	0
B	0.105	0.595	0.309	0	0	0
C	0.258	0.129	0.582	0	0	0

따라서

$$\lim_{k \to \infty} W^{2k+1} = W^*$$

을 구하면

$W^* =$

	수익력	활력	성장력	A	B	C
수익력	0	0	0	0.41	0.41	0.41
활력	0	0	0	0.285	0.285	0.285
성장력	0	0	0	0.305	0.305	0.305
A	0.373	0.373	0.373	0	0	0
B	0.307	0.307	0.307	0	0	0
C	0.320	0.320	0.320	0	0	0

로 된다. 이 결과 외부종속법에 의한 종합평가는 A기업(0.373) > C기업(0.320) > B기업(0.307)의 선호순서로 되어 A기업이 투자대상으로서도 가장 적합한 기업으로 된다. 이것은 종래의 AHP의 사고방식을 토대로 계산한 결과(B기업이 가장 적합한 기업)와 다르다는 것을 알 수 있다. 그런데 외부종속법에 의한 각 평가기준의 무게는 수익력(0.41), 활력(0.285), 성장력(0.305)에 수렴한다.

9.2 내부 · 외부종속법이란?

본 절에서는 「내부종속법과 외부종속법이 동시에 일어나는 경우」 즉, 내부 · 외부종속법에 의한 AHP에 대하여 설명한다. 단, 여기에서 소개하는 예의 내부 · 외부종속법은 각 평가기준이 종속하고 있는 경우이다. 다만 내부종속법의 내용은 제 8장을 참고하기 바란다.

여기서는 투자신탁상품 X, Y, Z를 AHP로 평가하려고 한다.

그런데 투자신탁의 평가기준으로서는 「주식상황」, 「판매망」, 「연금시장」, 「금융환경」의 4가지를 선택한다. 그러나 이 4가지의 평가기준의 무게는 3상품에 공통인 것은 아니고(종래의 AHP에서는 각 평가기준의 무게는 모든 대체안에 공통이다) 3상품 X, Y, Z을 각각 평가할 때 다르다는 것을 알 수 있었다. 그러나 이 4가지 평가기준은 서로 종속하고 있는 것이다. 그래서 이 예를 내부· 외부종속법에 의해서 분석하기로 한다.

9.2.1 제 1단계

투자신탁상품의 평가에 관한 계층구조는 그림 9.2와 같다. 그리고 4가지의 평가기준에 관하여 쌍비교를 실시한다. 그런데 앞에서 서술한 것과 같이 종래의 AHP에서는 이 쌍비교는 각 상품(X, Y, Z)에 공통이었다. 그러나 이 예에서는 3상품에 따라서 다르다. 각 상품에 관한 4가지의 평가기준의 쌍비교를 실시한다.

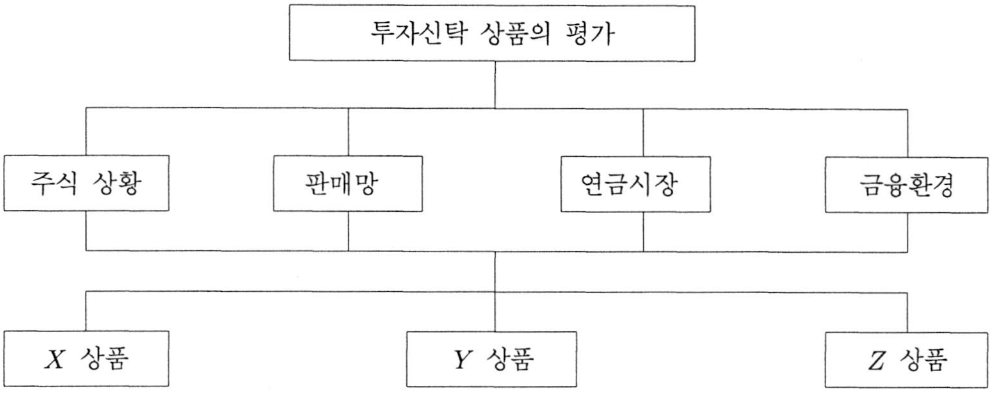

그림 9.2 투자 신탁상품평가의 계층구조

그 결과는 표 9.3과 같다.

표 9.3 4가지의 평가기준의 쌍비교

X상품	주식	판매	연금	금융
주식	1	3	4	6
판매	$\frac{1}{3}$	1	2	3
연금	$\frac{1}{4}$	$\frac{1}{2}$	1	2
금융	$\frac{1}{6}$	$\frac{1}{3}$	$\frac{1}{2}$	1

$\lambda_{max} = 4.031 \quad C.I. = 0.01$

Y상품	주식	판매	연금	금융
주식	1	$\frac{1}{3}$	1	$\frac{1}{2}$
판매	3	1	4	2
연금	1	$\frac{1}{4}$		$\frac{1}{3}$
금융	2	$\frac{1}{2}$	3	1

$\lambda_{max} = 4.031 \quad C.I. = 0.01$

Z상품	주식	판매	연금	금융
주식	1	2	$\frac{1}{3}$	$\frac{1}{4}$
판매	$\frac{1}{2}$	1	$\frac{1}{5}$	$\frac{1}{6}$
연금	3	5	1	1
금융	4	6	1	1

$\lambda_{max} = 4.015 \quad C.I. = 0.005$

그리고 이들의 계산결과는 X상품을 평가할 때의 각 평가기준의 무게 w_1은

$$w_1^T = (0.559,\ 0.228,\ 0.135,\ 0.078)$$

이고 Y상품과 Z상품을 평가할 때의 각 평가기준의 무게 w_2와 w_3는 각각

$$w_2^T = (0.136,\ 0.470,\ 0.114,\ 0.280)$$

$$w_3^T = (0.123,\ 0.069,\ 0.380,\ 0.428)$$

로 된다. 그러나 이들의 무게는 4가지의 평가기준이 독립이라고 가정한 경우이다.

9.2.2 제 2단계

앞 절에서 소개한 외부종속법에서는 위에서 서술한 무게가 각 상품에 관한 4가지의 평가기준의 무게였다. 그러나 본 예에서는 이 4가지의 평가기준 사이에 종속관계가 있다. 그 형태는 그림 9.3과 같다. 예를 들면 주식은 주식뿐만 아니라 판매, 연금, 금융으로부터도 영향을 받고 있는 것을 알 수 있다. 그리고 이들의 영향력을 쌍비교한 결과는 표 9.4와 같다.

표 9.4 영향력의 쌍비교

주식	주식	판매	연금	금융
주식	1	3	3	4
판매	$\frac{1}{3}$	1	1	2
연금	$\frac{1}{3}$	1	1	2
금융	$\frac{1}{4}$	$\frac{1}{2}$	$\frac{1}{2}$	1

$\lambda_{max} = 4.021 \quad C.I. = 0.007$

연금	판매	연금	금융
판매	1	$\frac{1}{2}$	2
연금	2	1	3
금융	$\frac{1}{2}$	$\frac{1}{3}$	1

$\lambda_{max} = 3.009 \quad C.I. = 0.005$

금융	주식	판매	금융
주식	1	$\frac{1}{2}$	$\frac{1}{5}$
판매	2	1	$\frac{1}{3}$
금융	5	3	1

$\lambda_{max} = 3.004 \quad C.I. = 0.002$

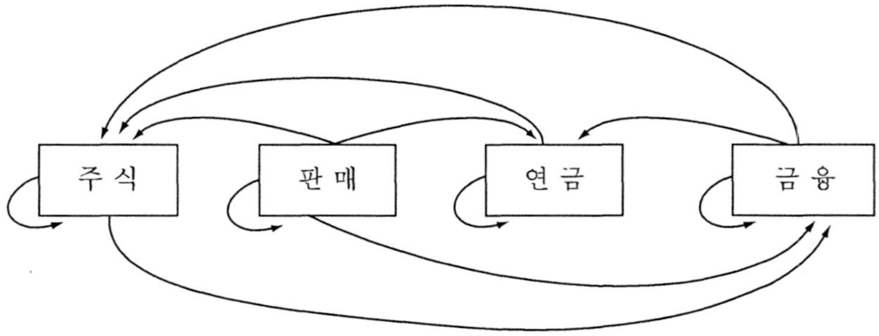

그림 9.3 4가지 평가기준사이의 종속관계도

이 3개의 쌍비교행렬의 고유벡터 (무게)를 구하고 이 4가지의 평가기준 사이의 종속관계를 정리하면(종속행렬 M) 다음과 같이 된다.

$$M=\begin{pmatrix} 0.516 & 0 & 0 & 0.122 \\ 0.189 & 1 & 0.297 & 0.230 \\ 0.189 & 0 & 0540 & 0 \\ 0.106 & 0 & 0.163 & 0.648 \end{pmatrix}$$

이상의 결과, 종속행렬 M과 벡터 w_1, w_2, w_3 (각 평가기준이 독립이라고 가정했을 때의 각 평가기준의 무게)로부터 실제의 각 평가기준의 무게(각 평가기준의 종속성을 고려한 무게) w_4, w_5, w_6은 다음 식으로부터 구할 수 있다.

X상품에 관해서는

$$w_4 = M \cdot w_1$$

$$= \begin{pmatrix} 0.516 & 0 & 0 & 0.122 \\ 0.189 & 1 & 0.297 & 0.230 \\ 0.189 & 0 & 0.540 & 0 \\ 0.106 & 0 & 0.163 & 0.648 \end{pmatrix} \times \begin{pmatrix} 0.559 \\ 0.228 \\ 0.135 \\ 0.078 \end{pmatrix} = \begin{pmatrix} 0.298 \\ 0.392 \\ 0.178 \\ 0.132 \end{pmatrix}$$

Y상품에 관해서는

$$w_5 = M \cdot w_2$$

$$= \begin{pmatrix} 0.516 & 0 & 0 & 0.122 \\ 0.189 & 1 & 0.297 & 0.230 \\ 0.189 & 0 & 0.540 & 0 \\ 0.106 & 0 & 0.163 & 0.648 \end{pmatrix} \times \begin{pmatrix} 0.136 \\ 0.470 \\ 0.114 \\ 0.280 \end{pmatrix} = \begin{pmatrix} 0.104 \\ 0.594 \\ 0.087 \\ 0.215 \end{pmatrix}$$

Z상품에 관해서는

$$w_6 = M \cdot w_3$$

$$= \begin{pmatrix} 0.516 & 0 & 0 & 0.122 \\ 0.189 & 1 & 0.297 & 0.230 \\ 0.189 & 0 & 0.540 & 0 \\ 0.106 & 0 & 0.163 & 0.648 \end{pmatrix} \times \begin{pmatrix} 0.123 \\ 0.069 \\ 0.380 \\ 0.428 \end{pmatrix} = \begin{pmatrix} 0.116 \\ 0.304 \\ 0.228 \\ 0.352 \end{pmatrix}$$

로 된다.

9.2.3 제 3단계

다음으로 각 평가기준에 관해서 3상품의 쌍비교평가를 실시한다. 이것은 종래의 AHP와 같고 결과는 표 9.5와 같다. 이 4개의 행렬의 고유벡터(무게)를 계산하면 다음과 같다. 우선, 주식에 관한 3상품의 평가벡터 w_7은

$$w_7^T = (0.648,\ 0.230,\ 0.122)$$

이고 판매, 연금, 금융에 관한 3상품의 평가벡터 w_8, w_9, w_{10}은 각각

$$w_8^T = (0.105,\ 0.637,\ 0.258)$$

$$w_9^T = (0.25,\ 0.25,\ 0.5)$$

$$w_{10}^T = (0.297,\ 0.163,\ 0.540)$$

로 된다. 이것으로부터 주식은 A상품이, 판매는 B상품이, 연금과 금융은 C상품이 좋은 것을 알 수 있다.

표 9.5 3상품의 평가기준에 의한 쌍비교

주식	X	Y	Z
X	1	3	5
Y	$\frac{1}{3}$	1	2
Z	$\frac{1}{5}$	$\frac{1}{2}$	1

$\lambda_{max} = 3.004 \quad C.I. = 0.002$

판매	X	Y	Z
X	1	$\frac{1}{5}$	$\frac{1}{3}$
Y	5	1	3
Z	3	$\frac{1}{3}$	1

$\lambda_{max} = 3.039 \quad C.I. = 0.019$

연금	X	Y	Z
X	1	1	$\frac{1}{2}$
Y	1	1	$\frac{1}{2}$
Z	2	2	1

$\lambda_{max} = 3.0 \quad C.I. = 0.0$

금융	X	Y	Z
X	1	2	$\frac{1}{2}$
Y	$\frac{1}{2}$	1	$\frac{1}{3}$
Z	2	3	1

$\lambda_{max} = 3.009 \quad C.I. = 0.005$

9.2.4 제 4단계

레벨 2, 3의 무게가 계산되면 이 예의 경우의 초행렬은 다음과 같이 된다.

단, $w_C = (w_4, w_5, w_6)$와 $w_A = (w_7, w_8, w_9, w_{10})$의 위치는 앞에서 서술한 W(초행렬 : Super Matrix)의 식에서의 위치와 같다.

$$W = \begin{pmatrix} 0 & 0 & 0 & 0 & & & \\ 0 & 0 & 0 & 0 & w_4 & w_5 & w_6 \\ 0 & 0 & 0 & 0 & & & \\ 0 & 0 & 0 & 0 & & & \\ & & & & 0 & 0 & 0 \\ w_7 & w_8 & w_9 & w_{10} & 0 & 0 & 0 \\ & & & & 0 & 0 & 0 \end{pmatrix}$$

	주식	판매	연금	금융	X	Y	Z
주식	0	0	0	0	0.298	0.104	0.116
판매	0	0	0	0	0.392	0.594	0.304
연금	0	0	0	0	0.178	0.087	0.228
=금융	0	0	0	0	0.132	0.215	0.352
X	0.648	0.105	0.25	0.297	0	0	0
Y	0.230	0.637	0.25	0.163	0	0	0
Z	0.122	0.258	0.5	0.540	0	0	0

따라서

$$\lim_{k \to \infty} W^{2k+1} = W^*$$

을 구하면

$$W^* = \begin{array}{c} \\ 주식 \\ 판매 \\ 연금 \\ 금융 \\ X \\ Y \\ Z \end{array} \begin{array}{ccccccc} 주식 & 판매 & 연금 & 금융 & X & Y & Z \\ 0 & 0 & 0 & 0 & 0.159 & 0.159 & 0.159 \\ 0 & 0 & 0 & 0 & 0.442 & 0.442 & 0.442 \\ 0 & 0 & 0 & 0 & 0.159 & 0.159 & 0.159 \\ 0 & 0 & 0 & 0 & 0.240 & 0.240 & 0.240 \\ 0.261 & 0.261 & 0.261 & 0.261 & 0 & 0 & 0 \\ 0.396 & 0.396 & 0.396 & 0.396 & 0 & 0 & 0 \\ 0.342 & 0.342 & 0.342 & 0.342 & 0 & 0 & 0 \end{array}$$

로 된다.

이 결과로부터 내부 · 외부 종속법에 의한 총합평가는 Y상품(0.396) > Z상품(0.342) > X상품(0.261)로 되어 Y상품이 가장 높은 평가를 얻는 것을 알 수 있다. 단, 각 평가기준의 무게는 주식(0.159), 판매(0.442), 연금(0.159), 금융(0.240)에 수렴한다.

한편, 각 평가기준이 독립인 경우(외부종속법만)의 초행렬은 다음과 같이 된다. 단, $w_c = (w_1, w_2, w_3)$와 $w_A = (w_7, w_8, w_9, w_{10})$의 위치는 앞에서 서술한 W(초행렬 : Super Matrix)의 식에서의 위치와 같다.

$$W=\begin{pmatrix} 0 & 0 & 0 & 0 & & & \\ 0 & 0 & 0 & 0 & w_1 & w_2 & w_3 \\ 0 & 0 & 0 & 0 & & & \\ 0 & 0 & 0 & 0 & & & \\ & & & & 0 & 0 & 0 \\ w_7 & w_8 & w_9 & w_{10} & 0 & 0 & 0 \\ & & & & 0 & 0 & 0 \end{pmatrix}$$

	주식	판매	연금	금융	X	Y	Z
주식	0	0	0	0	0.559	0.136	0.123
판매	0	0	0	0	0.228	0.470	0.069
연금	0	0	0	0	0.135	0.114	0.380
=금융	0	0	0	0	0.078	0.280	0.428
X	0.648	0.105	0.25	0.297	0	0	0
Y	0.230	0.637	0.25	0.163	0	0	0
Z	0.122	0.258	0.5	0.540	0	0	0

따라서

$$\lim_{k\to\infty} W^{2k+1} = W^*$$

을 구하면

$W^* =$

	주식	판매	연금	금융	X	Y	Z
주식	0	0	0	0	0.273	0.273	0.273
판매	0	0	0	0	0.250	0.250	0.250
연금	0	0	0	0	0.213	0.213	0.213
금융	0	0	0	0	0.264	0.264	0.264
X	0.335	0.335	0.335	0.335	0	0	0
Y	0.318	0.318	0.318	0.318	0	0	0
Z	0.347	0.347	0.347	0.347	0	0	0

로 된다. 이 결과에서 외부종속법에 의한 종합평가는 Z상품(0.347) > X상품(0.335) > Y상품(0.318)로 되어 Z상품이 가장 높은 평가를 얻은 것을 알 수 있다. 단, 각 평가기준의 무게는 주식(0.273), 판매(0.250), 연금(0.213), 금융(0.264)에 수렴한다.

제 10 장
ANP

10.1 Feed Back형 ANP

제 9장에서 소개한 AHP에 있어서의 외부종속법을 Network로 확장한 모델을 생각한다. Saaty는 이 모델을 ANP(Analytic Network Process)라고 하였다. 이 ANP에는 크게 나누어서 Feedback형과 Series형이 있다. 본 절에서는 먼저 Feedback형 ANP에 대한 계산법을 소개한다.

그리고 다목적 의사결정문제로서 사회현상을 받아들일 때는 각 평가기준과 각 대체안 뿐만 아니라 시나리오의 설정도 필요하다. 더욱이 이 시나리오의 설정이 총합목적으로부터 일의적으로 결정되는 것이 아니고, 각 대체안의 각각에 따라서 결정되는데 그들이 서로 다른 경우를 상정한다. 이와 같은 시스템을 Feedback형 ANP라고 하는데 이 시스템의 골격은 그림 10.1과 같다.

그래서 Feedback형 ANP를 분석하기 위한 수법을 구체적인 예를 통해서 설명하려고 한다.

어느 기업이 어떤 지역에 수퍼마켓을 개점하고 싶은데 소비자의 구매취향이 어떠한 가를 분석하고 싶은 것이다. 경합점이 1차 상권(500m이내)안에 2개의 점포(A점, B점)가 있고, 새로운 점포(C점포)를 포함하여 3개의 점포는 전부 자동차로 10분이내의 거리에 있다. 이들 점포의 규모와 목적도 각각 서로 다르다.

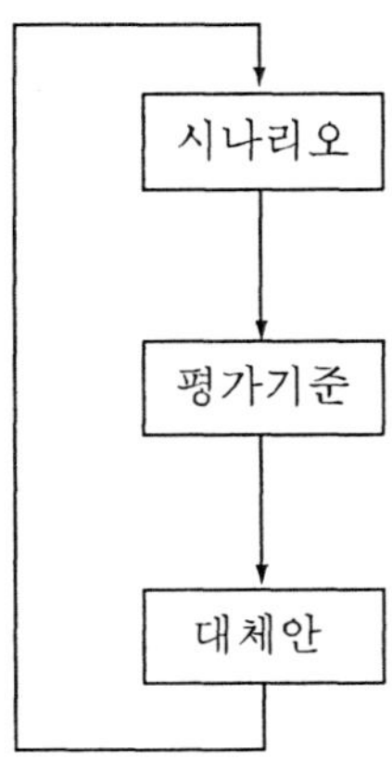

그림 10.1 Feedback형 ANP

그래서 이 분석을 ANP에 의해서 실시하기로 했다. 그런데 소비자의 구매취향을 결정하는 평가기준으로서는 「편리함」, 「가격」, 「신선함」, 「다양성」의 4가지를 선택한다. 그러나 잘 생각해보면 이 4가지의 평가기준의 무게는 총합목적으로부터 일의적으로 결정되는 것이 아니고(종래의 AHP에서는 각 평가기준의 무게는 총합목적으로부터 일의적으로 결정되었다) 2개의 시나리오(S_1, S_2)에 따라서 각각 다르다는 것을 알 수 있다. 더구나 이 2개의 시나리오(S_1, S_2)의 무게는 총합목적으로부터 일의적으로 결정되는 것이 아니라 각 대체안(A점, B점, C점)의 각각에 따라서 결정되며 그들이 서로 다른 경우를 상정한다. 말하자면 시나리오 S_1은 평일에는 물건을 사고 싶은 사람이 많지 않기 때문에 「편리함」, 「신선함」을 중요하게 생각했고, 시나리오 S_2는 주말에 차로 가서 일주일분의 물건을 사기 때문에 「가격」, 「다양성」이 중요하다고 생각하는 것이다. 또 A점포는 시나리오 S_2의 목적을 갖고, 새롭게 계획하고 있는 C점포는 시나리오 S_1의 목적을 가지며, B점포의 목적은 그 중간으로 한다.

그래서 우선 이 문제에 대하여 분석하기 전에 Feedback형 ANP의 개요를 설명한다. 이를 위해 여기에서 사용하는 기호는 다음과 같이 결정한다. 각 대체안에서 본 시나리오의 무게를 w_S로 하고, 각 시나리오에서 본 각 평가기준의 무게를 w_C로 하며, 각 평가기준에서 본 각 대체안(점포 A, B, C)의 평가의 무게를 w_A로 한다. 그리고 시나리오, 평가기준, 대체안의 관계를 하나의 행렬로 표현한다. 이 초행렬(Super Matrix)을 사용하여 각 대체안의 총합평가치를 구한다. 이 경우의 초행렬은 다음과 같이 표현할 수 있다.

$$
\begin{array}{ccc} & \text{시나리오} & \text{평가기준} & \text{대체안} \\ W = \begin{array}{c}\text{시나리오}\\ \text{평가기준}\\ \text{대체안}\end{array} & \left(\begin{array}{c} 0 \\ w_C \\ 0 \end{array}\right. & \begin{array}{c} 0 \\ 0 \\ w_A \end{array} & \left.\begin{array}{c} w_S \\ 0 \\ 0 \end{array}\right) \end{array}
$$

그런데 $W=(w_{ij})$로 하면 $w_{ij}=w_i/w_j$, $w_{jk}=w_j/w_k$이므로 $w_{ij}\times w_{jk}$는 w_i/w_k의 간접적인 근사로 된다. 따라서 행렬 W를 제곱한 것의 $(i,\ k)$의 요소 $W_{ik}^{(2)}=\sum w_{ij}\times w_{jk}$

는 2단계까지를 고려한 비율(w_i/w_k)의 간접적인 근사치이다.

$$w^2 = \begin{matrix} \text{시나리오} \\ \text{평가기준} \\ \text{대체안} \end{matrix} \overset{\begin{matrix} \text{시나리오} & \text{평가기준} & \text{대체안} \end{matrix}}{\begin{pmatrix} 0 & w_S \times w_A & 0 \\ 0 & 0 & w_C \times w_S \\ w_C \times w_A & 0 & 0 \end{pmatrix}}$$

같은 형태로 3step(생략), 4step까지를 고려한 비율(w_i/w_k)의 간접적인 근사치는 아래와 같이 된다.

$$w^4 = \begin{matrix} \text{시나리오} \\ \text{평가기준} \\ \text{대체안} \end{matrix} \overset{\begin{matrix} \text{시나리오} & \text{평가기준} & \text{대체안} \end{matrix}}{\begin{pmatrix} 0 & 0 & w_S^2 \times w_A \times w_C \\ w_C^2 \times w_S \times w_A & 0 & 0 \\ 0 & w_A^2 \times w_C \times w_S & 0 \end{pmatrix}}$$

이 결과로부터 W^{3n+1}(n은 정수)은 W와 같은 형태의 행렬인 것을 알 수 있다. 따라서 $W^{3n+1} = (w_{ij}^{(3n+1)})$은 길이 $(3n+1)$까지의 모든 경로에 따른 간접적인 비율을 고려한 무게이다. 더구나 이러한 소행렬 각각(시나리오, 평가기준, 대체안의 각각)의 열벡터는 같은 값에 수렴하는 것을 알 수 있다.

따라서 W^{3n+1}의 극한확률행렬을 계산하면

$$\lim_{n \to \infty} W^{3n+1} = W^*$$

로 된다. 단,

$$W^* = \begin{matrix} \text{시나리오} \\ \text{평가기준} \\ \text{대체안} \end{matrix} \overset{\begin{matrix} \text{시나리오} & \text{평가기준} & \text{대체안} \end{matrix}}{\begin{pmatrix} 0 & 0 & w_S^* \\ w_C^* & 0 & 0 \\ 0 & w_A^* & 0 \end{pmatrix}}$$

로 된다. 그리고 최종적으로 각 시나리오의 무게는 w_S^*이고 각 평가기준의 무게는 w_C^*이며 각 대체안의 무게는 w_A^*이다.

다음에는 위 예를 Feedback형 ANP에 의해서 분석해 보자.

10.1.1 제 1단계

구매취향에 관한 계층구조는 그림 10.2와 같다. 레벨 1에 2개의 시나리오(S_1, S_2)를, 레벨 2에 4가지의 평가기준(편리함, 가격, 신선함, 다양성)을, 레벨 3에 3개의 대체안(점포A, B, C)를 각각 놓고 레벨 1로 Feedback시킨다.

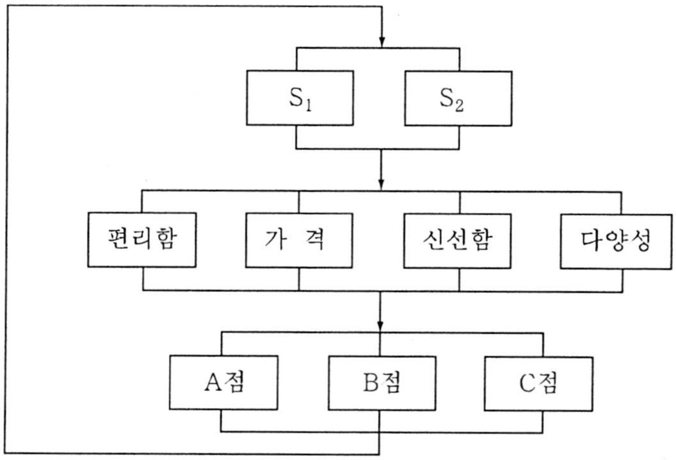

그림 10.2 구매취향에 관한 계층구조

10.2.2 제 2단계

다음에는 각 레벨의 무게를 구한다. 먼저 각 대체안에서 본 2개의 시나리오(S_1, S_2)의 쌍비교는 표 10.1과 같다.

표 10.1 2개의 시나리오의 쌍비교

A점	S_1	S_2
S_1	1	$\frac{1}{4}$
S_2	4	1

B점	S_1	S_2
S_1	1	1
S_2	1	1

C점	S_1	S_2
S_1	1	5
S_2	$\frac{1}{5}$	1

그리고 이 행렬들의 고유벡터(무게)는 각각 다음과 같이 된다.

A점 …… $w_{S1}^T = (0.2,\ 0.8)$

B점 …… $w_{S2}^T = (0.5,\ 0.5)$

C점 …… $w_{S3}^T = (0.833,\ 0.167)$

결국, A점은 시나리오 S_2를 중시하고 B점은 중립이며 C점은 시나리오 S_1을 중시한다. 또,

$$w_s = (w_{S1},\ w_{S2},\ w_{S3})$$

로 된다.

다음에는 시나리오 S_1, S_2에서 본 각 평가기준의 쌍비교는 표 10.2와 같다.

표 10.2 2개의 시나리오에 있어서 각 평가기준의 쌍비교

S_1	편리함	가격	신선함	다양성
편리함	1	4	1	5
가격	$\frac{1}{4}$	1	$\frac{1}{3}$	1
신선함	1	3	1	3
다양성	$\frac{1}{5}$	1	$\frac{1}{3}$	1

$\lambda_{max} = 4.024$ $C.I. = 0.008$

S_2	편리함	가격	신선함	다양성
편리함	1	$\frac{1}{5}$	1	$\frac{1}{4}$
가격	5	1	3	2
신선함	1	$\frac{1}{3}$	1	$\frac{1}{3}$
다양성	4	$\frac{1}{2}$	3	1

$\lambda_{max} = 4.066$ $C.I. = 0.022$

그리고 이들 행렬의 고유벡터(무게)는 각각 다음과 같다.

시나리오 S_1 …… $w_{c1}^T = (0.433,\ 0.109,\ 0.354,\ 0.104)$

시나리오 S_2 …… $w_{c2}^T = (0.095,\ 0.473,\ 0.117,\ 0.315)$

결국, S_1은 편리함과 신선함을 중시하는 시나리오이고 S_2는 가격과 다양성을 중시하는 시나리오이다. 또

$$w_c = (w_{c1},\ w_{c2})$$

로 된다.

더욱이 각 평가기준에서 본 각 대체안의 쌍비교는 표 10.3과 같다.

표 10.3 각 대체안의 쌍비교

편리함	A	B	C
A	1	$\frac{1}{3}$	$\frac{1}{5}$
B	3	1	$\frac{1}{2}$
C	5	2	1

$\lambda_{max} = 3.004 \quad C.I. = 0.002$

가격	A	B	C
A	1	3	4
B	$\frac{1}{3}$	1	2
C	$\frac{1}{4}$	$\frac{1}{2}$	1

$\lambda_{max} = 3.018 \quad C.I. = 0.009$

신선함	A	B	C
A	1	$\frac{1}{2}$	$\frac{1}{6}$
B	2	1	$\frac{1}{2}$
C	6	2	1

$\lambda_{max} = 3.018 \quad C.I. = 0.009$

다양성	A	B	C
A	1	2	3
B	$\frac{1}{2}$	1	1
C	$\frac{1}{3}$	1	1

$\lambda_{max} = 3.018 \quad C.I. = 0.009$

그리고 이 4개의 행렬의 고유벡터(무게)는 각각 다음과 같이 된다.

편리함 …… w_{A1}^T = (0.019, 0.309, 0.582)

가 격 …… w_{A2}^T = (0.625, 0.238, 0.137)

신선함 …… w_{A3}^T = (0.118, 0.268, 0.614)

다양성 …… w_{A4}^T = (0.550, 0.240, 0.210)

결국, 편리함은 C점, 가격은 A점, 신선함은 C점, 다양성은 A점이 각각 가장 평가가 높은 것을 알 수 있다. 또,

$$w_A = (w_{A1},\ w_{A2},\ w_{A3},\ w_{A4})$$

로 된다.

10.1.3 제 3단계

이상의 결과로부터 이 예의 초행렬은 다음과 같이 된다.

단, w_S, w_C, w_A의 위치는 앞에서 서술한 W(Super Matrix)의 식에서의 위치와 똑같다.

$W=$

	S_1	S_2	편리함	가격	신선함	다양성	A	B	C
S_1	0	0	0	0	0	0	0.2	0.5	0.833
S_2	0	0	0	0	0	0	0.8	0.5	0.167
편리함	0.433	0.095	0	0	0	0	0	0	0
가 격	0.109	0.473	0	0	0	0	0	0	0
신선함	0.354	0.117	0	0	0	0	0	0	0
다양성	0.104	0.315	0	0	0	0	0	0	0
A	0	0	0.109	0.625	0.118	0.550	0	0	0
B	0	0	0.309	0.238	0.268	0.240	0	0	0
C	0	0	0.582	0.137	0.614	0.210	0	0	0

따라서

$$\lim_{n \to \infty} W^{3n+1} = W^*$$

로 된다. 단,

$W^*=$

	S_1	S_2	편리함	가격	신선함	다양성	A	B	C
S_1	0	0	0	0	0	0	0.525	0.525	0.525
S_2	0	0	0	0	0	0	0.475	0.475	0.475
편리함	0.273	0.273	0	0	0	0	0	0	0
가 격	0.282	0.282	0	0	0	0	0	0	0
신선함	0.241	0.241	0	0	0	0	0	0	0
다양성	0.204	0.204	0	0	0	0	0	0	0
A	0	0	0.347	0.347	0.347	0.347	0	0	0
B	0	0	0.265	0.265	0.265	0.265	0	0	0
C	0	0	0.388	0.388	0.388	0.388	0	0	0

로 된다.

그러므로 대체안의 선호순서는 C점(0.388) > A점(0.347) > B점(0.265)으로 되고 어느 기업의 새로운 점포개설 전략은 성공할 것으로 예상된다. 말하자면 각 평가기준의 무게는 각각 편리함(0.273), 가격(0.282), 신선함(0.241), 다양성(0.204)에, 각 시나리오의 무게는 S_1(0.525), S_2(0.475)에 수렴한다.

10.2 Series형 ANP

본 절에서는 Series형 ANP에 있어서 계산법을 소개한다.

Series형 ANP란 그림 10.3과 같은 계층구조를 갖는다. 이 사고방식은 먼저 종합목적(Goal)이 있고, 종합목적에서 본 몇 종류인가의 시나리오의 무게가 결정된다. 그리고 이러한 시나리오 각각에 각 평가기준의 무게가 결정된다. 더욱이 각 평가기준에서 본 각 대체안의 평가(무게)가 결정된다. 끝으로 이상의 프로세스를 종합하여 각 대체안의 종합평가치를 계산하는 것이다. 그래서 Series형 ANP를 분석하기 위한 수법을 구체적인 예를 통해서 설명해 보자.

예를 들면 K시에서는 교외에 뉴타운을 건설할 예정이 있다. 그래서 도심부와 뉴타운을 연결하는 교통시스템이 필요한데 어떠한 교통시스템을 선택하면 좋은가 하는 문제이다.

최근에는 공공사업에 대한 시민의 눈이 엄격해서 투명성, 공평성, 책임성, 비용대효과가 요구되고 있다. 그래서 이 문제를 Series형 ANP에 의해서 분석하기로 한다. 그런데 교통시스템의 대체안으로 과거형 철도와 신교통시스템과 모노레일이 선택되었다. 또 선정에 대한 평가기준으로서는 편리성, 환경성, 경제성이 고려되었다. 그러나 이 3가지의 평가기준의 무게는 총합목적으로부터 일의적으로 결정되는 것이 아니라(종래의 AHP에서는 각 평가기준의 무게는 총합목적으로부터 일의적으로 결정되었다) 3개의 시나리오(S_1, S_2, S_3)에 따라서 각각 다르다는 것을 알 수 있다. 더구나 이 3개의 시나리오(S_1, S_2, S_3)의 무게는 총합목적으로부터 결정되는 것이다.

그래서 총합목적에서 본 시나리오의 무게를 w_S로 하고, 각 시나리오에서 본 각 평가기준의 무게를 w_C로 하며, 각 평가기준에서 본 각 대체안의 평가(무게)를 w_A로 한다. 그리고 총합목적, 시나리오, 평가기준, 대체안의 관계를 하나의 행렬로 나타낸다. 이 초행렬(Super Matrix)을 사용하여 각 대체안의 총합평가치를 구한다. 이 경우 초행렬은 다음과 같이 나타낼 수 있다.

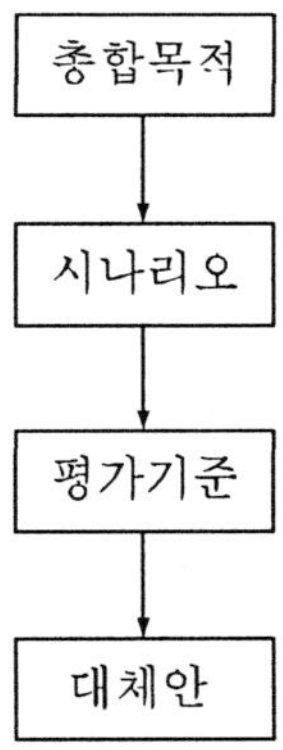

그림 10.3 Series형 ANP

$$W = \begin{array}{c} \\ \text{총합목적} \\ \text{시나리오} \\ \text{평가기준} \\ \text{대체안} \end{array} \begin{array}{c} \begin{array}{cccc} \text{총합목적} & \text{시나리오} & \text{평가기준} & \text{대체안} \end{array} \\ \begin{pmatrix} 0 & 0 & 0 & 0 \\ w_S & 0 & 0 & 0 \\ 0 & w_C & 0 & 0 \\ 0 & 0 & w_A & I \end{pmatrix} \end{array}$$

단, I는 단위행렬이다. $I = \begin{bmatrix} 1 & & 0 \\ & \ddots & \\ 0 & & 1 \end{bmatrix}$

그런데 위 식은 다음과 같은 극한행렬 W^*에 수렴하는 것을 알 수 있다.

$$W^{\infty} = W^*$$

단,

$$W = \begin{array}{c} \\ \text{총합목적} \\ \text{시나리오} \\ \text{평가기준} \\ \text{대체안} \end{array} \begin{array}{c} \begin{array}{cccc} \text{총합목적} & \text{시나리오} & \text{평가기준} & \text{대체안} \end{array} \\ \begin{pmatrix} 0 & 0 & 0 & 0 \\ 0 & 0 & 0 & 0 \\ 0 & 0 & 0 & 0 \\ w_S \cdot w_C \cdot w_A & w_C \cdot w_A & w_A & I \end{pmatrix} \end{array}$$

로 된다. 그리고 $w_S \cdot w_C \cdot w_A$는 총합목적에서 본 각 대체안의 총합평가치이고 $w_C \cdot w_A$는 각 시나리오에서 본 각 대체안의 평가치이다.

이제 위의 예를 Series형 ANP에 의해서 분석한다.

10.2.1 제 1단계

교통시스템의 선정에 관한 계층구조는 그림 10.4와 같다. 먼저 레벨 1에 총합목적인 「교통 시스템의 선정」을, 레벨2에 3가지의 시나리오(S_1, S_2, S_3)를, 레벨3에 3가지의 평가기준(편리성, 환경성, 경제성)을, 레벨 4에 3개의 대체안(과거형철도, 신교통시스템, 모노레일)을 각각 놓는다.

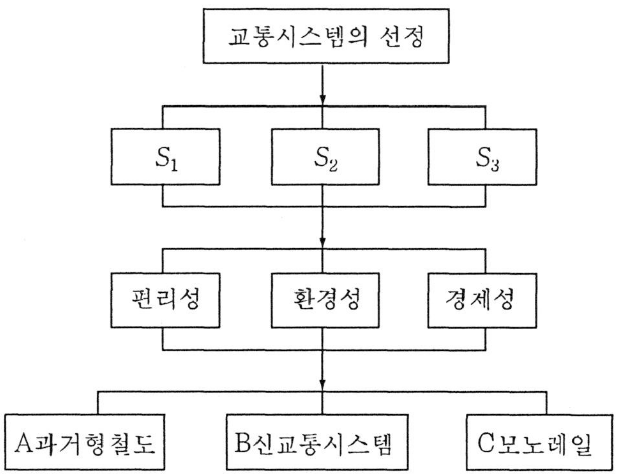

그림 10.4 교통시스템의 선정에 관한 계층구조

10.2.2 제 2단계

다음으로 각 레벨의 무게를 구한다. 먼저 총합목적에서 본 3가지의 시나리오(S_1, S_2, S_3)의 쌍비교는 표 10.4와 같다.

표 10.4 3가지의 시나리오의 쌍비교

총합목적	S_1	S_2	S_3
S_1	1	$\frac{1}{2}$	2
S_2	2	1	3
S_3	$\frac{1}{2}$	$\frac{1}{3}$	1

$\lambda_{max} = 3.009 \quad C.I. = 0.005$

그리고 이 행렬의 고유벡터(무게)는 다음과 같이 된다.

$$w_S^T = (0.297,\ 0.540,\ 0.163)$$

즉, 시나리오 1에 약30%, 시나리오 2에 약54%, 시나리오 3에 약16%의 무게를 놓은 것이다.

그리고 이 3가지의 시나리오에서 본 각 평가기준의 쌍비교는 표 10.5와 같다.

표 10.5 3가지의 시나리오에 있어서 각 평가기준의 쌍비교

S_1	편리	환경	경제
편리	1	2	4
환경	$\frac{1}{2}$	1	2
경제	$\frac{1}{4}$	$\frac{1}{2}$	1

$\lambda_{max} = 3.0 \quad C.I. = 0$

S_2	편리	환경	경제
편리	1	$\frac{1}{7}$	$\frac{1}{3}$
환경	7	1	3
경제	3	$\frac{1}{3}$	1

$\lambda_{max} = 3.007 \quad C.I. = 0.004$

S_3	편리	환경	경제
편리	1	1	$\frac{1}{3}$
환경	1	1	$\frac{1}{4}$
경제	3	4	1

$\lambda_{max} = 3.009 \quad C.I. = 0.005$

또 이들 행렬의 고유벡터(무게)는 각각 다음과 같이 된다.

시나리오 S_1 …… $w_{c1}^T = (0.571,\ 0.286,\ 0.143)$

시나리오 S_2 …… $w_{c2}^T = (0.088,\ 0.669,\ 0.243)$

시나리오 S_3 …… w_{c3}^T = (0.192, 0.174, 0.634)

따라서

$$w_c = (w_{c1},\ w_{c2},\ w_{c3})$$

로 된다.

더욱이 각 평가기준에서 본 각 대체안의 쌍비교는 표 10.6과 같다.

표 10.6 각 대체안의 쌍비교

편리성	A	B	C
A	1	2	6
B	$\frac{1}{2}$	1	2
C	$\frac{1}{6}$	$\frac{1}{2}$	1

$\lambda_{max} = 3.018$ $C.I. = 0.009$

환경성	A	B	C
A	1	$\frac{1}{5}$	$\frac{1}{3}$
B	5	1	3
C	3	$\frac{1}{3}$	1

$\lambda_{max} = 3.039$ $C.I. = 0.019$

경제성	A	B	C
A	1	2	$\frac{1}{2}$
B	$\frac{1}{2}$	1	$\frac{1}{3}$
C	2	3	1

$\lambda_{max} = 3.009$ $C.I. = 0.005$

그리고 이들 행렬의 고유벡터(무게)는 각각 다음과 같이 된다.

편리성 …… w_{A1}^T = (0.614, 0.268, 0.118)

환경성 …… w_{A2}^T = (0.105, 0.637, 0.258)

경제성 …… w_{A3}^T = (0.297, 0.163, 0.540)

따라서

$$w_A = (w_{A1},\ w_{A2},\ w_{A3})$$

로 된다.

10.2.3 제 3단계

이상의 결과로부터 이 예의 초행렬은 다음과 같이 된다.

$W =$	총합목적	S_1	S_2	S_3	편리성	환경성	경제성	A	B	C
총합목적	0	0	0	0	0	0	0	0	0	0
S_1	0.297	0	0	0	0	0	0	0	0	0
S_2	0.540	0	0	0	0	0	0	0	0	0
S_3	0.163	0	0	0	0	0	0	0	0	0
편리성	0	0.571	0.088	0.192	0	0	0	0	0	0
환경성	0	0.286	0.669	0.174	0	0	0	0	0	0
경제성	0	0.143	0.243	0.634	0	0	0	0	0	0
A	0	0	0	0	0.614	0.105	0.297	1	0	0
B	0	0	0	0	0.268	0.637	0.163	0	1	0
C	0	0	0	0	0.118	0.258	0.540	0	0	1

따라서

$$W^{\infty} = W^{*}$$

로 된다.

단, w_S, w_C, w_A의 위치는 앞에서 서술한 W(Super Matrix)의 식에서의 위치와 똑같다.

즉,

$W^{*} =$	총합목적	S_1	S_2	S_3	편리성	환경성	경제성	A	B	C
총합목적	0	0	0	0	0	0	0	0	0	0
S_1	0	0	0	0	0	0	0	0	0	0
S_2	0	0	0	0	0	0	0	0	0	0
S_3	0	0	0	0	0	0	0	0	0	0
편리성	0	0	0	0	0	0	0	0	0	0
환경성	0	0	0	0	0	0	0	0	0	0
경제성	0	0	0	0	0	0	0	0	0	0
A	0.285	0.423	0.197	0.324	0.614	0.105	0.297	1	0	0
B	0.414	0.359	0.489	0.266	0.268	0.637	0.163	0	1	0
C	0.301	0.218	0.314	0.410	0.118	0.258	0.540	0	0	1

이다.

그러므로 총합평가치는 신교통시스템의 B(0.414) > 모노레일의 C(0.301) > 과거형 철도의 A(0.285)로 된다. 또 시나리오 S_1에서 본 평가는 A(0.423) > B(0.359) > C(0.218)이고, 시나리오 S_2에서 본 평가는 B(0.489) > C(0.314) > B(0.197)이고, 시나리오 S_3에서 본 평가는 C(0.410) > A(0.324) > B(0.266)이다.

10.3 ANP의 성적평가에의 응용

ANP는 다방면에 응용이 되고 있다. 여기에서는 학생의 성적평가 문제를 취급한다.

대학의 선택과목에서 단지 평균점으로 학생을 평가하는 것이 보통이다. 단위를 많이 받은 학생과 그렇지 못한 학생을 평가할 때 과목의 난이도에 관계없이 평균점만으로 학생을 평가하는 것에 의문을 가지고 있는 사람이 많다. 그러나 평균점은 과거로부터 강한 습관에 지배되고 있는 현상이다. 이에 대해 ANP적 해석법을 생각하여 보기로 한다.

또 하나는 입시에서 잘 나타나는 것으로 과목에 의한 선택제를 포함하고 있는 경우의 평가법이다. 예를 들면 이공계의 입시에서는 수학, 영어가 필수이고 생물, 화학, 물리 가운데 하나를 선택한다고 가정하자. 이와 같은 경우 점수를 어떻게 조정해야 할 것인가에 대해서는 여러 가지를 생각할 수 있는데 이에 대해서는 ANP적 해석법으로 설명하기로 한다.

10.3.1 선택과목제에 있어서의 성적평가

간단한 예를 통하여 ANP적 해석법을 설명한다. 5명의 학생이 3과목 중 몇 과목을 선택하여 표 10.7과 같은 성적을 받았다.

이 경우 과목의 클러스터(cluster)와 학생의 클러스터가 있는 케이스이다. 우선 각각의 과목이 선택한 학생을 평가하는데 그 평가치는 점수로 가정하자. 각 평가자의 평가치의 합을 1로 하고 이것을 정규화한다. 이 결과가 표 10.8이다. 이 단계에서 과목의 난이도나 점수의 좋고 나쁨이 평준화된다.

다음으로 과목의 중요도에 대한 평가는 어떻게 생각하면 될 것인가? 각각의 학생이 자신이 선택한 과목의 중요도를 스스로 선택하여 신청하는 시스템이 이상적이지만 현재로서는 과목에 동등의 웨이트를 가하는 시스템이 타당하다. (물론 과목에 의해서 단위가 달라지는 경우는 웨이트를 고려해야 한다.) 그렇게 하면 표 10.8과 같이 선택 과목수 만으로 웨이트가 결정된다.

표 10.8이 문제의 초행렬이며 과목의 총합평가치를 x_1, x_2, x_3로 하고 학생의 평가치를 y_1, y_2, y_3, y_4, y_5로 하여 기본방정식을 작성하면

표 10.7 성적

학생 \ 과목	1	2	3	평균점
1	40	50		45
2	80	50	30	53.3
3	80			80
4		50	70	60
5		100		100

표 10.8 성적평가의 초행렬

	1	2	3	1	2	3	4	5
1	0	0	0	1/2	1/3	1	0	0
2	0	0	0	1/2	1/3	0	1/2	1
3	0	0	0	0	1/3	0	1/2	0
1	0.2	0.2	0	0	0	0	0	0
2	0.4	0.2	0.3	0	0	0	0	0
3	0.4	0	0	0	0	0	0	0
4	0	0.2	0.7	0	0	0	0	0
5	0	0.4	0	0	0	0	0	0

다음과 같은 결과를 얻는다.

$$x_1 = 0.285$$
$$x_2 = 0.496$$
$$x_3 = 0.219$$
$$y_1 = 0.156$$
$$y_2 = 0.279$$
$$y_3 = 0.114$$
$$y_4 = 0.253$$
$$y_5 = 0.198$$

일반적으로 많은 학생이 선택하는 과목 (예를 들면 과목 2)은 합을 1로 하는 정규화에 의해서 학생 1인당의 몫이 적게 되기 때문에 불공평한 경우로 보이지만 그만큼 웨이트가 높게 되기 ($x_2 = 0.496$) 때문에 균형이 이루어진다.

또 이 방법에 의하면 일반적으로 많은 과목을 선택하고 있는 학생은 단순히 평균보다는 높게 평가된다. 예를 들어 학생 2는 평균점은 뒤에서 두 번째이지만 이 방법으로는 1등이 된다. 많은 과목을 신청했다는 것은 그만큼 노력도 필요하기 때문에 이것은 타당한 평가라고 말할 수 있다.

10.3.2 필수, 선택과목의 조성

간단히 하기 위해 과목 A가 필수이고 B와 C가 선택이라는 3과목을 생각하자. 학생 1, 2, ⋯ , n은 C를 선택했다고 가정하자.

이에 대한 초행렬은 표 10.9이다. (물론 각 과목의 점수 a_i, b_i 등은 합이 1인 정규화가 행해져 있다.)

과목의 총합평가치를 u, v, w로 학생의 총합평가치를 $x_1, x_2, \ldots, x_k, x_{k+1}, \ldots, x_n$로 하면 기본방정식은 다음과 같다.

$$\frac{1}{2}(x_1 + x_2 + \cdots + x_k + x_{k+1} + \cdots + x_n) = u$$

$$\frac{1}{2}(x_1 + x_2 + \cdots + x_k) = v \tag{10.1}$$

$$\frac{1}{2}(x_{k+1} + x_{k+2} + \cdots + x_n) = w$$

$$x_i = ua_i + vb_i \quad (i = 1, 2, \ldots, k) \tag{10.2}$$

$$x_j = ua_j + wc_j \quad (j = k+1, k+2, \ldots, n) \tag{10.3}$$

표 10.9 입시의 초행렬

	①	②	③	1	⋯	k	$k+1$	⋯	n
①	0	0	0	1/2	⋯	1/2	1/2	⋯	1/2
②	0	0	0	1/2	⋯	1/2	0	⋯	0
③	0	0	0	0	⋯	0	1/2	⋯	1/2
1	a_1	b_1	0	0	⋯	0	0	⋯	0
⋮	⋮	⋮	⋮	⋮	⋱	⋮	⋮	⋱	⋮
k	a_k	b_k	0	0	⋯	0	0	⋯	0
$k+1$	a_{k+1}	0	c_{k+1}	0	⋯	0	0	⋯	0
⋮	⋮	⋮	⋮	⋮	⋱	⋮	⋮	⋱	⋮
n	a_n	0	c_n	0	⋯	0	0	⋯	0

여기에서

$\sum_{i=1}^{k} a_i = a_B$(B를 선택한 학생의 과목 A의 점수의 합)

$\sum_{j=k+1}^{n} a_j = a_C$(C를 선택한 학생의 과목 A의 점수의 합)

로 하여 (10.2)식의 총합을 계산하여 (10.1)식을 보면 $2v = ua_B + v$로 되기 때문에 $v/u = a_B$이고 똑같이 (10.3)식에서 $2w = ua_C + w$이므로 $w/u = a_C$로 되기 때문에 (10.2)식과 (10.3)식은

$$\frac{x_i}{u} = a_i + a_B b_i \quad (i = 1, 2, ..., k)$$
$$\frac{x_j}{u} = a_j + a_C c_j \quad (j = k+1, k+2, ..., n) \tag{10.4}$$

로 된다.

(10.4)식이 학생의 총합평가식이 된다. (일정배 $1/u$는 정규화에 의해서 결정되기 때문에 생각할 필요가 없다.)

찾아보기

| ㅊ |

| ㅋ |

| ㅌ |

| ㅍ |

| ㅎ |

| 기타 |

[개정판]
AHP에 의한 의사결정 이론과 실제

개정판3쇄발행 2022년 5월 10일

지은이 박용성
펴낸이 오판근
펴낸곳 (주)교우
주 소 서울시 동대문구 약령시로 8 교우빌딩 2층 (주)교우
전 화 02-925-2861 / **팩 스** 070-7966-8610, **편집부** 02-925-2825
홈페이지&북스토어 www.kyowoo.co.kr / 이메일 kyowoo@kyowoo.co.kr

등 록 1994년 3월 24일 제1994-000013호
ISBN 979-89-8172-808-3 (93310)

Published by Kyowoo Co., Ltd. Printed in Korea